새로운 시대

보육학개론

새로운 시대

보육학 개론

홍길회 · 최정화

dm 동문사

머 리 말

제4차 산업혁명 시대의 눈부신 발전과 급격한 변화는 우리 사회 전반에 영향을 미치고 있습니다. 특히 저출산 · 고령화 사회의 특성은 영유아 보육에 깊은 관심과 변화를 불러오고 있습니다. 최근 우리나라는 2020년부터 인구감소국가로 들어섰으며, 출산율이 처음으로 1명 아래인 0.79명을 기록했습니다. 출산율 감소의 원인에는 다양한 원인이 있으나, 여성들의 경제적 활동에 안정성을 확보해줄 육아에 대한 사회적 책임 및 공동 대응에 대한 문제 해결이 시급해 보입니다.

한편 AI(인공지능)의 급속한 발전과 기후 위기 등 지구환경의 문제, 인권에 대한 인식의 성숙 등을 고려해볼 때, 새로운 시대에 걸맞는 보육의 방향성이 요구됩니다. 이는 어린이집 운영철학과 방침, 교사의 보육 과정에서의 역할, 영유아에 대한 부모와의 협력적 대응 등에 영향을 주는 요인으로 작용하기 때문입니다.

국가에서는 초저출산 시대를 극복하기 위해 단순한 출산율 향상을 넘어 개인의 권리 향유와 함께 일하고 함께 돌보는 사회로 전환하는 삶의 질 제고의 패러다임 변화를 제안하면서 돌봄 서비스 확대 및 돌봄 서비스 통합 AI 플랫폼 구축 등에 노력을 기울이고 있습니다. 또한 양육의 부담 없이 안심하고 맡길 수 있는 보육서비스에 대한 요구를 수용하고 책임을 지는 방안의 일환으로써 보육교직원의 역량 강화, 부모급여제도의 시행, 유보통합 추진 등이 이루어지고 있습니다.

보육은 영유아의 건강한 성장과 전인적인 발달을 위해 안전하게 보호하는 것이며, 이를 위해 '보호자의 경제적 · 사회적 활동의 원활함'을 지원하는 것입니다. 영유아들이 행복하고 건강한 삶을 살아가기 위해서는 보육·양육 서비스의 양적 확충뿐 아니라, 질적인 부분의 지속적 향상이 필요합니다.

이에 영유아들이 안전하고 즐겁게 놀이하며 배워나갈 수 있도록 지원하는 보육환경과 교사의 전문성이 그 어느 때보다도 요구되고 있습니다. 영유아의 발달에 있어서 직접적인 영향을 주는 보육교사의 전문성은 보육의 이론적 지식을 토대로 실제 현장에 적용할 수 있는 전문적 능력을 갖추는 것이 중요합니다.

2023년에 발표한 제4차 중장기 보육계획안에도 이러한 내용이 잘 반영되고 있습니다. 2020년 보육과정의 개편으로 어린이집에도 놀이중심교육과정이 시행되었으나, 교사의 역량 차이로 발생한 보육서비스에 대한 격차는 정부의 보육교직원의 전문성 제고 및 역량 강화를 강조하는 제4차 중장기 보육계획의 추진 배경이 되기도 하였습니다.

본서는 예비교사들은 물론 현장 교사 및 보육 교직으로 하여금 변화된 현실에 부응하는 보육의 이해와 전문성 제고에 도움을 주기 위해 보육 전반에 대한 정보와 지식을 다루었으며, 특별히 다양한 사회적 변화를 인식하고 대응하기 위해 새로운 시대에 요구되는 보육의 방향성과 향후 과제, 이에 따른 보육제도와 정책을 살펴보았습니다. 이를 토대로 보육 현장 종사자 및 보육에 관심이 있는 모든 이들이 미래 사회의 변화에 대한 전망과 인식을 바탕으로 보육의 발전에 기여하는 데 보탬이 되길 희망합니다.

마지막으로 본서가 집필될 수 있도록 도움 주신 분들과 동문사 대표님을 비롯하여 편집부 및 관계자 여러분들께 감사드립니다.

2023년 2월

저자들

차 례

Chapter 01

보육의 이해

1 보육의 개념 및 필요성

1) 보육의 개념

보육은 영유아를 건강하고 안전하게 보호하고 양육하는 것으로, 보호와 양육이 합쳐진 개념이다. 이 개념은 영유아보육법 제2조2항의 "보육이란 영유아를 건강하고 안전하게 보호·양육하고 영유아의 발달 특성에 맞는 교육을 제공하는 어린이집 및 가정양육 지원에 관한 사회복지서비스를 말한다."에도 잘 명시되어 있다. 보육은 영유아의 건강한 성장과 전인적인 발달을 위해 안전하게 보호하는 것이며 이를 위한 '보호자의 경제적·사회적 활동의 원활함'을 지원하는 것이다.

최초의 보육은 탁아(託兒)의 개념으로, 탁아는 가정에서 보호자가 질병이나 경제적 어려움을 비롯한 여러 이유로 양육이 곤란할 때 아동을 맡아 보호하는 것이다. 우리나라의 보육사업은 1921년 태화기독교사회복지관에서 빈곤가정의 자녀를 위한 구제사업의 일환으로써 탁아 프로그램을 개발하면서 시작되었다. 이 시기에는 아동을 위탁하여 보호하고 양육한다는 의미의 탁아라는 용어가 보편적으로 사용되었고, 보육사업은 빈곤가정의 아동을 위한 구빈적 성격이 강했다. 이후 경제성장으로 삶의 질이 증대되면서 단순한 돌봄으로써의 탁아는 영유아의 보호와 교육을 포함하는 에듀케어(educare)의 개념으로 확장되었다.

에듀케어는 영유아에게 있어서 보호(care)와 교육(education)의 분리는 불합리하다는 인식에서 비롯되었다(Caldwell, 1991). 모든 영유아는 연령과 장소에 상관없이 신체 및 정서적 발달, 그리고 보호와 교육을 함께 경험하게 된다. 보호와 양육이 배제된 교육이나 교육이 배제된 보호와 양육은 존재할 수 없으며 건강한 발달과 학습을 목적으로 프로그램을 경험할 수 있어야 한다. 과거 보육이 돌봄이 필요한 영유아의 단순한 보호였다면, 현재는 영유아가 안전하고 쾌적한 환경에서 건강하게 성장하도록 보호하는 것과 발달에 적합한 교육적 경험을 제공하는 것이다.

보육이란 아동들이 보호받고 교육받을 권리와 어머니들의 일할 권리를 보장해 주기 위해 모든 영유아에게 심신의 보호와 발달에 적합한 건강한 교육을 지원하는 것이다. 현재 우리나라가 추구하는 보육의 개념은 보호 및 양육과 교육을 모두 포함한 통합적 개념이며, 어린이집을 통한 대리양육뿐만 아니라 가정양육을 포함하고 확대 적용하는 포괄적 개념이다.

이에 따라 국가는 아동의 양육과 교육으로써의 돌봄에 책임성을 강화하고 질 높은 돌봄 체계를 구축하기 위해 어린이집 지원뿐만 아니라 다양한 가정양육지원 서비스를 강화하였다. 보육정책의 방향을 영유아 중심 보육, 국가책임보육, 수요자 욕구에 맞는 보육서비스 제공, 보육서비스의 질적 재고, 국·공립 보육시설 확충 등으로 확정하여 국가와 보육시설, 부모 간의 신뢰 회복을 도모하고자 하였다 (홍길회 외, 2019).

따라서 보육은 국가, 가정, 지역 사회의 연계를 통해 여성의 경제활동을 보장하고 영유아의 행복하고 건강한 사회 구성원으로의 성장을 위해 보호와 교육을 합리적으로 조화시켜 지원하는 복지서비스의 성격을 갖고 있기도 하다.

2) 보육의 패러다임 변화

(1) 복지의 개념에서 통합적 개념으로

우리나라의 보육사업은 1921년 태화기독교사회관, 1926년 부산 공생탁아소와 대구 은총탁아소에서 빈곤가정의 자녀를 보살펴주면서 시작되었다. 당시 탁아소는 보호자를 대신하여 일정 시간 아동을 보호하는 일반적인 차원보다는 요보호 아동을 수용하여 보호하는 목적이 더 강조되었다.

1978년 경제개발과 함께 보육의 수요가 급격히 증가하면서 보호아동이 아닌 일반아동에게도 어린이집을 개방하게 되었다. 1980년에는 여성의 사회진출로 보육의 수요가 급격히 늘어났으며 공급이 이에 미치지 못하자 보육이 큰 사회문제로 등장하게 되었다.

영유아보육법이 제정되기 전에는 「유아교육진흥법」 제2조 제1호 교육법에 따라 유치원과 이 법에 따른 유아원으로 나뉘었으며 유치원은 교육기관으로 유아원은 유아와 영아를 보호하는 기관으로 정의하였다. 1991년 영유아보호법이 제정되면서 '탁아'라는 용어 대신에 '보육'이라는 용어를 사용하였고, 영유아를 건강하고 안전하게 보호 · 양육하며 발달 특성에 적합한 교육을 제공하는 통합적 개념으로 변화하였다.

(2) 선별적 보육에서 보편적 보육으로

1991년 제정된 영유아보호법에서 보육 대상은 "보호자가 근로 또는 질병, 기타 사정으로 인하여 보호하기 어려운 영아와 유아"였다. 즉 보호자가 아동을 보호할 수 없는 상황에 있을 때 일시적으로 보호하는 선별적 보육이었다. 그러나 2004년 영유아보호법이 전부 개정되면서 보육은 '모든 영유아'를 대상으로 하는 보편적 보육으로 확대되었다.

영유아에게 선별적으로 지원되던 보육 지원은 2013년 소득과 무관한 전 계층에게 지원되는 보편적 무상보육으로 변화하게 되었다. 모든 영유아는 인종, 성별, 출생 순서, 가정의 소득수준 차이, 맞벌이 유무, 종교와 상관없이 보편적 서비스를 받게 된 것이다. 이는 영유아가 차별 없는 교육과 보호받을 권리가 있다는 인식을 추구한 의미 있는 시행이다.

2018년에는 '아동수당제도'가 시행되었는데 자녀양육의 경제적 부담을 감소시키고 아동의 기본권리와 복지증진을 위한 방안으로 도입된 제도이다.

(3) 공급자 중심에서 수요자 중심으로

과거의 보육은 정부 주도적인 공급자 중심 보육의 형태였다. 여성가족부의 중앙행정부에서 각 지방자치제로 전달되고 이후는 어린이집으로 전달되는 수직적인 공급자 중심의 서비스였다. 이러한 서비스에서는 부모 요구사항을 충분히 전달하기가 어려우며 다양한 형태의 보육이 필요한 부모를 만족시킬 수 없었다. 이에 따라 2008년 국가는 보육의 질적 향상과 수용자중심 정책 전환에 목표를 두었고 수용자 중심의 맞춤보육으로 변화되었다.

2008년에는 영유아보육법도 일부 개정되면서 「영유아보육법」 제2조 제2항의 '보호 · 양육 · 교육을 제공하는 사회복지서비스'가 '어린이집 및 가정양육 지원 사회복지서비스'로 변화되었다. 2016년에 부모 · 아이의 필요에 따라 이용되는 '맞춤형 보육'이 실시되었다. 어린이집 지원 서비스와 함께 돌봄의 공백이 발생할 수 있는 시간과 상황에 따라서 이용할 수 있는 맞춤형 보육인 가정양육지원 서비스가 추가된 것이다. 또한 어린이집 운영에 있어서 야간연장 보육, 24시간 보육, 휴일보육을 시행하고, 가정양육지원을 위해 아이돌보미, 돌봄센터 등을 운영함으로써 수요자 중심의 보육으로 변화되었다.

(4) 사적 책임에서 공적 책임으로

과거 보육의 1차 책임은 부모에게 있었고, 국가는 사회적 문제를 해결하기 위한 차원에서의 2차 책임을 가진 것으로 여겼다. 그러나 저출산의 심각한 상황은 부모뿐 아니라 국가도 함께 우선적인 책임을 갖는 관점으로의 변화를 불러왔다.

「영유아보호법」 제4조를 보면 "국가와 지방자치단체는 보호자와 더불어 영유아를 건전하게 보육할 책임을 지며, 이에 필요한 재원을 안정적으로 확보하도록 노력해야 하며 영유아의 보육은 보호자뿐만 아니라 국가 및 지방자치단체, 나아가 모든 국민이 영유아를 건전하고 안전하게 보육할 책임을 진다. 특별자치시장 · 특별자치도지사 · 시장 · 군수 · 구청장은 영유아의 보육을 위한 적절한 어린이집을 확보해야 한다"라고 명시되어 있다. 이에 따라 국가는 만 5세 이하의 영유아에게 무상보육을 실시하고, 국공립어린이집을 확충하는 등 부모들이 안심하고 맡길 수 있는 공적 책임의 보육서비스를 제공하고 있다.

3) 보육의 필요성

(1) 영유아의 측면

영유아는 인간으로서 존엄성과 가치를 지닌 독립된 인격체이다. 영유아의 인권은 보호하고 존중해야 한다. 영유아의 인권은 성인과 다른 독특한 점이 있다. 그것은 보호받을 권리와 존중받을 권리 두 가지를 모두 충족해야 한다는 것이다. 영유아는 건강한 어른으로 성장하기까지 주변의 성인으로부터 보호받을 권리가 있는데 그것은 생존권과 보호권이다. 영유아는 자신의 생명이 보호받을 수 있도록 기본적인 것들이 제공되어야 하며 어떠한 폭력이나 위험으로부터 보호받을 권리가 있다.

「영유아보호법」 제3조에는 영유아의 이러한 권리에 대해 보육의 이념으로 잘 제시되어 있다. "보육은 영유아의 이익을 최우선적으로 고려하여 제공되어야 하며 영유아가 안전하고 쾌적한 환경에서 건강하게 성장할 수 있도록 하여야 한다. 자신이나 보호자의 성, 연령, 종교, 사회적 신분, 재산, 장애, 인종 및 출생지역 등에 따른 어떠한 종류의 차별도 받지 아니하고 보육되어야 한다"라고 명시되어 있다. 보육은 영유아의 이익을 가장 먼저 고려하여 선택해야 하며 어떠한 차별도 없이 평등하게 제공되어야 한다. 영유아는 안전하고 쾌적한 환경에서 건강하게 성장할 수 있도록 생존 권리와 보호받을 권리, 발달의 권리, 참여의 권리를 보장받아야 한다.

대부분 영유아는 가정보다도 보육시설에서 더 많은 시간을 보내게 된다. 현대사회는 맞벌이의 증가로 보육시설에 일찍 접촉하게 된다. 영유아는 보육시설에서 또래와의 관계를 맺으며 사회성이 발달하게 되고 언어와 기타 여러 가지 기술과 활동들을 배우게 된다. 보육시설은 영유아의 건강한 발달과 성장을 위해서 중요한 역할을 한다. 이에 따라 국가는 영유아의 권리가 보육현장에서 잘 실현될 수 있도록 보장하는 의무를 지닌다.

특히 저소득층이나 맞벌이, 다문화, 조손, 장애인 가족 등에 속한 영유아들이 문화적 혜택을 누릴 수 있도록, 보육시설은 발달과 성장을 위한 다양한 경험을 제공할 수 있다. 영유아기는 잠재적 발달기로, 이 시기는 건강한 어른으로 성장하기 위한 기초가 된다. 따라서 보육은 영유아 중심의 관점에서 이들이 건강하게 성장할 수 있도록 보호하고 교육하여 건전한 사회 구성원으로 육성해 나가는 것이다.

(2) 부모 · 가족의 측면

보육은 시대 상황이나 생활 수준에 따라 다르게 나타난다. 현대사회는 여성의 사회적 진출과 맞벌이 증가로 부모를 대신하는 대리 보육 필요성이 증가했다. 대리 보육 욕구의 증가는 여성의 사회적 진출과 연관이 있으며 여성의 사회활동 참여를 돕는 전제조건이 되었다.

통계청(2022) 조사에 의하면 18세 미만 자녀를 둔 유배우 가구 430만 9천 가구 중 맞벌이 가구는 229만 9천 가구로 전년 대비 13만 5천 가구 증가해 맞벌이 가구 비중은 53.4%로 2.3%로 상승하였다. 맞벌이 가구의 자녀 연령은 6세 이하가 가장 많았다. 따라서 여성의 경제활동으로 인한 보육의 수요와 욕구는 늘어나고 있다. 여성의 경력단절 주요 사유에서도 육아가 43.2%로 가장 높게 나타나고 있다.

또한 다양한 유형의 가족과 이들의 상황 및 그 수가 증가함에 따라 이에 부합되는 자녀 양육기능의 중요성을 살펴볼 필요가 있다. 다문화가족의 증가와 이혼 및 비혼 가족 등에서의 자녀는 그 양육기능에 대해 적절한 서비스가 제공되도록 모색되어야 한다. 가정의 경제를 책임져야 하는 빈곤가족 취업모나 한부모가족에게 있어서, 보육서비스는 양육의 어려움에서 벗어나 생존을 위한 경제활동을 영위하게 해주는 중요한 전제조건이다.

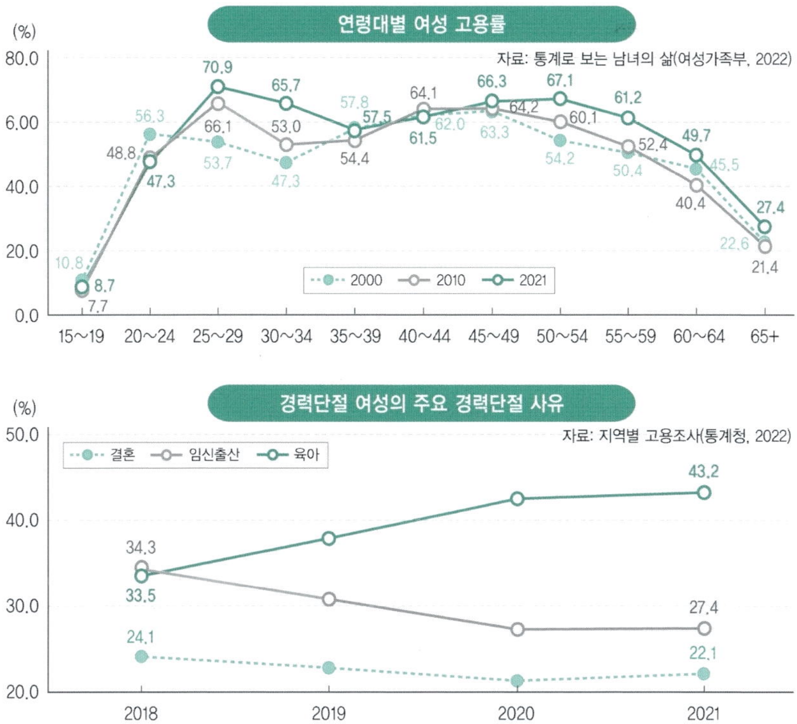

그림 1-1 경력단절 여성의 경력단절 사유

출처: 보건복지부(2022). 제4차 중장기보육 기본보육계획안. p. 2.

(3) 국가적 측면

산업화 시대에 접어들면서 여성의 사회진출로 보육의 수요는 늘어나게 되었고 동시에 보호와 양육, 그리고 교육의 중요성을 인식하게 되었다. 포괄적 인식은 보육의 책임에 대한 국가의 의무를 인식하게 했으며 이는 보육의 책임을 국가가 담당하게 된 것을 의미한다. 국가적 측면에서의 보육은 사회의 공적 차원에서 영유아와 그 가정의 성장과 발달을 위한 복지증진에 이바지함을 목적으로 한다.

한편 우리나라는 심각한 저출산으로 인한 보육의 대응책을 모색하고 있다. 현재 보건복지부의 제4차 저출산 고령화사회 기본계획에서는 저출산의 요인을 사회경제적 요인, 문화적 가치관 요인, 인구학적 요인 등의 세 가지 측면에서 진단하였다. 먼저 사회경제적 요인으로는 보육 서비스의 질에 대한 신뢰 부족과 초등돌봄 공백으로 인한 장시간 돌봄의 어려움을 제시하였다. 두 번째, 문화적 가치관 요인으로는 돌봄이 여전히 여성의 몫이라는 것이다. 마지막으로 인구학적인 요인으로는 비혼, 만혼 현상, 기혼여성의 출생아 수 감소 및 무자녀 비율의 증가라고 하였다(박선권, 2022). 이같이 진단된 저출산 문제의 대응으로, 보건복지부는 '노동력·생산력'의 패러다임이 아닌 '삶의 질 제고' 패러다임으로의 전환을 제안하였다. 사회적 책임을 강화하고, 질 높은 돌봄체계를 구축하기 위한 '여성과 남성이 모두 함께 일하고 돌보는 여건 조성'과 '아동이 행복한 돌봄을 받을 수 있는 권리 보장'을 제시하고 있다.

국가는 영유아와 그 가정의 복지증진에 이바지하기 위하여 보육의 목적과 필요성에 부합된 정책을 추진하고 있다. 그것은 영유아의 행복할 권리와 부모의 일할 권리를 사회적 차원에서 보장하는 것이다.

2 미래사회 변화와 보육

1) 저출산 · 고령화 시대

최근 급변하고 있는 세계정세와 저출산 · 고령사회의 특성은 영유아 교육에도 깊은 영향을 미치며 이에 대한 신속한 대응체계 마련의 중요성과 필요성이 요구되고 있다.

2019년 UN 경제사회 인구분과의 보고에 의하면 2019년에서 2050년 사이 세계에서 노인 비율이 가장 많이 증가할 10개국 중 9개국이 동아시아와 동남아시아 국가가 될 것이고, 그중 한국이 23.0%로 최대가 될 것으로 예측하였다(박선권, 2022).

우리나라는 다른 선진국보다 고령화 사회에 진입이 빠른 편이다. 고령인구는 2017년부터 유소년 인구를 추월하였으며 2025년에는 고령자 1천만 명이 넘는 초고령사회 진입이 예상된다. 이러한 고령화 사회는 저출산과 연결되어 인구 규모 감소와 인구구조의 변화 등 사회적 변화를 가져오게 하였다.

2022년 통계청이 발표한 '9월 인구동향'에 따르면 2022년 3분기 합계출산율(가임여성 1명이 평생 낳을 것으로 예상되는 출생아)이 0.8명 아래인 0.79로 역대 최저치를 기록했다. 2021년 가임여성 1명당 0.808명보다 0.03명 감소한 수치이다. 이는 OECD의 합계출산율 1.59명의 절반 수준으로 도시국가를 제외하면 세계에서 가장 낮은 출산율이다(메디게이트뉴스, 2022.11.25.).

미성년 자녀를 둔 성인남녀 433명(남성 214명, 여성 219명)을 대상으로 한 '우리나라는 자녀를 키우기 좋은 환경인가'의 질문에 20대 여성 75%가 '부정적'이라고 응답했고 '보통'이란 응답은 25.0%였으며 '긍정적'이란 응답은 1표도 나오지 않았다. 30대 여성의 부정적 응답은 37.1%, 40대는 58.9%, 50대 42.3%, 60대 이상은 57.1% 순이었다. 이처럼 부정적으로 응답한 이유를 살펴보면 경제적인 부담, 사교육비, 빈부격차, 부의 대물림, 교육열 등이었다(쿠키뉴스, 2022.12.23.).

저출산 요인으로는 고용 불안정이나 교육 기회의 불평등, 주택가격의 상승, 돌봄 공백과 같은 사회경제적 요인과 출산과 맞벌이 양립의 어려움, 혼인 · 가족에 대한 관념 변화와 같은 문화가치관의 요인이다. 즉 여성의 사회참여 증가로 인한 자녀출생 및 양육 비용, 돌봄에 대한 문제해결이 어렵다고 생각하기 때문에 저출산이 나타나게 되었다. 저출산 요인에 대한 세부적인 사항은 다음 표와 같다.

표 1-1 저출산의 요인

요인	세부 요인	세부 사항
사회경제적 요인	노동시장 격차, 불안정 고용 증가	• 정규직/비정규직, 대기업/중소기업 등 고용형태 · 기업규모 · 직종에 따른 임금 격차 및 고용 안정성 차이 • 불안정한 고용, 저임금으로 인한 소득불안이 혼인 시기 지연과 출산의 연기 · 포기 초래
	교육 경쟁 심화	• 노동시장 격차 → 취업 경쟁 심화 → 교육 경쟁 격화 → 비혼 · 만혼 초래 • 자녀교육의 금전적 · 시간적 · 심리적 부담 증가 → 교육기회 불평등 확대 → 고용 형태별, 학력 수준별 혼인율 격차 심화
	높은 주택 가격	• 주택가격 상승 → 주거비용 증가, 소비지출 여력 감소 • 미혼인구의 결혼을 어렵게 하고, 무주택자 출산율을 저하
	성차별적 노동시장, 일 · 가정 양립 곤란	• 고용률, 임금수준, 일자리 질 측면에서 성별 격차 • 가사노동과 돌봄 수행에서 성별 격차 • 결혼 · 출산 기피와 경력단절 간 여성의 선택 강요
	돌봄 공백	• 고용친화적이지 못한 시스템에 따른 돌봄 공백 • 영유아기 낮은 공공성에 따른 서비스 질 신뢰 부족과 초등 저학년 돌봄 수요 대비 공급 부족으로 장시간 맡길 곳이 없는 상황
문화가치관 요인	전통적 · 경직적 가족규범 및 제도 지속	• 혼인 · 가족에 대한 관념 변화, 가족 구성 변화 • 법률혼 중심 정상가족 규범으로 인한 다양한 가족과 아동에 대한 포용 · 존중 부족
	청년층의 인식과 태도 변화	• 남녀 모두 '노동 중심 생애'를 중요하게 고려 • 결혼과 출산으로 노동시장에서의 불이익 우려 • 양육 · 돌봄이 여성의 몫이라는 '일 · 지향 보수주의'로 출산과 맞벌이 양립 어려움
인구학적 요인	주출산 연령대 여성인구 감소	• 과거 산아제한 정책으로 여성 인구(15~49세), 주출산 연령대 인구(25~34세) 감소 및 출산 연령 상승 • 1980년대 중반~1990년대 중반까지의 남아 선호(태아 성감별, 여아 낙태)'로 인한 출생 성비 불균형
	혼인율 하락, 혼인연령대 상승	• 남녀 모두 초혼 연령 지속 상승 → 초산 연령 상승 → 임신 가능기간 축소, 둘째 이상 추가 출산 어려움 초래
	기혼 가구 출생아 수 감소	• 기혼 여성 평균 출생아 수 감소 • 기혼 여성 중 무자녀 비율 계속 증가

출처: 박선권(2022.5.). [제4차 저출산 · 고령사회 기본계획] 문제점과 개선 방향. pp. 45-46.

현 정부는 정책범위를 저출산 · 고령화의 두 축에서 벗어나 '전 생애 삶의 질을 제고'하는 종합적 대응으로 확장하고 있다. 초저출산 문제해결을 위한 육아정책의 구체적 방향은 돌봄공백방지와 영유아보육서비스 질 향상을 제시하고 있다. 돌봄공백을 방지하기 위한 방안은 아이돌봄서비스, 돌봄서비스 확대 및 돌봄서비스 통합 AI 플랫폼을 구축하고자 하였다. 영유아보육서비스 질 향상을 위한 방안으로는 어린이집, 유치원 교사 처우개선, 단계적 유보통합 추진, 영유아 친환경 급식 제공 및 영아반 교사 아동 비율 축소, 아동학대 방지 전방위 시스템구축, 영유아 발달 전문가 파견 등이다. 영유아의 출생 및 양육의 경제적 부담의 경감을 위한 방안으로 부모 급여제도를 제안하였다(육아정책연구소, 2022.12.9).

'제4차 저출산 · 고령사회 기본계획'에서는 저출산과 같은 인구변화에 대한 대응을 단순하게 출산율을 높이는 방향이 아닌 개인의 권리 향유와 함께 일하고 함께 돌보는 사회로 전환하는 삶의 질 제고의 패러다임 변화를 제안하였다. 이는 모든 영유아의 평등한 출발선과 인권보장을 위해서 이루어져야 할 내용이다.

2) 제4차 산업혁명 시대

제4차 산업혁명이란 인공지능, 사물 인터넷, 빅데이터, 모바일 등 첨단 정보통신기술이 경제 · 사회 전반에 융합되어 혁신적인 변화가 나타나는 차세대 산업혁명을 말한다. '제4차 산업혁명' 용어는 2016년 세계 경제 포럼(WEF: World Economic Forum)에서 언급되었고, 정보 통신 기술(ICT) 기반의 새로운 산업 시대를 대표하는 용어가 되었다. 컴퓨터, 인터넷으로 대표되는 제3차 산업혁명(정보 혁명)에서 한 단계 더 진화한 혁명으로도 일컬어진다(네이버 지식백과. IT용어사전, 한국정보통신기술협회).

다보스 포럼의 '클라우스 슈밥(Klaus Schwab)' 회장은 제4차 산업혁명 현상을 바이오, 물리, 디지털의 연결 · 융합이라고 설명하였다. 제4차 산업혁명의 주요 특징은 '가상 물리 시스템'(CPS: Cyber Physical System)이다. '가상 물리 시스템'은 서로 다른 특징을 갖는 체계인 물질세계와 가상세계를 통합할 수 있는 시스템을 말한다. 즉 사이버세계와 물리세계, 온라인과 오프라인을 쌍방향으로 연결하는 초연결(hyperconnectivity)과 초지능(superintelligence)의 특징을 가진다. 인공지능, 사물인터넷, 빅데이터, 블록체인 등의 첨단기술들 덕분에 가상 물리 시스템(CPS) 제어가 가능하게 되었다(교육부, 2020).

제4차 산업혁명은 인공지능과 다양한 소프트웨어가 광범위하게 사용되면서 사회뿐만 아니라 경제, 교육, 정치, 문화 등 모든 분야에 걸친 변화를 가져오게 하였다. 이러한 변화에 대한 이해를 아는 것으로부터 우리는 미래 교육의 방향을 준비할 수 있다. 제4차 산업혁명이 가져올 미래사회 모습 네 가지는 다음과 같다(대한민국 정책브리핑, 2021).

(1) 미래사회의 가장 큰 변화는 일자리, 산업, 경제 등의 변화이다.

제4차 산업혁명의 핵심기술들로 인해 자동화, 지능화가 가속화되고, 인공지능, 빅데이터 등 4차 산업혁명과 관련된 일자리는 점점 늘어날 것이다. 이러한 변화는 새로운 일자리 창출이라는 장점이 있으나 자동화로 인해 사람이 할 일을 기계가 대신함으로써 일자리 부족과 고용불안과 같은 사회문제가 발생할 수 있다.

(2) 미래사회는 인공지능과 빅데이터, ICT 기술의 발달의 '초지능화'이다.

제품을 생산하는 공장들이 '스마트 팩토리(생산 전 과정에 4차 산업혁명 기술이 적용되는 공장)'가 되면서 생산력이 높아지고, 행정이나 교육 등 모든 분야가 빅데이터, 인공지능 기술로 인해 지능화될 것이다. 빅데이터와 인공지능 기술은 인간에게 풍부한 지식과 정보를 습득할 수 있게 하지만 반면에 인공지능의 의존으로 기억력, 인지능력의 하락을 가져올 수 있다.

(3) 모든 것이 서로 연결되는 초연결사회이다.

최첨단 스마트 디바이스 연결로 사람들 간의 업무나 소통이 더욱 편리해질 것이다. 원격교육, 재택근무, 원격진료 등의 일상화로 공간 제약이 완화될 수 있다. 그러나 해킹, 사생활 침해 등의 위험도 상승할 수 있다.

(4) 접속과 공유를 기반으로 하는 공유경제, 공유사회이다.

'소유'라는 개념의 기존 사회경제의 기본질서가 점차 '접속'과 '공유'라는 개념으로 대체되고 있다. 렌탈, 리스, 멤버십, 카셰어링 등 물건을 사지 않아도 온라인으로 접속해 빌려 쓸 수 있다. 하지만 이러한 변화 과정은 이해 당사자 간의 갈등을 발생시킬 수 있는 문제도 있다.

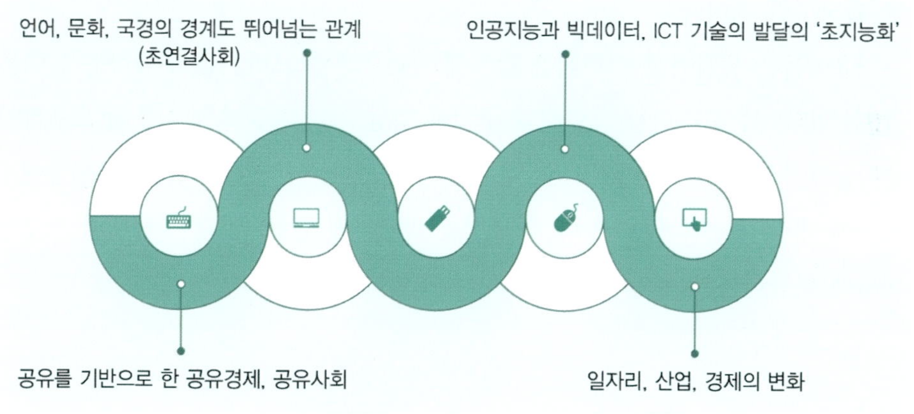

그림 1-2 제4차 산업혁명 특징

미래사회 모습에 대한 이해와 예측은 미래세대의 교육 방향을 알고 준비할 수 있게 한다. 현시대 영유아는 제4차 산업혁명 시대를 맞이해 살아가는 세대이다.

따라서 다양한 지식과 정보를 접하게 되는 영유아들에게 멀티미디어 기기를 조작하고 연결하는 창의성의 지원과 함께 공동체 정신, 공감하는 능력, 함께 연대하여 문제를 해결하는 의식 교육이 필요하다.

영유아의 교수 매체 학습 방법 가운데 하나인 블랜디드 러닝(Blended Learning)이 이와 같은 개념을 잘 보여준다. 블랜디드 러닝은 학습효과의 극대화를 위한 방법으로 온라인과 오프라인 교육, 다양한 학습 방법을 혼합하는 혼합형 학습 방법이다.

블랜디드 러닝처럼 온라인과 오프라인을 혼합해 학습에 활용될 수 있는 매체로 증강현실 그림책이 있다. 증강현실 그림책은 기존의 애니메이션과 팝업북이 전자적으로 융합된 결과물로 책장 위에서 화면을 통해 입체적인 영상을 볼 수 있다. 즉 그래픽 정보와 스마트기기의 카메라로 인식되는 가상콘텐츠를 종이책 내부에 심어놓고, 이를 새로운 영상합성 기술을 활용하여 동적이고 입체적인 3D 영상물로 확장시킨 책이다.

영유아들은 증강현실 그림책을 활용해 온라인과 오프라인을 연결하는 놀이를 할 수 있다. 즉 증강현실 그림책의 구체적 영상 이미지 정보를 이용해 오프라인 놀이공간에서 새로운 이야기로 다시 창출할 수 있다. 이러한 놀이는 영유아들에게 정보에 대한 이해와 활용 능력, 창의성을 발달하게 한다. 이같이 시대의 요구와 변화에 부응하는 영유아 교육의 전환과 모색이 필요하다.

3) 미래 기후와 환경

IPCC(Intergovernmental Panel on Climate Change) 정의에 의하면 기후변화란 장기간에 걸친 기간(수십 년 또는 그 이상) 동안 지속되면서, 기후의 평균상태나 그 변동 속에서 통계적으로 의미 있는 변동으로 "인간 행위로 인한 것"이든 "자연적인 변동(Variability)"이든 시간의 경과에 따른 기후의 변화를 포괄하는 것을 말한다(국가기후위기적응정보 포털).

지구의 온난화로 인한 기후의 변화는 극단적인 날씨뿐만 아니라 물 부족, 식량 부족, 해양산성화, 해수면 상승, 생태계 붕괴 등 인류 문명에 회복할 수 없는 위험을 초래함으로써 미래세대 생존에 영향을 주고 있다.

탄소중립과 환경보전은 전 세계의 새로운 패러다임으로 대두되었고 우리나라도 2050 탄소중립을 선언하며 온실가스 배출량을 2018년 대비 40% 감축하겠다는 목표를 세웠다. 또한 정부는 유아 단계부터 기후 · 환경위기를 이해하고 탄소중립을 실천하게 하는 교육에 중요성을 인식하고 탄소중립 교육을 유치원까지 확대하여 지원하고 있다(대한민국 정책브리핑, 2022.10.31).

탄소중립의 목표인 2050년은 현재 영유아들이 살아갈 사회이다. 일상을 자유롭게 누리며 살아가는 지속 가능한 사회가 되기 위해서는 어린 시절부터 생태의 교육이 필요하다. 즉 영유아 시기부터 자연을 지키며 자연과 더불어 살아가고, 환경보전 실천을 위한 교육의 역할이 중요하다.

2019년 개정 누리과정에서는 유아가 자연을 존중하고 배려하고 소통하는 능력을 기르기 위한 목적으로 '더불어 사는 사람'이라는 인간상을 추구하고 있다. '더불어 사는 사람'은 유아가 사람과 자연, 생명을 소중히 여기는 마음을 가지고, 지역 · 국가 · 세계 공동체의 구성원으로서 다양한 문화에 대한 공감적 이해를 바탕으로 배려와 나눔을 실천할 수 있는 사람이 되는 것을 의미한다. 즉 유아가 다른 사람의 생각, 행동을 존중하며 자연을 보전하기 위한 노력을 통해 지속 가능한 사회의 시민의식을 기르는 것을 뜻한다.

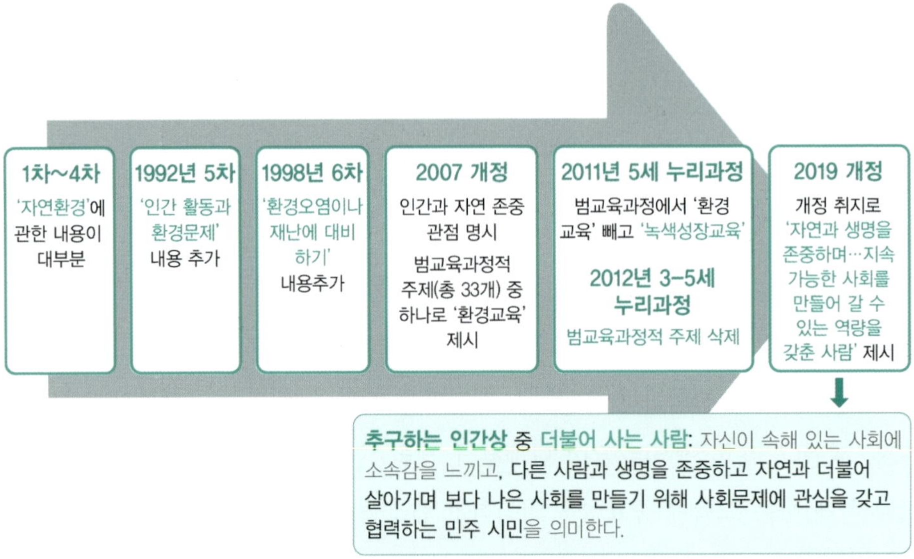

그림 1-3 누리과정 유아 기후/환경교육

출처: 지옥정(2022). 일상의 삶 · 놀이와 밀착된 유아 기후/환경교육, 함께 만들어가는 미래 영유아교육: 기후, 그린, 생태. 육아정책연구소 KICCE 9차 정책토론회. p. 21.

정부에서 시행하고 있는 '탄소중립 중점학교 지원 사업'은 학교 구성원이 탄소중립 실천역량을 함양할 수 있도록 관계부처의 프로그램 및 기반 시설을 집중 지원해 생활 속 생태 전환교육 활성화, 탄소중립 문화 확산을 도모하는 사업이다(대한민국 정책브리핑, 2022.10.31.). '2022. 탄소중립 시범학교'로 지정된 충청북도의 탄금 유치원은 유아의 기후/환경교육의 예시를 잘 보여주고 있다. '탄금 초록꿈 캠프 주간'을 정하여 다양한 탄소중립을 위한 프로그램을 운영하였다.

유아들은 자신들이 선정한 친환경 물건들을 마련하여 '초록꿈 장터'를 열고 '초록꿈 장터' 홍보 영상도 제작하였다. '초록꿈 놀이마당'에서는 평소 분리배출 해오던 재활용품을 놀잇감으로 활용해 다양한 놀이를 즐기면서 탄소중립을 실천하는 시간을 가졌다. 이러한 프로그램을 통해 유아들은 탄소를 줄이기 위해서는 계획된 구매 습관이 필요하다는 것과 탄소중립을 위해서는 실천이 중요하다는 것을 알게 되었다(충청북도 충주교육지원청, 2022.11.25).

기후변화로 빙하가 감소하고 해수면이 상승하며 홍수와 폭설, 가뭄과 같은 자연재해가 발생하고 있다. 조효재(2020)는 지구의 온도가 2℃ 정도 오르게 되면 찜질방 지구가 되어 생존권에 심각한 훼손이 초래될 것이라고 기후 위기에 대해서 경고하고 있다.

따라서 지옥정(2022)의 주장대로 영유아들이 미래에 지속 가능한 삶을 살아가기 위해서는 일상의 삶·놀이와 연결된 환경 감수성, 환경윤리, 환경구성의 이해, 환경 문제 인식 및 대처에 대한 교육이 필요하다.

"기후변화 넘어 '기후 비상' 상태…인류 공멸할 가능성도"

체감온도 영하 20도를 넘나드는 한파가 한반도를 덮친 가운데, 이번 겨울이 1907년 이래 역대 다섯 번째로 추운 겨울이 될 것이라는 전문가의 예측이 나왔다. 미국에서도 약 2억 명의 주민에게 한파 경보가 발령되며 크리스마스 시즌 여행객들의 발걸음이 멈췄다. 대만에서는 사흘간 99명이 저체온증으로 사망하는 사고가 발생했다.

이처럼 전 세계에 휘몰아친 이상기후와 한파는 지구 온난화로 인해 북극 소용돌이가 불안정해졌기 때문이라는 분석이 나온다.

22일(현지 시간) 블룸버그 등 외신에 따르면 북극의 찬 기류와 습한 공기가 만나 생성되는 저기압성 폭풍인 폭탄 사이클론이 미국을 덮칠 것으로 예보됐다. 혹한, 폭설, 강풍, 홍수가 곳곳에서 발생해 비행편이 무더기로 취소되고 철도와 도로 교통도 큰 차질을 빚을 전망이다. 특히 크리스마스에서 신년까지 이어지는 미국의 연말 여행 성수기 1억 명 이상이 대이동에 나설 것으로 예상돼 미국 전역에 비상이 걸린 상황이다.

미국 기상 당국은 '10년에 한 번 올까 말까 한겨울 폭풍'이 중서부에서 동부로 이동하면서 약 1억3500만 명이 사는 지역에 광범위한 영향을 미칠 것이라고 내다봤다.

몬태나주의 일부 산악 지방은 이날 기온이 최저 영하 46도로 급강하했고, 캐나다 북서부에서는 영하 53도를 찍는 지역도 나왔다. 덴버는 이날 오전 32년 만의 최저 기온인 영하 31도를 찍었고, 시카고는 이날 밤 영하 21도로 기온이 떨어질 것으로 예보됐다. 아이오와주 디모인은 체감기온이 영하 38도로 떨어질 수 있다고 기상 당국은 밝혔다.

폭설과 눈보라도 곳곳을 강타했다.

출처: 서울경제(2022.12.23.). "영하 35도로 찍었다"…전 세계 덮친 '죽음의 한파' 원인은?

생각 나누기

1. 에듀케어(educare)의 의미를 파악하고, 보육의 필요성에 대해 생각을 정리해봅시다.

2. 저출산 · 고령화 시대에 따른 보육의 역할과 방향에 대해 토의해봅시다.

3. 미래사회 기후 및 환경 변화에 따라 보육의 대응과 방향에 대해 생각을 나누어봅시다.

Chapter 02

보육의 역사와 사상

1 우리나라 보육사상

우리나라의 교육은 유학사상의 영향을 받았으며 일부 계층에 의한 것으로 교육이 신분 상승의 수단으로 사용되었다. 전통사회에서 아동은 가사노동력의 증대, 가계 계승자 확보 및 가족세력의 확장 등 여러 측면에서 중요하게 여겼으나 신체적, 정신적으로 미성숙한 존재로 보았으며, 가정에서 이루어지는 생활교육을 통해 기본적인 가치관, 생활 습관, 가족 전통, 문화 등을 전승하였다.

1) 고려시대

고려시대에는 아동에 대해 능력이나 성품을 타고나는 생득적인 측면을 중시하였다. 즉 아동은 내면의 가능성이 있어 끊임없이 이성을 향해 정진해 나갈 수 있는 존재로 보았다. 아동을 보호하기 위한 사회적 차원으로 아동의 유기를 법적으로 금기하였던 것은 물론, 구금 중인 산부와 영아를 법적으로 보호하고, 일정 연령까지 나라에서 고아를 일부 부양하는 책임을 졌다고 알려져 있다.

아동의 교육은 사찰이나 승려를 통한 비형식적인 교육이 중심이 되었으며, 불교에서는 인간의 본성을 누구나 깨달음을 얻을 수 있는 성품으로 파악하였다. 아동에 있어서도 성인과 다름없이 불성을 가진 점에서 평등하며, 아동도 한 인간으로서 독자성과 인격을 존중하고 있다(김승환, 2005; 한성심 외, 2022 재인용).

고려시대의 아동교육은 불교를 중심으로 사찰이나 승려를 통해 행해졌으나 성인의 역할 수행을 위한 기능은 일생 생활 가운데 가정에서 배울 수 있었다.

2) 조선시대

조선시대에서는 유교를 중심으로 유교적 소양을 갖춘 도덕적 인간을 양성하는 것을 교육의 목적으로 삼았다. 조선시대의 아동 교육기관은 서당으로 한문과 유교에 대한 초보적인 지식을 가르쳤다.

서당에서의 교육 방법은 학습능력자의 수준에 맞게 범위를 정해 유교 경전을 숙독하도록 하였다. 교과목을 지도할 때는 계절을 고려했고 놀이를 활용하여 학습의 효과를 극대화하는 등 상당히 과학적이고 체계적이었다(신희이 외, 2019).

조선 사대부들은 아동 교육을 매우 중요시하였으며 아동 교육의 주된 목표는 인성교육이었다. 이는 성선설을 바탕으로 모든 인간은 선하게 태어났지만 이러한 선한 본성을 보존하기 위해서는 인성교육이 필요하다고 생각하였는데, 어린 시기부터 교육할수록 교육적 성과가 높다고 보아 아동이 밥을 먹고 말을 할 때부터 교육을 시작하였다.

조선시대의 아동 교육은 '소학'을 중심으로 생활 교육을 하였는데, 소학의 내용은 자신을 깨끗이 하고 자신의 주위를 청결히 하는 것, 사람을 대하는 법과 처신하는 법, 부모에 대한 효도와 어른에 대한 공경, 스승에 대한 존경과 친구 사귀는 일 등을 담고 있다. 그러나 조선시대에서는 수직적이고 종속적인 당시 위계질서 속에서 아동을 독립된 인격체로 바라보는 것에는 한계점이 있었다.

3) 개화기

개화기 우리나라는 서양의 문물이 들어오기 시작하면서 교육제도와 교육의 가치에 있어 많은 변화를 가져오게 되었다. 1894년 갑오개혁을 통해 과거제도가 폐지되고 보통교육을 위한 제도적 기반이 마련되었지만, 일반 대중에게 미치는 것에는 한계가 있었다.

개화기의 교육은 주로 민간 주도로 이루어졌고 선교사를 중심으로 한 개신교 계열의 학교가 1910년까지 660개가 설립되었으며, 이에 따라 아동에 대한 관점도 성인의 종속물이 아닌 하나의 독립된 인격체로 바라보기 시작하였다.

개화기 시대 동학은 인간을 모두 다 귀한 존재로 보고 아동에 대해서도 평등한 한 인간으로 존중할 것을 주장하였다. 소파 방정환도 인내천의 천도교 사상을 바탕으로 각종 단체와 기관지를 만들어 아동의 중요성을 제시하였다. 방정환은 아동을 독립된 인격체로 보고 '어른보다 나이가 어린 사람'이라는 뜻의 '어린이'라는 용어를 처음 사용하였다. 또한 색동회를 조직하여 어린이를 위한 동화 구연, 아동극 상연 등을 하였다.

방정환은 '어린이에게 존댓말 쓰기' 운동을 하면서 아동을 존중할 것과 아동이 누려야 할 권리를 주장하였다. 그의 이러한 사상은 1923년 어린이날 선언문에 잘 나타나고 있으며 내용은 다음과 같다.

표 2-1 1923년 어린이날 선언문

[어른에게 드리는 글]

1. 어린이를 내려다보지 마시고 쳐다보아 주시오.
1. 어린이를 늘 가까이하사 자주 이야기를 하여 주시오.
1. 어린이에게 경어를 쓰시되 늘 보드랍게 하여 주시오.
1. 이발이나 목욕, 의복 같은 것을 때맞춰 하도록 하여 주시오.
1. 잠자는 것과 운동하는 것을 충분히 하게 하여 주시오.
1. 산보와 원족 가튼 것을 가끔 가끔 시켜주시오.
1. 어린이를 책망하실 때에는 쉽게 성만 내지 마시고 자세히 타일러 주시오.
1. 어린이들이 서로 모여 즐겁게 놀 만한 놀이터나 기관 같은 것을 지어 주시오.
1. 대우주의 뇌신경의 말초는 늙은이에게 있지 아니하고 젊은이에게도 있지 아니하고 오직 어린이 그들에게만 있는 것을 늘 생각하여 주시오.

[어린 동무들에게]

1. 돋는 해와 지는 해를 반드시 보기로 합시다.
1. 어른에게는 물론이고 당신들끼리도 서로 존대하기로 합시다.

1. 뒷간이나 담벽에 글씨를 쓰거나 그림 같은 것을 그리지 말기로 합시다.
1. 길가에서 떼를 지어 놀거나 유리 같은 것을 버리지 말기로 합시다.
1. 꽃이나 풀을 꺾지 말고 동물을 사랑하기로 합시다.
1. 전차나 기차에서는 어른에게 자리를 사양하기로 합시다.
1. 입은 꼭 다물고 몸은 바르게 가지기로 합시다.

출처: 한국방정환재단 https://children365.or.kr/children-announcement(2022.12.22. 인출).

2 외국 보육의 역사와 교육사상

1) 고대시대

고대사회에서는 부족과 종족의 안전이 무엇보다도 중요했기에 영유아는 인격적인 존재라기보다는 종족 보존을 위한 수단적인 존재로 여겨졌다. 이 시기 영유아는 독립된 하나의 인격체로 존중받지 못하였으며 부족의 생존과 투쟁에 있어 도움이 되지 못하는 존재로 인식되었다. 따라서 인구 조절을 위한 방편으로 부족의 생존에 도움이 되지 않는 영아는 살해되었다.

고대 그리스는 폴리스로 구성된 아테네와 스파르타가 있었고 이들의 사회체제와 교육방식은 서로 대조적이었다. 아테네는 미래의 시민으로서 신체와 정신이 온전한 전인으로 양성하는 교육을 강조하였다. 교육의 책임과 중심을 가정에 두었으며 교육의 목적은 신체와 정신에 조화를 이룬 자유시민 양성이었다.

스파르타는 사회 전체가 학교라고 할 정도로 사회기관의 교육적 기능을 강조하였으며 국가에 충성과 봉사하는 것이 교육의 목적이었다. 건강한 아동을 얻기 위해 우생학적 결혼제도를 국가가 장려하였고 허약하거나 장애아는 산이나 들에 버리도록 하였다. 출생 후 7세까지는 가정에서 엄격한 교육을 받고 8세가 되면 공동

훈련소에 입소하여 20세까지 군사훈련을 받았다.

고대 그리스의 대표적인 교육사상가로는 플라톤과 아리스토텔레스가 있다.

(1) 플라톤

플라톤은 소크라테스의 제자로 끊임없이 변하고 생성하는 물질과 변하지 않고 초월적인 세계인 이데아로 구분되는 이기이원론을 주장하였다. 즉 지성이나 영혼은 중요하고 육체는 정신을 떠받드는 도구 정도로 생각하였으며, 따라서 교육은 인간의 타고난 본성에 적합한 교육을 통해 이성과 조화를 이루는 것으로 보았다.

① 아동관

플라톤은 인간을 본성이 선하며 무한한 능력이 있는 존재로 생각하였다. 인간의 잠재적 능력은 타고나며 출생 시 누가 우세한지 알 수 없기에 모든 아동에게 동일한 교육을 해야 한다고 하였다. 인간은 교육을 통해 본성이 드러나게 되며 개인의 능력에 따라 이에 적합한 교육을 함으로써 자신이 맡은 일을 능률적으로 수행하게 되고 이것이 조화로운 공동체를 형성하게 한다고 주장하였다.

② 교육사상

플라톤은 신체와 정신의 조화로운 발전을 위해 체육과 음악교육의 균형을 강조하였다. 음악은 문학작품을 기초로 교육하기에 아동의 정신적인 도야와 도덕성 형성에 도움을 주며 체육은 신체활동을 통해 체력이 단련되기 때문에 인간의 영혼과 신체에 조화를 이룰 수 있다고 보았다. 또한 놀이의 중요성을 강조하였는데 아동은 놀이에 몰입하면서 본성이 나타나고 인간의 기본적인 가치를 구분할 수 있게 된다고 하였다.

(2) 아리스토텔레스

아리스토텔레스는 존재의 기반을 사물의 실재에 기반한 개체로 보았다. 즉 모든 사물은 그 자체로서 존재하는 고유한 형상이 있으며 이러한 형상이 물질인 질료와의 관계를 통해 서서히 구현되는 것으로 생각했다. 예를 들어 단순한 흙인 질료에 형상이 작용하여 도자기를 만들어내는 것과 같다. 아리스토텔레스는 인간의 본질적 형상인 이성이 충분히 실현되어 행복을 누리는 삶이 최선의 삶이라고 보았다.

① 아동관

아리스토텔레스는 인간은 태어난 후 접한 환경에 영향을 많이 받으며 타자와의 관계를 통해서 변해간다고 보았다. 가정의 중요성을 강조하며 7세까지는 가정에서 양육되어야 한다고 주장했는데, 이때 신체적 발달과 충분한 영양 섭취를 기반으로 지성을 교육함으로써 교양을 갖춘 시민이 양성될 수 있다고 보았다.

② 교육사상

아리스토텔레스는 아동 교육의 목표를 인간의 성장 과정에 따른 신체적 성장과 발달 촉진에 두었다. 아동은 본성에 가까운 놀이를 통해 신체를 단련하고 정서 발달을 할 수 있다고 보았다. 이러한 신체적 발달과 성장을 토대로 지성을 훈련하여 도덕적 덕성을 함양하고자 하였다. 따라서 영유아기인 5세까지는 지적 교육은 적합하지 않다고 보았다.

2) 중세시대

중세는 서로마 제국이 멸망한 476년부터 동로마가 멸망한 1453년까지를 말하며 기독교와 봉건제도가 지배적이었던 시대였다. 중세시대에는 국가가 설립해 운영하던 공교육이 사라지고 교회에서 운영하는 수도원 형태의 학교가 운영되기 시작하였다.

기독교 교육의 목적은 신에 대해 복종하고 내세를 준비하는 것을 강조하였고, 이에 따라 이교도의 기독교화와 세례를 위한 초급문답학교, 엄격한 규율과 금욕주의 생활을 하는 수도사 지망생을 위한 수도원학교, 그리고 성직자를 양성하는 것이 목적인 대성당학교 등이 있었다.

① 아동관

중세시대의 아동은 성인과 동일하나 성인의 기준으로 볼 때 모든 것이 부족한 성인의 축소물로 여겨졌다. 아동을 작은 성인으로 취급하며 성인과 같은 행동 기준을 요구하였다. 만일 성인처럼 아동이 행동하지 못한 경우에는 심한 매질과 감금과 같은 처벌을 받았다.

중세시대에는 인간은 태어날 때부터 악한 충동을 지니고 태어났다는 성악설의 견해가 지배적이었으며, 따라서 엄한 훈육과 고행을 통해 아동의 악한 충동을 제거하고 부정적인 성향을 시정할 수 있다고 생각하였다.

중세 말기에는 아동도 영혼이 있는 존재이며 이들의 생명을 빼앗는 행위는 죄악으로 여겨졌으며 종교적 자선 행위가 시작되었다. 즉 교회의 재원이나 시설을 이용하여 가난하거나 의지할 곳이 없는 아동을 보호하였다.

② 교육사상

아동을 교육하는 교과목은 모든 종교와 관련된 것으로 아동은 신에게 봉사하기 위한 인간으로 여겨졌다. 이 시대의 교육목적은 본성이 악한 인간을 도덕적, 윤리적으로 만드는 것으로, 교육방법은 주로 반복에 의한 훈련이었으며, 소수의 상류층 자녀만이 단순한 읽기, 쓰기 활동의 교육을 받았다.

3) 근대시대

근대시대에는 신중심주의에서 벗어나 인간중심인 인문주의로 돌아가자는 문예부흥운동과 종교개혁이 일어나게 되었다. 17세기에 이르러서는 과학 탐구와 실제 생활의 관심이 높아지면서 실학주의 교육이 등장하게 되었다. 실학주의 교육은 현실 생활의 구체적인 경험과 실용성을 강조하였다.

(1) 코메니우스

1632년 최초의 교육학책인 '대교수학'을 통해 생애 초기교육의 중요성을 강조하였고 아동의 교육을 4단계로 제시하였다. 세계 최초의 그림책인 '세계도감'을 통해서는 아동에게 언어로 표현되는 사물을 직접 그림으로 보여주면서 실제적인 지식 습득에 도움을 주었다.

① 아동관

코메니우스는 아동은 하나님이 주신 가장 귀한 선물이며 보물이라고 생각하였다. 따라서 하나님의 보물인 아동을 바르게 교육할 의무가 부모와 교사에게 있으며 6세 이전의 가정 교육에 중요성을 강조하였다. 그는 연령을 토대로 인간의 발달 단계를 제시하였으며 관찰을 통해서 최초로 영아기를 제시하였으며, 영유아는 감각적 존재이므로 감각을 통해 외부세계를 느끼고 사물을 인식해야 한다고 보고, 모든 영유아의 연령과 능력에 따른 보육의 필요성을 주장하였다.

② 교육사상

코메니우스는 자연을 통한 교육, 발달에 따른 교육, 인간의 본성을 존중하는 교육, 보편교육을 강조하였다. 아동은 가난한 집에서 태어났거나, 우둔하거나, 여자아이라 할지라도 모두 교육받을 기회를 균등하게 가질 수 있어야 한다고 하였다.

또한 갓 출생한 생명은 잘 길들여지기도 휘어지기도 쉽기에 교육은 조기에 실시되어야 함을 주장하였다. 6세 이전에 받아야 할 교육으로는 경건성, 도덕성, 건전한 학습, 건강교육이 있다.

코메니우스의 교육은 지성과 덕성, 신앙이 조화를 이룬 전인교육, 자연의 원리를 활용한 합자연주의, 실물과 감각을 통한 감각교육이라고 할 수 있다.

(2) 로크

로크의 경험론은 계몽주의 교육철학과 중세 이후의 아동에 관한 생각에 많은 영향을 주었다. 특히 가장 보편적인 교육 방법이었던 주입식 교육을 배제하고 아동의 발달 단계나 개성을 존중하였다.

① 아동관

로크가 살았던 시대에는 인간에 대한 원죄설이 지배적이어서 아동에 대해서도 엄격한 훈육을 해야 한다고 보았다. 그러나 로크는 아동에 대해 선하거나 악하지 않은 중립적 본성관을 가지고 있었다. 즉 아동은 백지와 같은 상태로 태어난다고 보고 이후 외부의 세계로부터 어떠한 경험과 교육을 받으며 성장하느냐에 따라 인간성이 달라진다고 하였다. 따라서 인간 형성의 요소를 유전적인 것보다는 환경적인 요인으로 보았다.

② 교육사상

로크는 아동교육에 있어 경험을 중시하였으며 자유로운 신체활동과 아동의 개성과 발달에 적합한 교육을 통해 심신의 조화로운 발달을 할 수 있다고 보았다. 아동은 성인의 가르침에 따라 어린 시절부터 신에 대한 사랑과 경건심을 가지는 것을 강조하였고 바른 습관을 형성할 수 있도록 학습을 제공해야 한다고 하였다. 아동은 이성적이기보다는 감정적이고 욕구적이며 실수를 쉽게 저지를 수 있기에 부모의 계속적 보살핌과 일관성 있는 훈련을 통하여 인격체를 형성한다고 하였다.

로크의 교육목적은 건전한 인격을 가진 성인을 만드는 것이었다. 인간의 본질을 본능이 아닌 이성으로 보았기 때문에 이성에 의해 덕을 갖춘 사람이 성숙한 인격을 가진 성인이라고 생각하였다. 따라서 아동이 이러한 성숙한 인격을 갖추기 위해서는 가정교육과 경험 그리고 조기교육이 중요하다고 하였다. 로크는 건전한 인격을 가진 성인을 신사로 보았으며 신사가 갖추어야 할 덕목의 내용은 아래의 표와 같다.

표 2-2 신사가 갖추어야 할 네 가지 덕목

덕목	내용
덕성	선의 체득, 사랑하는 일, 믿음
지식	• 사물에 대한 참된 관념의 획득 • 마음을 보다 가치 있고 크게 하기 • 교활함으로부터 보호하기
예의	다른 것을 방해하지 않는 마음과 그러한 마음의 표현
학습	교육적 가치가 있는 체육이나 승마, 운동, 취미, 일, 여행

출처: 박찬옥 외(2017). 보육학개론. p. 68.

로크는 모든 아동은 태어나는 그 순간 백지와 같은 상태이므로 바른 습관을 형성할 수 있는 경험과 교육 방법을 제시하였지만, 아동을 어른의 가르침대로 따라야 하는 수동적인 존재로 보았다. 또한 아동의 교육을 귀족층은 가정에서 서민계층은 노동학교에서 교육받는 등 계층의 구별에 따른 교육을 제안함으로 차별적인 교육을 주장하였다.

(3) 루소

루소는 계몽주의자이며 자연주의 사상가로 인간의 본성은 선하며 선은 자연이기에 자연으로 돌아가라고 주장하였다. 루소는 '에밀'이라는 저서를 통해 인간의 발달 단계를 유아기(0~5세), 아동기(6~12세), 소년기(13~15세), 청년기(15~20세), 결혼기(20세~결혼)로 5단계로 나누어 각각의 발달 단계에 따라 교육해야 한다고 하였다.

① 아동관

루소는 인간은 태어날 때 본성이 선하며 자유로운 존재로 출생한다고 보았다. 그는 오랜 기간 기독교가 믿어온 성악설을 부정하고 성선설을 주장하였다. 인간은 본래 선하였으나 인간의 손에 의해 악해진다고 보았다. 즉 인간은 전통, 사회, 역사, 정치 등에 의하여 약해지기 때문에 자연으로 돌아갈 것을 주장하였다.

아동에 대해서도 지나치게 엄격한 생활이나 성인 복장, 속박 등 비자연적인 모든 제약으로부터 해방되어야 한다고 하였다. 이것은 당시 귀족사회에서의 엄격한 예의범절과 복종을 비판하고 상류층의 부패성을 이야기한 것이다.

아동은 자연스럽게 발달하는 능동적인 존재로 아동 주변 환경이 자연으로 돌아가야 한다고 하였다. 이는 아동이 부패한 사회환경과 접촉이나 경험을 갖기 전에 스스로 자아를 충분히 개발할 수 있는 기회가 주어져야 하는 것을 의미한다. 즉 루소의 자연주의 교육은 인위적인 간섭을 하지 말고, 아동의 인격과 자유를 존중해야 하는 것을 말한다.

② 교육사상

루소는 아동의 발달에는 순서가 있고 질서가 있기 때문에 질서에 순응하는 자세로 교육해야 함을 주장하였다. 교사의 개입을 최소화하고 아동의 자율성을 존중하고 스스로 학습하도록 해야 한다고 하였다.

아동에게 많은 선택의 기회를 제공하여 자발적으로 생활 능력을 자연스럽게 경험하며 배우도록 하였다. 루소는 합자연주의로 인간은 자연의 본성을 따라야 하며 아동 교육도 성인 중심의 교육이 아닌 아동의 흥미에 따라 가르쳐야 한다고 보았다. 그는 인위적으로 영향을 주는 지적 교육의 요소를 제거하고 아동의 오감을 이용하여 사물의 경험을 하는 감각 훈련을 중요시하였다.

아동의 잘못된 행동에 대해서도 인위적인 벌이 아닌 아동 스스로 체험을 통해 반성하도록 하는 것이 최선에 방법이라고 하였다. 교사의 역할도 직접적인 교수가 아닌 안내자로 역할을 해야 한다고 하였다.

루소는 아동을 성인 축소물로 보지 않고 그 자체로 능동성을 지닌 자유로운 존재로 보았다. 아동은 성인과 다른 발달 단계를 가지고 있으며 이러한 자연적 발달에 따라 교육이 이루어져야 한다고 보았다. 따라서 12세까지 아동은 스스로 학습을 통해 배우며 경험할 수 있는 소극적인 교육이 이루어져야 한다고 보았다. 루소의 교육사상은 페스탈로찌, 프뢰벨, 듀이 등으로 계승 · 발전되었다.

(4) 페스탈로찌

페스탈로찌는 루소의 아동중심, 자연주의 사상을 이어받았으며 빈민과 고아를 위해 빈민학교와 고아원을 설립하였다. 가정교육의 중요성을 강조하였으며 어머니와 자녀 사이의 애정과 신뢰를 교육에 원동력으로 보았다.

① 아동관

페스탈로찌는 아동을 선도 악도 아닌 중간적 존재로 생각하였다. 아동은 자신의 고유한 세계가 있으며 내면에는 아직 피지 않은 꽃봉오리로서 전능력이 내재하고 있다. 따라서 교육은 이러한 아동의 잠재력을 끌어내어 조화롭게 발전시키는 것이라고 보았다.

② 교육사상

아동의 교육에 있어 가장 중요한 것은 가정교육이라고 생각하였으며 부모는 자녀의 소질과 잠재력을 발견하고 계발될 수 있도록 환경을 조성해야 한다고 하였다. 그는 부모는 자연스러운 교사로, 가정은 자연스러운 교육의 장으로 생각하였다. 특히 어머니의 사랑은 이러한 교육의 원동력이라고 보았다. 가정에서 부모는 자녀에게 도덕과 종교를 가르쳐야 한다고 하였다. 페스탈로찌의 교육원리는 자발성의 원리, 직관의 원리, 조화와 균형의 원리로 볼 수 있다.

첫째, 자발성의 원리는 아동이 자기가 가지고 있는 능력을 내면적인 힘을 통해 스스로 발전시켜 나가는 것이다.

둘째, 직관의 원리는 사물의 직접적인 경험을 통해서 학습하는 것이다. 아동은 사물을 직관하면서 구체적인 개념과 추상적 사고력을 계발할 수 있게 된다. 아동은 헤아리기, 측정하기, 느끼기, 만져 보기와 같은 조작적 경험을 통해서 수많은 개념을 학습할 수 있다고 하였다. 아동의 실물을 통한 직관은 도형, 언어, 수의 원리를 인식할 수 있게 한다.

셋째, 조화와 균형의 원리는 인간의 지적, 도덕적, 신체 기능적 능력 세 가지를 조화롭고 균형 있게 발전시키는 것이다. 인간의 지적 발달을 위해서는 실물교육을 도덕적 발달을 위해서는 가정교육을 신체 기능적 발달을 위해서는 노작교육을 제시하였다.

페스탈로찌에 자발성의 원리와 실제 경험을 통한 실물교육은 오늘날 아동 교육과 교수방법에 중요한 영향을 주었다.

(5) 프뢰벨

프뢰벨은 페스탈로찌의 영향을 받았으며, 세계 최초의 유아교육시설인 유치원을 설립하였다. 그는 인간과 우주의 통일된 원리를 형성하고 이러한 원리에 입각한 유아교육 프로그램을 구성하려고 노력하였다. 프뢰벨 사상의 중심에는 '신성'이 있었으며 인간 내면에는 신성이 내재되어 있다고 생각하였다. 따라서 인간의 내적 성장을 위해서는 인간 안에 내재된 신성을 신장시키고 완성해야 한다고 하였다.

① 아동관

프뢰벨은 아동을 신성을 가진 존재로 보았으며, 인간은 선을 추구하는 존재이기 때문에 외부의 방해가 없으면 자신에 능력을 충분히 발휘하고 원만한 사회적 관계를 맺을 수 있다고 하였다. 따라서 아동의 본성을 꺾지 않고 스스로 내적 동기를 가지고 자연스럽게 자신을 발전시킬 수 있도록 도와주어야 한다고 하였다.

② 교육사상

프뢰벨은 신과 인간과 자연이 일치하는 교육을 강조하였다. 즉, 영유아의 교육에 있어서 자연스러운 성품을 지닌 인간으로 성장할 수 있도록 내적 열매를 맺게 하는 것이 중요하며, 이러한 그의 교육 방법은 '발달적 순응 교육'으로 불린다. 이는 아동을 수동적으로 방치하는 것이 아니라 주의와 보호를 기울이며 필요할 때는 능동적으로 개입하는 것을 의미한다. 그는 영유아에게 무엇을 가르치려고 하기보다는 영유아의 생각이나 느낌을 표현하도록 해야 한다고 하였다.

프뢰벨의 교육목적은 유아가 가지고 태어난 모든 능력과 은사를 자극하여 전반적으로 조화를 이루는 것이다. 이를 위한 활동으로 놀이 활동을 제안하였다. 유아의 놀이는 가장 순수하고 고귀한 활동이며 인간의 내면에 잠재해 있는 자연성의 발로라고 보았다. 그는 놀이는 유아에 창의력을 계발하고 문화를 창조하는 원동력이라고 하였으며 놀이 자체가 교육의 수단이라고 하였다.

아동의 놀이를 강조하면서 프뢰벨은 아동을 위한 교구인 은물과 작업을 고안하였다. 은물은 신이 주신 선물이란 뜻으로 총 10가지로 구성되어 있으며, 색깔, 모양, 수개념, 측정, 비교, 대조 등의 개념을 배울 수 있다.

작업은 아동의 여러 가지 기능의 개발을 위해 계획된 자료로 주로 점토, 나무, 두꺼운 종이 자료를 중심으로 하는 뜨개질하기, 그림 그리기, 종이 오리기, 종이접기, 구슬 꿰기 등의 11가지 활동이다.

프뢰벨은 아동의 자발성과 놀이의 교육적 가치를 중요시하였으며, 은물과 작업을 고안하여 자신의 사상을 유아교육에 효과적으로 실현하였다.

4) 현대시대

20세기에 들어오면서 아동을 성인의 소유물이나 수동적인 존재가 아닌 하나의 독립된 인격을 지닌 능동적인 존재로 인식하기 시작하였다. 미국의 독립과 프랑스 혁명, 산업혁명 등으로 민주화가 진전되고 공교육 제도와 의무화 교육제도가 도입되면서 전통적인 주입식 교육을 배제하고 아동의 내적 동기를 유발하고 자발적인 학습을 강조하는 운동이 진행되었다.

따라서 아동은 자신만의 고유한 발달 단계를 가지며 모든 발달영역은 분리된 것이 아니라 서로 연결되어 상호관련성을 가지고 있다는 개념을 갖게 되었다. 이러한 개념은 아동에게 어느 한 영역만을 강조하는 교육이 아니라 전체적으로 통합된 교육을 해야 하는 필요성을 가지게 하였다.

(1) 듀이

듀이는 실용주의 사상가로 프뢰벨의 교육사상의 영향을 많이 받았다. 그러나 듀이는 프뢰벨의 이상주의와 달리 아동은 환경과 상호작용하면서 경험과 지속적인 재구성을 통해 배울 수 있다고 보았다. 그는 아동은 살아가면서 사회와 끊임없이 상호작용하며 경험을 재구성하게 되며 이러한 과정 자체를 교육으로 보았다.

① 아동관

듀이는 아동을 미성숙한 순진무구한 존재로 인식하였다. 미성숙한 존재란 성인과 비교하여 부족하거나 모자란 것을 의미하는 것이 아니라 성장 가능성을 가진 존재를 의미한다. 따라서 아동은 무기력하지만 풍부한 가능성을 가지고 발전할 수 있는 존재인 것이다. 듀이는 아동을 자신의 문제 상황에 대해 해결할 수 있는 지적 능력을 사용할 수 있는 존재이며, 환경과의 상호작용을 통해 배우고 경험하는 존재라고 하였다.

② 교육사상

듀이는 아동의 흥미와 발달을 기초로 아동의 생활과 밀접한 경험중심 교육과정을 제안하였다. 그는 이상적이고 기계적인 교육을 비판하면서 교육의 실용성을 강조하였다. 학습자에게 가장 의미 있는 교육은 경험적 상황 속에서 많은 선택의 자유를 주는 것이라고 보고, 실생활과 관련이 있는 목공예, 요리, 방목과 관련이 있는 경험 등을 교육내용으로 삼았으며, 교육 방법으로는 그림 그리기, 독서하기, 놀이 등을 제안하였다.

아동의 교육에 있어 듀이는 성장을 교육의 목적으로 생각하였다. 아동의 실생활에서 경험은 사고와 연결되어야 한다고 하였다. 즉 교육은 아동 자신으로부터 출발하여 사고와 연결되고 사회와 상호작용하면서 능동적인 학습이 일어난다고 보았다. 아동의 경험은 중요하지만, 지식과 연결되어야 가치가 있는 것이다.

듀이는 경험의 의미를 교육의 과정으로 제시하였으며 이러한 듀이의 교육사상은 당시 교과중심이었던 교육을 아동중심, 경험중심, 발달중심 교육으로 정립하는 것에 영향을 주었다.

(2) 몬테소리

몬테소리는 이탈리아 최초의 여자 의사로 정신장애아동에 관한 관찰을 토대로 교구를 개발하였다. 그녀는 이러한 경험을 바탕으로 1907년 슬럼가에 어린이집을 세우고 자신이 개발한 몬테소리 프로그램을 적용하여 일반아동에게도 교육적 효과를 거두었다.

① 아동관

몬테소리는 아동은 연약하지만 태어나는 그 순간부터 스스로 성장하고 발달할 수 있는 존재로 보았다. 아동은 각기 다른 개성과 발달 속도를 지니는 있기에 아동의 발달 리듬에 맞는 최적의 환경을 조성해주어야 한다고 하였다. 그녀는 아동이 자신의 주변 환경으로부터 자극을 받고 정보를 얻으면서 자발적으로 탐색하고 학습하는 능동적인 존재로 생각하였다.

② 교육사상

몬테소리의 교육은 아동이 자기주도적으로 교육활동 하는 것을 중요하게 생각하였다. 잠재된 가능성이 가장 잘 나타나는 시기는 0~6세 사이의 연령이며 이 시기를 민감기라고 하였다. 민감기에는 자신의 내부에 있는 흡수 정신을 통해 환경을 경험하고 지식을 배우게 된다. 따라서 이 시기에는 아동의 발달과 자극을 이끌어 줄 수 있는 교육적 환경인 준비된 환경이 필요하다고 하였다.

아동은 스스로 준비된 환경을 통해 자발적으로 작업을 선택하고 집중하면서 만족감을 느끼게 된다. 몬테소리는 이러한 상태를 정상화라고 하였다. 아동이 정상화를 이루기 위해서는 자유로운 선택과 자기활동이 보장되어야 한다.

아동이 성장해가면서 스스로 교구를 통해 능동적으로 학습하는 자동교육을 몬테소리는 강조하였고, 교육을 단지 지식의 습득이 아닌 개인 본질을 이해하고 삶을 이끌어가는 과정으로 보았다. 그녀는 감각훈련과 일상생활 훈련의 구체적 방법과 지침을 제시하면서, 준비된 환경과 교사 역할을 강조하였다. 몬테소리 교육내용은 일상생활훈련(옷 입기, 청소하기, 예절 지키기), 감각활동, 언어교육, 수학교육, 문화교육(지리, 생물, 역사, 과학, 미술, 음악 등의 영역)이었다. 또한 교사의 역할은 아동의 활동을 최대한 방해하지 않으면서 환경정비, 교구 소개와 안내, 아동의 활동을 관찰하고 촉진하는 것이었다.

생각 나누기

1. 소파 방정환의 사상을 그 시대 상황과 함께 좀 더 조사해보고, 오늘날 교육에 어떻게 적용할 수 있는지를 생각해봅시다.

2. 여러 사상 중 하나 이상을 선택하여 영유아교육에 끼친 영향력을 살펴봅시다.

Chapter 03

보육의 제도와 정책

1 우리나라의 보육제도와 정책의 변화

1) 영유아보육법 제정 이전 시기(1921~1991)

우리나라의 보육사업은 1921년 태화기독교사회복지관에서 빈곤가정의 자녀를 위한 구제사업으로부터 시작되었다. 이 시기에는 아동을 위탁하여 보호하고 양육한다는 의미의 탁아라는 용어가 보편적으로 사용되었고, 보육사업은 빈곤가정의 아동을 위한 구제사업의 성격이 강했다. 빈민구제사업은 국가의 개입보다는 외국의 원조에 의한 구호적 차원으로 이루어졌다.

1945년 광복 이후부터 1950년까지는 6·25 전쟁을 전후로 한 사회적 혼란기로 국가가 보육사업에 대한 명확한 지침을 세우지 못한 시기였다. 1952년 정부는 '후생시설 운영요령'을 작성하였고 이때부터 '탁아소'라는 명칭이 사용되었다(박찬옥 외, 2021).

1961년 아동복리법 제정되면서 '탁아시설'이라는 용어를 사용하게 되었고 법정 시설로 정부의 관리감독을 받기 시작하였다. 「아동복리법」에서는 탁아사업의 목적을 '보호자의 위탁을 받아 그 아동을 입소하여 보호함'에 있다고 규정하였다. 이는 탁아사업이 기능이 약화된 가정의 자녀를 대상으로 그들의 기본적 생존권 보호를 위해 제공되는 아동복지서비스라는 것을 최초로 법제화한 것이다.

1960년대 후반에는 산업화로 인한 농어촌 인구의 감소와 여성의 취업이 증가하면서 보육의 수요가 증가하게 되었다. 이에 따라 정부는 1968년에 '미인가 탁아시설 임시조치요령'을 공포하여 민간인의 보육시설 설치를 용이하도록 하였고 명칭도 '탁아소'에서 '어린이집'으로 변경하였다.

유아교육과 보육의 진흥을 목적으로 1982년 「유아교육진흥법」이 제정·공포되면서 보건사회부에서 관장했던 어린이집, 농촌진흥청에서 관장했던 농번기 유아원, 내무부에서 관장했던 새마을 유아원이 새마을 유아원으로 통합되었다. 「유아교육진흥법」은 유아를 위한 유사 기관을 일원화하여 교육체제를 정비하고, 유아교육 진흥을 가속화하기 위한 법적 근거로 보육을 아동 보호와 교육을 포함하는 통합적 개념으로 확대하는 계기가 되었다.

「유아교육진흥법」은 보육에 있어 교육을 강조함으로써 보육의 질적 향상을 추구하고자 하였으나 교육의 지나친 강조로 인해 아동복지의 약화를 초래하였다. 즉 정부의 지원으로 새마을 유아원은 증가하였으나 전일제가 아닌 반일제로 운영되어 저소득층 가정이나 맞벌이 부부의 자녀를 보육하는 데는 한계가 있었다(한성심 외, 2022).

이에 따라 노동부에서는 1987년 공단 지역을 중심으로 시범탁아소와 직장 탁아소를 설치하여 공단 근로자의 자녀를 우선적으로 보육하도록 하였다.

2) 영유아보육법 제정 · 개정 시기(1991~2006)

1989년에는 「아동복지법」을 개정하여 1990년 그 세부지침으로 '탁아시설의 설치 · 운영규정'을 마련하였다. 이는 1982년 삭제되었던 '탁아시설의 설치 · 운영'을 근거로 탁아서비스를 확충하고자 한 것이다.

그 후 정부는 보육사업의 일원화를 내용으로 한 법률을 의원 입법으로 추진하여 「영유아보육법」을 제정하였다. 정부는 「영유아보육법 시행령」(대통령령 제13444호, 1991.8.1.)과 「영유아보육법 시행규칙」(보건사회부령 제876호, 1991.8.8.)을 공포 · 시행함으로써 보육사업의 주관부처를 보건복지부로 일원화하였고 오늘날과 같은 보육사업의 법적 체제를 체계화하였다.

「영유아보육법」은 가정양육의 원칙과 자유민주주의 이념에 따라 보육정책의 대상을 보호자가 보호하기 어려운 영유아로 한정하였다. 따라서 부담능력이 있는 계층의 자녀는 보호자가 보육료를 부담하게 하였고 자녀에 대한 부모의 책임도 명시하였다(홍인혜, 2006).

1997년 「영유아보육법」이 일부 계정되면서 초등학교 취학 전 1년의 유아에게 무상보육 실시의 근거를 마련하였다. 2001년에 들어서면서부터 저출산이라는 사회문제가 발생하였고 이에 따라 보육사업의 중장기 종합발전계획이 요구되었다.

2004년 1월 「영유아보육법」이 개정되어 보육서비스의 질적 수준 향상과 다양성, 보육의 책임 강화로 보육 사업이 더욱 발전할 수 있는 계기가 되었고, 특히 '보육시설 평가인증제도'의 실시를 명시하였다. 2004년 참여정부가 들어서면서 보육의 업무를 보건복지부에서 여성가족부로 이관하게 되었다.

2005년에는 보육시설 평가인증제도를 시범운영하였고, 2006년부터 단계적으로 확대하여 모든 보육시설을 대상으로 평가인증을 실시하기로 하였다. 보육시설 운영의 책임성과 투명성을 강화하기 위하여 2005년에 「영유아보육법 시행규칙」의 일부를 개정하여 원장의 국가자격증제 도입과 보육시설운영위원회 설치를 의무화하였다. 또한 보육시설 설치 사전답사제를 실시하여 시설 설치에 따른 민원불편을 해소하였다.

3) 제1차 중장기보육 기본계획(2006~2012)

2006년 11월에는 영유아보육법 시행규칙을 개정을 통한 '표준보육과정'을 마련하였다. '표준보육과정'은 보육의 질을 제고하기 위하여 평가인증제도와 함께함으로써 영유아의 전인적 발달과 건전한 사회구성원으로 성장할 수 있도록 보육환경의 질을 높였다.

정부는 보육의 공교육 강화를 위해 제1차 중장기 보육계획안으로 새싹플랜(2006~2008)을 발표하여 추진하였다. 새싹플랜은 맞벌이 가구의 증가로 인해 약화된 가정의 자녀양육 기능을 강화하기 위한 것으로써 여성의 자녀양육과 경제활동을 지원을 위해 수립되었다. 즉 보육정책의 방향은 보육의 공공성 강화를 위한 공교육 기반 조성, 부모와의 육아부담 경감, 다양한 보육서비스 제공과 질 높은 보육서비스 제공을 위한 아동중심의 보육환경 조성, 보육서비스 관리체계의 강화이다.

2008년에는 여성가족부에 있던 보육업무가 보건복지부로 다시 이관되었다. 보건복지부는 보육 정책의 방향을 양적성장에서 질적인 수준으로 향상시키고자 하였다. 이에 따라 제1차 중장기 보육계획안인 새싹플랜을 수정 · 보완한 '아이사랑 플랜(2009~2012)을 추진하였다.

표 3-1 제1차 중장기보육 기본계획(2009~2012) 아이사랑플랜 주요내용

구분	주요 전략
부모의 비용부담 완화	• 보육 · 양육 지원 확대 및 全 계층 지원의 틀 확립 • 시설 미이용 영유아 양육수당 지급
수요자 맞춤 지원	• 맞벌이 우선입소 기준 조정 적용 확대 • 다문화 영유아 무상보육 실시 • 장애아 보육 지원시스템 체계화
보육시설 질 제고 및 균형	• 평가인증 컨설팅 제도 도입을 통한 인증 참여 확대 및 인증결과와 재정 지원 부분적 연계
보육인력 전문성 제고	• 보육교사 양성체계 전면 개정 및 자격 취득 기준 강화 ※ 2011년 영유아법 개정으로 '보육시설'을 '어린이집'으로 '시설장'을 '원장'으로, '보육시설종사자'를 '보육교직원'으로 명칭을 변경
전달체계의 효율화	• 보육전자 바우처 아이사랑카드 도입
보육사업 지원체계	• 아이사랑보육포털, 보육진흥원 설립 • 어린이집 안전공제회 설립 • 보육통합정보시스템 구축

출처: 보건복지부(2013). 제2차 중장기 기본계획. pp. 9-13. 재구성

'아이사랑플랜'은 '아이와 부모가 행복한 세상'을 비전으로 설정하였다. '아이사랑플랜'은 부모의 비용부담 완화와 수요자 맞춤 지원, 보육시설 질 제고 및 균형, 보육인력 전문성 제고, 전달체계의 효율화, 보육사업 지원체계의 구축의 6개 분야

의 추진과제를 수립하였다.

2009년에는 보육전자 바우처인 '아이사랑카드'로 보육료지원 방식이 변경되었고 2010년 「영유아보육법」을 일부 개정하여 양육수당이 지급되었다.

4) 제2차 중장기보육 기본계획(2013~2017)

정부는 '아이는 행복하고 부모는 안심할 수 있는 세상'이라는 비전의 제2차 중장기 보육계획을 발표하였다. 제2차 중장기 보육계획의 전략은 아이의 건강한 성장과 발달의 최우선, 보육에 대한 국가의 책임 실현, 참여와 신뢰의 보육생태계 조성이다.

제2차 중장기 보육계획의 핵심은 소득 구분 없이 0~5세 전 연령에게 무상보육을 실시하는 것이다. 정부는 국가책임 보육 실현을 위해 보편적 보육·양육 지원을 내실화하고 보육 서비스 품질 관리를 강화하고자 하였다. 또한 상호신뢰하는 보육 생태계를 구축하고자 하였다(보건복지부, 2013).

2015년에는 아동학대 예방을 위한 CCTV 설치 의무화와 아이사랑포털을 모든 어린이집에 도입하였다.

표 3-2 제2차 중장기보육 기본계획(2013~2017) 주요내용

구분	주요전략
부모의 보육·양육부담 경감	• 보육료 전액 전 계층 지원 • 양육수당 전 계층 지원 • 보육료 적정화 및 부모 추가비용 경감
수요자 맞춤보육·양육 지원	• 아동과 가족 특성별 맞춤형 지원 • 장애아·다문화 영유아 맞춤형 지원
공공성 확대와 품질 관리 강화	• 믿고 맡길 수 있는 어린이집 확대 • 서비스 질 관리 강화 및 진입·퇴출 등 연계

구분	주요전략
양질의 안심보육 여건 조성	• 보육 인력의 역량 지원 강화 및 처우 개선 • 영유아의 발달에 적합한 질 높은 보육프로그램 제공 • 아이가 안전한 보육 환경 기반 마련
신뢰 · 투명한 보육생태계 구축	• 참여 · 정보공개 · 신뢰 등 민관 협력 기반 조성 • 효율적 · 체계적인 보육 3.0 관리시스템 구축
보육서비스 재정 및 전달체계 개선	• 체감도 높은 보육 · 양육지원 전달체계 강화 • 중앙–지방 간 보육 재정의 합리적 분담 • 바람직한 한국형 유보통합 추진방안 검토

출처: 보건복지부(2013). 제2차 중장기보육 기본계획. p. 26.

5) 제3차 중장기보육 기본계획(2018~2022)

제3차 중장기 보육계획의 비전은 영유아의 행복한 성장을 위해 함께하는 사회이다. 정부는 보육서비스 지원에 대한 부모 체감도를 높일 수 있도록 보육과 양육에 대한 사회적 책임을 강화하였다. 특히 공공성 제공과 보육서비스 질 강화 방안을 집중적으로 추진하였다. 제3차 중장기 보육의 목표는 보육의 공공성 강화, 보육체계의 개편, 보육서비스 품질 향상, 부모양육지원 확대이다(보건복지부, 2017).

2019년 6월 기존 신청에 기반한 어린이집 평가인증제가 평가의무제로 전환되었고, 어린이집 지도점검 통합시스템, 이용불편 · 부정 신고센터의 설치로 효율적 품질 관리가 추진되었다. 영유아의 창의성을 높이는 방향으로 2019년 누리과정이 개편되었고 2020년에는 표준보육과정도 개편되었다.

부모의 양육부담을 완화하기 위해 기본보육(9:00~16:00)과 연장보육(16:00~19:30)으로 보육지원체계를 개편하였다. 2022년 1월에는 부모의 양육부담 경감을 위해 만 0세~1세까지 매월 30만 원의 영아수당이 지급되었다.

제3차 중장기보육 기본계획은 4개 분야의 14개 추진과제로 구성되었으며 주요내용은 다음과 같다.

표 3-3 제3차 중장기보육 기본계획(2018~2022) 주요내용

구분	주요전략
보육의 공공성 강화	• 국공립 이용률 40%로 확대 • 국공립 운영의 공공성 강화 • 직장어린이집 활성화 • 어린이집 운영의 건전성 제고
보육 체계의 개편	• 어린이집 이용 및 지원체계 개선 • 표준보육비용 산정 및 • 적정 보육료 지원 • 보육과정 개편
보육서비스 품질향상	• 보육교사 전문성 강화 • 보육교사 적정 처우 보장 • 영유아 보육환경 개선 • 상시적 품질관리 강화
부모 양육지원 확대	• 부모의 양육역량 강화 지원 • 시간제 보육 서비스 확대 • 취약보육 지원 개선

출처: 보건복지부(2017). 제3차 중장기보육 기본계획. p. 14.

2 보육제도와 정책의 방향

1) 제4차 중장기보육 기본계획(안)(2023~2027)

제4차 중장기 보육계획의 비전은 보육·양육서비스의 질적 도약으로 모든 영유아의 행복한 성장 뒷받침하는 것이다. 영유아의 성장발달 시기별 최적의 지원과 보육서비스 기반 공고화를 기본방향으로 추진하고 있다. 돌봄·교육을 강화를 위한 보육서비스 질적 도약의 기본 방향은 다음과 같다.

표 3-4 보육서비스 질적 도약 주요내용(2023~2027)

구분	양육 및 보육서비스의 도약
인프라의 확충	• 국공립어린이집 확충 • 취약보육지역 지정 좌표 마련 • 시간제 보육서비스: 어린이집 내 통합반 확대
가정양육지원 확대	• 부모급여제도 도입 • 부모교육정보제공 플랫폼 구축 • 지역 사회 양육지원 연계 확대
어린이집 서비스 내실화	• 외부 환경에 유연 안정적으로 대응하도록 관리체계 전면 개선 • 과정 질 중심으로 어린이집 평가체계 개편 • 보육교직원 양성체계 개편과 교육강화로 전문성 강화
추진체계 강화	• 보육정책 통계 DB 구축 및 정책적 활용 • 어린이집 공동 운영 체계 마련 • 육아종합지원센터를 허브(HUB) 기관으로 관련 지역 사회 내 지원과 서비스 연계

출처: 보건복지부(2022). 제4차 중장기보육 기본계획(안). p. 13.

제4차 중장기보육 기본계획의 목표는 영유아 성장발달 시기별 최적의 국가 지원 강화와 미래 대응 질 높은 보육 환경 조성, 모든 영유아에게 격차 없는 평등한 출발선 보장이다. 제4차 중장기보육 기본계획은 종합적 양육지원 강화, 영유아중심 보육서비스 질 제고, 보육교직원 전문성 제고 및 역량 강화, 안정적인 보육서비스 기반 구축의 4대 중점 전략과 16개 추진과제로 구성되어 있다.

(1) 종합적 양육지원 강화

① **부모급여 도입으로 양육비용 경감**: 부모급여 도입으로 출산과 양육으로 손실되는 소득 보장과 한부모가족 등 취약가정에 양육비 지원 확대

② **종합적 육아 지원 서비스 제공**: 시간제보육 서비스 확대 및 편의성 제고, 가정에서의 아이 돌봄 지원 강화 및 질적 수준 개선, 지역 사회 양육지원 기관 확충·연계

그림 3-1 **시간제 보육 운영 모형(안)**

출처: 보건복지부(2022). 제4차 중장기보육 기본계획안. p. 20.

③ **맞춤형 양육정보 제공으로 부모 양육역량 강화**: 집 근처의 소통형 부모교육·정보제공 확대, 부모교육 체계화로 발달단계에 따른 맞춤형 양육정보 제공, 부모의 자발적 부모교육 참여 유도

④ **육아건강·상담서비스 지원 강화**: 발달단계와 수준에 따른 검사·상담·서비스 연계체계 마련, 영유아 건강·양육 상담서비스 확대

(2) 영유아중심 보육서비스 질 제고

① **어린이집 보육 최적의 환경 조성**: 교사 대 아동비율 개선, 어린이집 공간구성 및 재구조화, 어린이집 설치인가 기준을 간소화하고 노후 환경 개선

② **어린이집 품질관리 체계 개편**: 어린이집 평가제 개편 추진, 어린이집 보육교직원·원아 부모에 의한 자체평가 도입, 어린이집 평가를 통한 현장 중심 자율적 질 관리 강화, 어린이집 평가 결과에 대한 부모의 알 권리 보장

③ **영유아의 건강한 성장·발달 지원 및 권리존중 확산**: 어린이집 안전 관리 강화, 영유아의 건강한 발달지원, 어린이집 내 아동인권 존중 강화, 장애아 대상 보육서비스 인프라 및 교사 역량 강화

④ **놀이 중심 보육 과정 내실화**: 표준보육과정의 체계적 관리, 부모 참여 활성화를 통해 영유아가 행복한 보육환경 조성, 장애 영유아를 위한 보육서비스

질 제고, 취학 직전 연령 대상 특별활동 내실화

(3) 보육교직원 전문성 제고 및 역량 강화

① **보육교직원 양성 및 자격체계 고도화**: 보육교사 양성체계 개편, 보육교직원 자격 기준 개편, 보육교직원 직위체계 정비

② **보육교직원 전문역량 강화**: 보육교직원 보수교육 교과목 개편, 보수교육 관리 체계 효율화, 수요자 중심 보수교육 여건 조성

③ **보육교직원 권익 보호 환경 조성**: 보육교직원 권리보호 근거 마련 및 교육지원, 보육교직원 고충처리 지원 및 분쟁조정 절차 마련, 보육교직원 심리 건강 증진을 위한 지원 확대

④ **보육교직원 근무환경 및 합리적 처우 개선**: 보육교사 휴식권 보장을 위한 비담임 교사인력지원 확대, 보육교직원의 합리적 처우 보장

(4) 안정적인 보육서비스 기반 구축

① **어린이집 안정적 · 효율적 지원 체계 마련**: 표준보육비용 고도화로 근거에 기반한 비용지원 강화, 어린이집 비용지원체계 정비와 합리적 규제 개선 추진, 기본보육 외 연장보육 기준 및 지원 합리화, 보육재정 모니터링 및 효율적 집행을 위한 시스템 마련, 보육서비스 지원의 안정적 재원 확보

② **공공보육 확대 및 내실화**: 국공립어린이집 지속 확충 및 균형 배치, 국공립 및 공공형 어린이집 품질 향상, 공공보육 개념 재정립으로 책임성 제고 및 공공 · 민간 협력 강화, 직장어린이집 설치 확대 및 체계적 관리지원

③ **인구구조 변화에 따른 보육의 사각지대 예방**: 어린이집 공급구조 개선, 농어촌 인구감소지역 보육서비스 인프라 개선, 어린이집 소규모화에 대응한 공동브랜드화 지원, 합리적 규모의 어린이집 운영 기준 마련, 어린이집 휴 · 폐원 등 관련 제도개선으로 보육 공백 최소화

④ **지원기관 등 전달체계, 시스템, 홍보 고도화**: 지방자치단체와의 정례적 협력체계 구축, 한국보육지흥원의 보육과 양육의 통합지원 기능 수행, 육아종합지원센터의 지역 사회 허브(HUB)기관으로 도약, 어린이집안전공제회, 보육통합정보시스템 활용 빅데이터 플랫폼 구축, 임신·육아포털 고도화와 연계하여 대국민 정책 홍보 강화

비전	보육·양육서비스의 질적 도약으로 모든 영유아의 행복한 성장 뒷받침
목표	▪ 영유아 성장발달 시기별 최적의 국가 지원 강화 ▪ 미래 대응 질 높은 보육 환경 조성 ▪ 모든 영유아에게 격차 없는 평등한 출발선 보장

4대 중점전략 16대 주요 과제

	전략	주요 과제
I	종합적 양육지원 강화	1 부모급여 도입으로 영아기 양육비용 경감 2 종합적 육아 지원 서비스 제공 3 맞춤형 양육정보 제공으로 부모 양육역량 강화 4 육아 건강·상담서비스 지원 강화
II	영유아 중심 보육서비스 질 제고	1 어린이집 보육 최적의 환경 조성 2 어린이집 품질관리 체계 개편 3 영유아의 건강한 성장·발달 지원 및 권리존중 확산 4 놀이 중심 보육 과정 내실화
III	보육교직원 전문성 제고 및 역량 강화	1 보육교직원 양성 및 자격체계 고도화 2 보육교직원 전문역량 강화 3 보육교직원 권익 보호 환경 조성 4 보육교직원 근무환경 및 합리적 처우개선
IV	안정적인 보육서비스 기반 구축	1 어린이집 안정적·효율적 지원체계 마련 2 공공보육 확대 및 내실화 3 인구구조 변화에 따른 보육의 사각지대 예방 4 전달체계, 시스템, 홍보 고도화

그림 3-2 제4차 중장기 기본계획(안) 주요 개요

출처: 보건복지부(2022). 제4차 중장기보육 기본계획안. p. 11.

2) 부모양육지원 제도

정부에서는 육아정책 관련 국정과제를 양육 가구의 경제적 부담 완화를 위한 가정양육수당, 영아수당과 함께 2023년 부모급여제도를 신설하였다.

(1) 가정양육수당

어린이집 · 유치원(특수학교 포함) · 종일제 아이돌봄서비스 등을 이용하지 않고 가정에서 양육되는 영유아로 초등학교 미취학 86개월 미만 아동에게 월령별로 10~20만 원의 양육수당을 현금으로 지원한다. 「영유아보육법」 제34조의2에 따라 어린이집 등을 이용하지 않는 아동에 대해서만 양육수당을 지원하며, 보육료 지원 여부에 관계없이 어린이집을 다니는 아동(기본보육, 연장보육 이용), 종일제 아이돌봄서비스를 지원받고 있는 아동은 양육수당 수급 대상에서 제외된다.

연령(개월)	금액
0~11	20만 원
12~33	15만 원
24~35	10만 원
36개월 이상~86개월 미만	10만 원

(2) 영아수당

만 0~1세 아동(2022년생부터)이 가정양육 시 현금(월 30만 원), 어린이집 이용시 보육료, 종일제 아이돌보미를 이용 시 종일제 아이돌보미 지원금 중 한 가지를 선택하여 지원받을 수 있으며 동시 지원은 불가하다.

(3) 부모급여 제도(영아수당)

정부는 기존의 영아수당을 부모급여 제도로 신설해 확대지원하게 되었다. 부모급여는 양육이 집중적으로 필요한 영아(0~1세)를 부모가 맘 편히 돌볼 수 있도록 하기 위한 양육비용 지원과 어린이집 보육비용 지원을 부모에게 통합지급하는 제도이다. 부모급여는 현금으로 지급되며, 만 0세의 가정양육 시 월 70만 원을 어린이집 이용시 보육료 월 50만 원과 현금 월 20만 원을 지원받을 수 있다.

만 1세는 가정양육 시 현금 월 35만 원, 어린이집 이용 시 보육료 월 50만 원이 지원된다. 이러한 부모 급여는 2023년 1월부터 시행되었으며 현금지원의 단계적 확대가 추진되고 있다.

2024년에는 만 0세는 가정양육이나 시설이용 시 월 100만 원이 지급되고 만 1세는 월 50만 원으로 지원금이 확대된다. 부모급여의 신청은 주민등록상 주소지인 읍 · 면 · 동 주민센터에서 신청하면 된다. 다만, 부모가 방문 신청할 경우 주소지와 무관하게 전국 주민센터에서 신청 가능하다. 부모급여의 온라인 신청은 복지로(www.bokjiro.go.kr)와 정부24(www.gov.kr)에서 할 수 있으며 행복출산 원스톱 서비스에서도 출생신고와 함께 신청할 수 있다. 온라인 신청은 아동의 보호자가 친부모인 경우에만 가능하며 그 외는 방문 신청해야 한다(정책브리핑, 2023.1.3. www.korea.kr).

부모급여를 처음 신청하는 부모는 자녀의 출생일을 포함한 60일 이내에 신청하면 된다. 어린이집을 이용하는 부모는 부모급여 제도 도입에 따른 혼선을 막기 위해 바우처로 지급되며 어린이집 이용 시 국민행복카드를 이용해 바우처 금액을 결제할 수 있다.

※ **부모급여 관련 안내 전화번호**

• 보건복지부 129
• 한국보육진흥원 콜센터 02-1661-5666
• 한국사회보장정보원 콜센터 1566-3232
• 아이돌보미 지원사업 문의 1577-2514

그림 3-3 부모급여 제도 안내 포스

출처: 대한민국 정책 브리핑(2022.1.3.). 0~1세 부모급여 매달 25일 지급…언제 어디서 신청하나(https://www.korea.kr.).

TIP 부모급여 궁금증 5문 5답

Q1. 부모급여가 무엇인가요?

부모급여는 영아수당을 확대 개편한 것으로 출산 및 양육으로 인한 경제적 부담을 줄이기 위해 올해부터 어린이집이나 종일제 아이돌봄 서비스를 이용하지 않는 부모에게 월 70만 원, 만 1세 아동을 키우는 부모에게 월 35만 원을 지원(2022년 이후 출생아부터 적용)하는 복지정책입니다.

Q2. 부모급여를 받으면 아동수당, 영아수당, 양육수당, 첫만남이용권도 받을 수 있나요?

부모급여는 2022년 도입된 영아수당이 확대된 것으로 영아수당이 부모 급여로 변경되어 지급됩니다. 아동수당 및 첫만남이용권은 부모급여와 함께 지급받을 수 있습니다. 가정에서 양육하는 경우, 2022년 이후 출생아동은 0~23개월까지는 부모급여를, 24개월 이후 양육수당을 받을 수 있습니다. 따라서, 부모급여를 받는 아동은 양육수당을 중복하여 지급받을 수 없습니다.

Q3. 육아휴직 급여를 받고 있는데요. 부모급여를 신청해서 받을 수 있나요?

부모급여는 만 0~1세 아동에 대해 지원하는 보편수당입니다. 부모의 육아휴직 여부 및 육아휴직 급여 수급 여부와 상관없이 받을 수 있습니다.

Q4. 1월 1일부터 바로 적용되나요? 기존 통장에 입금을 받는 것인지 아니면 별도 신청을 해야 하나요?

부모급여는 2022년 1월 25일부터 신청한 계좌로 매월 25일에 입금되는데요. 기존 영아수당을 받고 있던 아동은 별도 신청할 필요가 없습니다. 다만, 보육료 지원 아동 중 만 0세 아동(2022.2~12월생)은 계좌입력기간(1.4~1.15)에 복지로 또는 읍면동 주민센터에 방문해서 지급계좌 등록을 해주셔야 부모급여와 보육료 간 차액 18만 6천 원이 지급됩니다.

Q5. 어린이집을 다니고 있습니다. 올해도 어린이집을 계속 다닐 계획인데 부모급여를 신청해야 하나요?

계속 어린이집을 다닐 예정이라면 부모급여(현금)를 신청하실 필요가 없습니다.

출처: 대한민국 정책 브리핑(2023.1.10.). 부모급여 궁금증 5문 5답(https://www.korea.kr.).

(4) 서울시 '엄마 아빠 행복 프로젝트'

엄마 아빠 행복 프로젝트는 양육자 행복에 초점을 맞춘 서울시 최초의 종합계획으로 4대 분야, 28개 사업으로 2023년부터 시행하게 되며 자세한 내용은 아래와 같다(SBS Biz, 2023.1.18).

그림 3-4 서울시 '엄마 아빠 행복 프로젝트' 사업계획

출처: 노컷뉴스(2022.8.18.). 서울시, 친척돌봄수당 30만 원·육아휴직장려금 120만 원 지원.

서울시는 '엄마 아빠 행복 프로젝트'의 긴급·일시돌봄을 제공하는 틈새돌봄 서비스는 2023년 2월부터 시작한다. 중위소득 150% 이하 임산부와 맞벌이, 다자녀 가정에 1회 4시간의 가사 서비스를 제공하는 '서울형 가사돌보미 지원사업'은 6월부터 시작한다. 조부모 등 4촌 이내 친인척이 한 달에 40시간 이상 아이를 돌보는 가정에는 아이 1명당 돌봄비 월 30만 원을 지원해주는 '서울형 아이 돌봄비 지원사업'은 8월부터 시행된다.

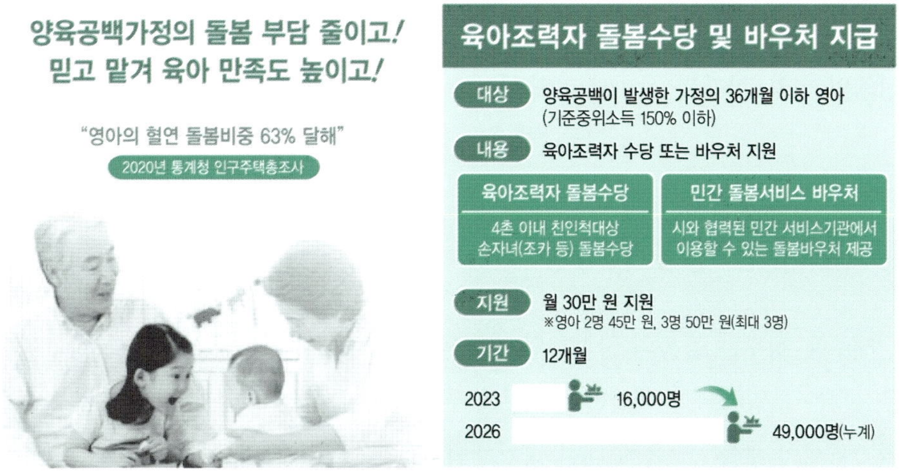

그림 3-5 서울형 아이 돌봄비 지원사업

출처: 공감언론 뉴시스(2022.8.18.). "손주 봐주면 월 30만 원 지급"…서울시 돌봄수당 도입.

엄마 아빠 육아휴직장려금은 서울에 거주하는 중위소득 150% 이하인 고용보험 가입 근로자로 육아휴직 급여를 받는 경우 지원받을 수 있으며 9월부터 지급할 예정이다. 육아휴직을 한 지 6개월이 지나면 60만 원, 12개월이 지나면 60만 원이 추가 지급된다. 엄마, 아빠가 동시에 육아휴직을 한 경우에는 장려금을 포함해 최대 240만 원을 지원하고, 올해 3월 육아휴직자부터 적용된다.

3 향후 과제

육아정책연구소(2022)의 설문조사에 의하면 정책 전문가들이 향후 가장 중요하거나 우선적으로 집중해야 할 육아정책으로 '관계부처와 함께 유보통합추진단을 설치 · 운영하여 단계적인 유보통합 추진'과 '부모급여의 단계적 확대'였다. 본 절에서는 우선적으로 집중해야 할 육아정책인 유보통합 추진의 내용과 보육제도와 정책의 향후 과제를 살펴보고자 한다.

1) 유보통합 쟁점과 방향

새로운 정부는 돌봄의 국가책임 강화를 위해 '관계부처와 함께 유보통합추진단을 설치 · 운영하여 단계적인 유보통합 추진'하는 육아정책 과제를 제시하였다. 즉 만 0~5세의 보육 · 교육에 대한 국가책임제로 출생 이후 영유아 단계의 출발에서 공정한 기회를 보장하기 위한 일환이다.

이에 따라 유보통합추진단을 설치 · 운영하여 어린이집과 유치원으로 이원화된 서비스 체계를 단계적으로 통합하여 유보통합을 추진한다는 것이다.

유보통합의 목적은 영유아가 출생의 단계에서부터 차별 없이 똑같은 질의 보육을 기관에 차이 없이 교육의 혜택을 주자는 것이다.

유보통합의 쟁점과 향후 방향을 육아정책연구소(2022)의 '유아교육 · 보육 통합을 위한 단계적 추진방안'을 토대로 제시하면 다음과 같다.

(1) 유보통합의 주요 쟁점

① 보육과 유치원의 이원 체제 극복

현행법상 유아교육 · 보육은 소관부처와 법적으로 이원화되어 있다. 유치원의 소관부처는 교육부이며 보육은 보건복지부에서 관할하고 있다. 유치원과 어린이집의 법률과 소관부처, 기관의 유형과 성격학교, 지도와 감독, 교사자격제도에 있어서 그 범위와 주체가 다르므로 유보통합 시에는 그 기준을 어디에 둘 것인지에 대한 검토가 필요하다.

② 교사 수준의 향상

유치원 교사와 보육교사는 자격구분과 자격부여 방식, 이수과목, 자격 발급처에 있어 그 범위와 주체가 다르다. 현재 유치원교사 자격은 3~5세 유아를 교육할 수 있는 자격이고, 보육교사 자격은 0~5세 영유아를 보육할 수 있는 자격이다. 유아교사의 최종학력은 전문대졸 이상의 유아교육 전공자이나 보육교사는 고졸로 아동학, 사회복지, 보육 등 다양한 전공자가 함께 존재한다. 또한 전공이 없는 보육교사교육원 출신이나 가정, 교육, 특수교육, 영양, 가정 전공자도 있다. 따라서 전공과 최종학력으로 인한 교사의 수준에서 차이가 발생할 수 있으며 이에 따라 교사의 수준을 어떻게 향상하고 자격을 부여할 것인가가 중요한 쟁점이다.

현재 보건복지부와 교육부에서 각각 관할하고 있는 교사 자격을 통합해야 할 것인지, 통합한다면 그 방식과 기준은 어떻게 해야 할 것인지에 대한 고려가 필요하다.

③ 영유아의 공정한 양질의 보육·교육을 받을 권리보장

유아교육과 보육의 통합은 부처의 결정, 직원 규정, 재정과 같은 행정 구조적인 측면뿐만 아니라 통합의 원칙, 가치, 정체성, 그리고 영유아와 영유아의 학습에 대한 관점을 논하고 공유하는 사람들의 개념 혹은 철학 측면에서도 접근해야 한다(Cohen, Moss, Petrie, & Wallace, 2004, 육아정책연구소, 2022 재인용). 그러나 우리나라의 통합 논의는 현실의 사회문제에 대한 대응에서 출발하다 보니 장기적 전망도 불분명하고, 통합의 핵심 수혜자가 되어야 할 영유아의 이익이 고려되지 못하고 있다는 비판도 있다(장영인, 2014).

(2) 유보통합의 방향과 과제

① 유보통합의 단일부처 지정 및 일원화

모든 유아교육과 보육 서비스를 총괄할 단일부처 지정 및 이를 위한 의견수렴과

정치적 결단이 필요하다. 유보통합을 효율적으로 추진하기 위해서는 부처의 결정, 직원 규정, 재정과 같은 행정체계의 통합이 우선되어야 한다. 또한 유치원과 어린이집의 법률과 소관부처, 기관의 유형과 성격학교, 지도와 감독, 교사자격제도에 있어서 그 범위와 주체가 다르므로 유보통합 시에는 그 기준을 어디에 둘 것인지에 대한 검토가 필요하다.

영유아기의 차별 없는 교육, 보육, 돌봄을 위해서는 통합된 법률을 적용하여 불이익이 발생하지 않도록 해야 한다.

② 교사의 전문성을 위한 자격체계와 양성과정의 개편

유치원 교사와 보육 교사의 자격 기준을 제시한 근거법과 소관부처의 일원화가 선행되어야 하며, 이를 위해서는 유치원 교사와 보육 교사의 역할 및 성격에 관한 현장과 학계의 합의가 전제되어야 한다. 유보통합은 유치원과 어린이집의 질적 수준을 제고하는 방향으로 추진되어야 하며 교사의 위상과 전문성 제고를 위해서 장기적으로 자격체계와 양성과정을 개편해야 한다.

③ 유보통합의 단계적 · 점진적 통합

유보통합은 부모의 교육과 돌봄의 요구를 충족하는 방식으로 추진되어야 한다. 따라서 부모의 요구와 선택권을 보장하기 위해 단기적으로 유치원과 어린이집의 유형의 다양성을 유지하면서 단계별, 점진적 통합이 추진되어야 한다. 유보통합의 궁극적 목표는 모든 영유아에게 양질의 교육과 돌봄을 제공하여 출발선 평등을 보장하고, 영유아와 부모, 교사 등 관련자 모두가 행복한 삶을 영위할 수 있다는 것을 전제로 해야 한다(최은영, 2015).

2) 미래사회 변화를 대비한 육아정책의 방향

현 정부에서는 미래사회가 가져올 환경 변화를 고려해 향후 유아교육과 보육 정책의 비전을 "지속가능발전을 위한 유아교육과 보육의 적응력 강화와 공생하는 사회 구현"으로 제시하였다. 이를 위한 향후 육아정책의 방향은 다음과 같다(육아정책연구소, 2022).

(1) 영유아의 웰빙과 건강한 성장

코로나19와 저출산, 디지털 기술의 발달은 영유아의 안전과 성장의 실현에 있어 중요성을 가지게 하였다. 따라서 새로운 뉴노멀 시대에 영유아들이 잠재력을 실현하고 긴급재난 시 위기상황에 대처할 수 있는 적응력 강화에 필요성이 요구되었다. 따라서 유아교육과 보육은 영유아가 건강하게 성장하는 것을 최우선으로 하며 가지고 있는 잠재력을 실현할 수 있도록 해야 한다.

(2) 유아교육과 보육의 질 제고

제4차 중장기보육 기본계획에서는 보육·양육서비스의 질적도약을 비전으로 제시하였다. 영유아의 학습과 발달을 위해서는 일정 수준의 보육의 질이 보장되어야 하며 이것이 보장되지 않을 때는 발달에 저해요인으로 작용할 수 있다.

2019년 개정된 누리과정에서는 유아중심의 놀이 교육과정을 강조하였고 놀이의 특성인 주도성과 자율성을 영유아에게 보장하고자 하였다. 그러나 이러한 누리과정의 실행에 있어서 각 기관과 교사의 차이에 따른 한계가 발생하였고 이에 따른 놀이 중심 보육과정의 내실화가 요구되었다. 따라서 영유아 중심의 유아교육과 보육의 질을 제고하기 위해서는 보육 최적의 환경조성과 영유아의 개별 요구와 권리를 존중하고 놀이 중심의 보육과정을 내실화하는 것이 필요하다.

(3) 포용적 공생 사회를 위한 통합교육 강화

코로나19로 인해 사회적 불평등과 양극화가 심화되었고 취약계층의 어려움이 지속되었다. 영유아는 성별, 인종, 언어, 신체장애, 지역 등으로 인한 차별 없이 양질의 교육과 보육 서비스를 받아야 한다. 따라서 취약소외계층 유아가 가정배경에 의하여 불이익을 받지 않고 함께 살아가는 경험을 할 수 있도록 생애 초기부터 통합교육을 실천할 필요가 있다. 이를 통해 모든 영유아에게 격차 없는 평등한 출발선을 보장할 수 있다.

(4) 틈새 없는 돌봄서비스 체계 마련 및 부모의 자녀양육 지원 강화

코로나19 상황을 경험하면서 안심할 수 있는 틈새 없는 돌봄서비스의 필요성이 더욱 절실하게 요구되었다. 저출산 현상과 맞벌이 가정의 증대로 이러한 사회적 요구는 불가피하게 되었다. 따라서 기관 중심의 아침돌봄, 저녁돌봄, 시간제 보육, 야간보육, 방과후 과정, 초등 돌봄을 모두 연계하고, 아울러 가정 내 돌봄(아이돌보미)과 지역 사회 돌봄서비스를 모두 아우르는 종합적인 돌봄서비스 체계를 마련할 필요가 있다.

(5) 지역적 균형과 발전

지역적 균형과 발전을 위해서는 유치원과 어린이집의 조화(유보통합), 공립과 사립유치원의 균형이 필요하다. 또한 중앙정부와 시도교육청의 균형, 유아교육에 대한 부모 관점과 전문가 및 현장교원 관점의 균형, 자율과 책무성의 균형을 이루는 것이 향후 유아교육과 보육 정책의 주요한 방향이다.

스마트 기술(AI·oT) 도입을 통한 질 높은 보육서비스

스마트 기술을 활용한 보육환경의 구축, 어린이집 운영효율화를 위한 솔루션 개발, 맞춤형 보육서비스 콘텐츠 등을 통해 질 높은 보육 서비스 제공과 보육교직원의 업무부담 경감 추진하고 있다. 이에 따라 시흥의 스마트 어린이집을 시범사업으로 추진하였다.

사례) 경기도 시흥시청 스마트어린이집 시범 사업(2020~2022)

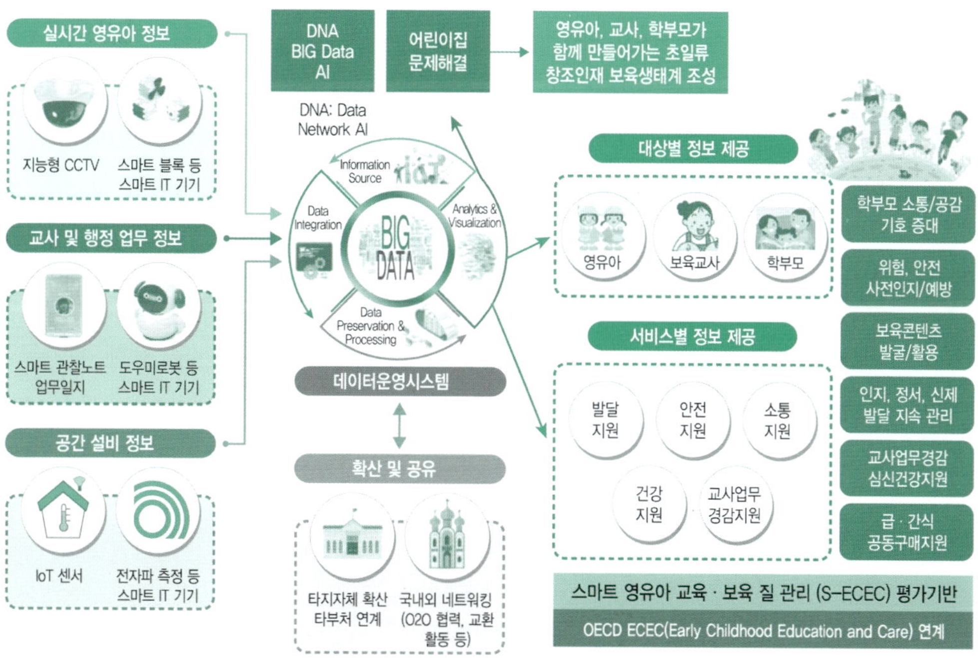

그림 3-6 스마트 기술을 이용한 보육서비스

출처: 보건복지부(2022). 제4차 중장기보육 기본계획. p. 27.

4 외국의 보육제도와 정책

1) 영국의 보육

(1) 영국의 보육역사

영국의 보육은 1816년 사회개혁가인 오웬(Owen)이 좋은 습관 형성을 위한 유아학교(Infant school)를 설립하면서 시작되었다. 당시 영국은 빈곤층 아동이 값싼 노동력을 제공하고 있었기 때문에 이들의 노동을 금지하고 건강한 환경과 교육을 제공하기 위한 빈민구제의 목적으로 유아학교가 설립되었다.

1970년대까지 어린 유아를 기관에 보내는 것은 발달에 저해가 된다는 주장이 있었으며 양육은 개별적인 가족의 책임이라는 인식이 지배적이었다. 따라서 유아를 학교와 같은 형태의 유치원보다는 놀이집단과 같이 비형식적이고 유아에게 부담이 적은 형태의 보육을 더 선호하였다.

1972년 영국 정부는 '교육 : 확장을 위한 기본틀'이라는 백서를 통해 유아교육의 확대와 5세 유아의 무상교육을 실하게 되었다. 그러나 1988년 교육개혁법 제정으로 영국은 커다란 변화를 맞이하게 되었고 '국가수준 교육과정(National Curriculum)'을 제정하고 유아교육기관에서 '학습목표(learning goals)'를 달성하도록 하였다(문혁준 외, 2021).

1997년 영국은 국가의 경쟁력 강화를 위해 유아교육기관의 질적향상과 확장에 노력을 기울였다. 또한 저소득층의 만 4세 미만의 아동과 가정을 대상으로 하는 '슈어스타트 프로그램(Sure Start Program)'을 실시하게 되었다. 미국의 헤드 스타트와 유사한 프로그램으로 범부처 간의 협력에 따라 60개의 극빈 지역을 중심으로 시작되었다. 아동의 빈곤을 퇴치하겠다는 정부의 의지로 부모의 역할, 아동의 교육, 건강을 지원하는 정부의 종합적인 대책이다. 영국 정부는 2010년까지 영국 전역에 800여 개의 슈어스타트를 설립하였다.

2000년대에는 국가교육과정의 첫 단계인 기초단계(foundation stage)교육과정을 도입하였으며 2007년에는 보육의 대상을 모든 5세 미만 영유아로 확대하는 영유아의 기초단계(early foundation stage) 교육과정을 개발하였다(신희이 외, 2019).

2003년 영국 정부는 빅토리아 클림비라는 어린이가 아동학대로 비극적인 사망으로 인해 아동을 위한 개혁방안인 '모든 아동은 소중하다(Every Child Matters)'를 발표하였다. 'Every Child Matters'은 아동이 성취해야 할 공통 목표를 제시하였으며 이것의 달성을 위한 법적 기반으로 아동법과 아동보육법을 개정하였다. 영국 정부는 아동을 위한 개혁방안(Every Child Matters)의 보편적 목표를 위해 모든 아동이 낙오되거나 뒤처지지 않도록 서비스를 지원하고자 노력하였다.

1997년 노동당이 집권하면서 영국 정부는 여성의 직업기회 확보를 위한 보육서비스의 필요성과 아동의 서비스 증진을 국가의 최우선 과제로 채택하였다. 따라서 아동의 질 높은 보육서비스 제공을 위해 ECEC 서비스의 확대지원과 개편을 단행하였다. 그리고 아동 보육서비스 질을 향상하기 위한 국가 보육전략으로 '그린 페이퍼(Green Paper)'를 수립하였다. 그린 페이퍼는 만 4세까지 무상보육의 실시와 보육료 지원, 보육에 대한 정부의 지도, 감독, 보육교사의 처우 개선 등을 제고하여 누구나 이용 가능한 어린이집 확충을 통해 수요에 맞는 보육서비스를 제공하고자 하였다.

영국의 육아정책은 아동과 가족의 다양한 욕구를 충족하는 통합적이고 포괄적인 서비스를 제공하고자 노력하였다. 또한 모든 아동들에게 질 높은 보육서비스의 지원과 함께 빈곤아동과 장애아동과 같이 특수한 요구를 가진 아동의 세분화된 맞춤형 육아지원서비스를 제공하는 정책을 시행하고자 하였다.

(2) 보육서비스의 유형

영국은 보육과 유아교육이 오랫동안 구별되어 왔지만 2007년부터 아동학교가족부가 보육과 교육을 총괄하고 있다. 영국의 대부분의 아동은 3~4세부터 초등학교 내의 유아학교(Nursery School)나 놀이집단(Playgroup)에 다니고 4세에는 초등학교의 예비학급(Reception class)으로 이동하기 시작한다. 만 5세가 되면 아동은 의무적으로 지방정부에 의해 운영되는 초등학교 내의 예비학급(Reception class)이나 초등학급(Primary class)에 다니게 된다. 아동의 연령에 따른 보육서비스 유형을 살펴보면 다음과 같다(문무경, 2007).

① 0~만 1세 미만

생후 1년 미만의 영아 보육에 대한 수요는 많지만 공급은 부족하다. 영아의 약 20% 정도만 사립보육시설 또는 보육사에 의해 보육서비스 제공을 받고 대부분은 부모나 친척 손에 의해 양육된다.

② 만 1세~3세 미만

만 1세~3세 미만의 영아보육은 대부분 보호 형태의 서비스이다. 이들은 대부분 민간 보육원이나 지방정부 보육원, 보모, 가정부, 친구나 이웃 등에 맡겨진다. 이 시기의 연령의 약 30%는 보육사에 맡겨지거나 보육시설에 다닌다. 또한 2세 아동의 30%는 놀이집단이나 기간제 보육시설(Sessional care)에 다니는데 이 중 3분의 2는 교회나 기부단체가 운영하고 3분의 1은 개인이나 단체가 사립으로 운영한다.

③ 만 3~5세

만 3세~4세 유아를 위한 무상교육이 보장되고 있으며 만 3세 아동의 96%가 서비스를 이용하고 있다. 만 3~4세부터 반일제 보육서비스를 제공하는 초등학교 내의 유아학교(Nursery School)나 부모나 비영리단체, 영리단체에서 운영하는 놀이집단(Playgroup)에 다닌다. 4세는 정부의 재정지원을 받으며 초등학교의 예비학급(Reception class)의 교육서비스를 받는다. 만 4세 아동의 98%는 하루 최소 2.5시간

씩 무상 교육 · 보육 서비스를 제공하는 기관에 다니며 서비스기관은 지방교육청에 의한 공립기관이 70%, 사립기관이 20%, 비영리단체가 9% 정도이다.

④ 만 5~6세

만 5세부터 의무교육이 시작되며 모든 만 5세의 아동은 종일제(9:00~15:30)까지 공사립 교육기관에 취학한다. 3~14세의 아동은 학교와의 연계하에 학교일과 전후로 풍부한 활동을 제공하는 서비스기관(Out school service)을 이용할 수 있다.

(3) 보육교사

영국은 '보육'과 '교육'이 구별되어 있어 영유아를 교육하는 교사의 자격조건과 훈련은 다양하다. 유아교사가 되기 위해서는 4년제 교육학위를 취득하거나 3년 학위 과정과 학위 후 교육자격증을 취득해야 한다.

보육교사는 영유아보육학회가 주관하는 2년제 교육과정을 거쳐 자격을 얻게 되는데 입학자격이 없으며 16세 이상이면 누구나 지원을 할 수 있다. 보모와 가정부는 훈련요건이 필요하지 않으며 정규 교사의 보조를 위한 교실 보조원도 훈련 요구 조건이 없다(기순신 외, 2012).

보육시설의 교사 대 아동비율은 가정 보육시설인 경우에는 1:6이며 기관 보육시설은 2세 미만은 1:3, 2세는 1:4, 3~7세는 1:8이다. 3~4세가 다니는 유아학교는 1:13이며 4~5세의 초등예비학급은 2:30으로 교사 1인과 3급 보조교사 1인이 담당한다.

영국의 보육정책은 「아동보육법」에 근거하여 아동과 가족을 위한 업무를 포괄적이고 통합적으로 제공하는 서비스에 중점을 두고 있다. 모든 아동에게 무상보육을 받을 수 있는 보편적 서비스를 제공하며, 아동과 가족의 관련된 업무를 중앙정부와 지방정부의 협력을 통해 일관성 있게 서비스와 관리를 하고 있다. 2003년 아동을 위한 개혁방안인 '모든 아동은 소중하다(Every Child Matters)'를 발표하면서 이 개혁안의 보편적 목표에 따라 영국 정부는 모든 아동이 낙오되거나 뒤처지지 않도록 서비스를 지원하고자 노력하였다. 이는 영국 정부가 영유아기의 중요성을 인식하고 개혁하려는 의지가 있음을 보여준다.

2) 프랑스의 보육

(1) 프랑스의 보육역사

프랑스 보육제도의 출발은 중세 시골에서 올라온 유모가 도시 아이들을 돌보는 일에서 시작되었다. 12세기에 이러한 유모들을 자선사업 단체들이 조직화하고 임금체제를 성립하는 등 제도화하기 시작하면서 현재의 가정보육제도 등으로 발전하게 되었다.

프랑스의 보육은 공보육과 공교육을 지향하지만 초기에는 교회를 중심으로 가난한 계층의 일하는 엄마의 아이들을 대상으로 하는 선별적 보육으로 시작되었다. 오늘날 현대적인 의미의 보육시설인 편물학교는 산업혁명 시기인 1770년에 오베르랑에 의해 설립되었다. 편물학교는 당시 벌목일에 종사하여 자녀교육의 역할을 담당할 수 없는 부모를 대신해 아이들을 보호하는 목적으로 설립되었다.

1825년에는 생후 16개월에서 6세에 이르는 빈곤계층의 영유아를 대상으로 하는 아동보호소가 설립되었고 이후에 현대적 유치원인 유아학교로 발전하였다. 1848년부터 아동보호소라는 명칭은 유아학교라는 이름으로 바꾸기 위해 노력하였으며 1881년 법령을 통해 유아학교로 전환되었다(신희이 외, 2019).

유아학교로 이름이 바뀌면서 그 성격도 노동자 자녀를 보호하는 양육중심에서 영유아의 발달교육을 강조하는 방향으로 변화되었다. 1886년 2~5세의 프로그램이 교육부로 이관되면서 공립학교 체제에 포함되었고 1945년 모자보건국이 새로 설립됨에 따라 탁아와 보호 기능의 보육시설은 위생적인 보살핌을 받게 되었다.

1994년 이후에는 정부의 출산장려정책으로 유아원과 유치원 시설을 지속적으로 확충하면서 부모가 근무시간을 신축적으로 조절할 수 있게 보육서비스의 개별화 정책을 시행하게 되었다. 즉 부모 시간의 탄력적 운영, 양육수당, 가정 내 보육수당, 등록 보육모 고용지원 제도, 세제 혜택 등 다양한 정책을 지원하고 있다.

프랑스의 보육은 단순히 자녀를 보호하는 초기 빈민구제의 선별적 보육 성격에서 벗어나 직장을 다니는 모든 부모들의 일과 가정의 균형을 지원하는 공보육, 공보육체계를 지향하고 있다.

(2) 보육서비스의 유형

영유아보육시설은 크게 공립과 사립으로 나뉘며 보육유형에 따라 시설보육과 가정보육으로 구분된다. 프랑스의 보육은 연령에 따라 기관이 이원화되는데 3세 미만의 영아를 대상으로 하는 유아원과 3세부터 취학 전까지의 유아들이 다니는 공립·사립유치원, 방과후 아동보육기관으로 크게 나눌 수 있다. 3~4세 유아는 대부분 교육부에서 운영하는 유치원에 다니고 있지만 3세 미만이 다니는 유아학교인 크레쉬는 유형에 따라 종류가 다양하며 부모들이 운영비의 25%를 부담한다(문혁준 외, 2021).

프랑스의 보육서비스 유형으로는 집단보육시설과 가정보육, 부모협동보육, 유치원, 시간제 보육이 있으며 내용은 표 3-5와 같다.

표 3-5 프랑스의 보육유형

시설명	연령	내용
집단보육시설	생후 2개월 반~3세	• 영유아를 주간에 보육하는 대표적인 보육유형 • 보육시간: 월요일~금요일 07:30~18:30 • 부모가 모두 직업을 가지고 있어 아이를 돌볼 수 없는 가정 우선 입소 • 인력구조: 시설당 한 명의 책임자 및 적격한 자격을 가진 아동전문 간호사 배치 및 전문교육을 받은 보모들로 구성

시설명	연령	내용
		• 시설구조: 주방, 놀이방, 유희실, 운동 공간, 수면실 등 • 운영관리 주체: 구청으로 간식 준비 및 보모의 인건비 지급
가정보육	생후 2개월 반~3세	• 보모들의 협회에서 운영 • 보육장소: 보모의 집에서 보육 • 보육시간: 월요일~금요일 07:00~19:00 • 전문교육과정을 마친 보모들이 아동전문간호사를 책임자로 팀을 구성해 활동
부모협동보육	생후 2개월 반~3세	• 자녀를 둔 보모들이나 가족이 역할분담하여 서로 돌아가면서 그들의 자녀들을 안전하게 보호하고 돌보는 형태 • 협회에서 이들에게 일정한 월급을 지급하면서 지속적으로 운영
유치원	3~7세	• 주중에 유아를 보육하는 곳 • 놀이와 반복활동을 통해 신체적, 정신적인 능력의 발달지원
시간제 보육	3개월~6세	• 부모가 일을 하거나 일을 하지 않아도 부모의 외출에 아이를 동반할 수 없을 경우 반나절이나 한나절 또는 몇 시간 정도 아이를 맡아 보육 • 이용횟수는 주 3회 • 전문 보모의 자격을 갖춘 사람들이 아이들과 놀아주거나 잠을 재워주거나 함

출처: 김효정 외(2019); 박찬옥 외(2021). 보육학개론. pp. 372-373. 재인용.

(3) 보육교사

보육교사가 되기 위해서는 전문양성학교에서 2년간 교육과정을 수료한 후 국가 보육교사 자격증인 DEEJE을 취득하여야 한다. 보육교사의 자격유형은 보육전문가, 준보육사, 가정보육모로 구분되며 이들은 한팀으로 구성되어 함께 일하는 경우가 많다.

보육전문가는 보육시설장 자격을 가지며 보육전문가 양성학교에서 3년 과정을 이수하거나 간호사나 사회복지사 자격을 취득한 경우에는 양성과정이 1년으로 단축된다. 이들은 소정의 과정을 이수한 후에 국가자격 고시를 통과해야 한다.

준보육사는 실제적으로 영유아를 돌보는 일을 하며 보육시설에서 간호사, 보육전문가의 보조적 역할을 한다. 보육전문양성학교에서 1년간의 이수과정을 거치며 국가자격증을 취득해야 한다. 가정보육모는 모자보건국에서 60시간의 교육을 받아야 하고 보육시설에서 일정 기간 실습을 받아야 한다.

프랑스의 보육시설은 초기에는 아동을 보호하는 아동보호소의 역할을 담당하였으나 사회구조 변화와 저출산으로 인해 일과 가정의 양립을 지원하는 방향으로 변화되기 시작하였다. 이를 위해 프랑스 정부는 부모의 근무시간을 탄력 있게 단축시키는 제도와 영유아기 자녀를 둔 부모에게 보육보조금을 지원하는 등 보육서비스의 개별화 정책을 시행하고 있다.

3) 스웨덴의 보육

(1) 스웨덴의 보육역사

스웨덴은 아동은 태어나면서부터 존중받고 사회의 보살핌을 받으며 부모의 보호를 잘 받을 권리를 가진다고 생각하였다. 이러한 의미에 따라 스웨덴은 아동을 지원하고 양육하기 위한 여러 서비스를 연계하여 제공하고 있다.

스웨덴의 최초의 유아원은 1850년 스톡홀름에 설치된 유아학교였다. 유아학교는 저소득 영유아를 구제하는 목적으로 설립되었으며 종일제로 운영되었다. 1854년에는 일하는 여성을 위한 탁아소가 설립되었고 1896년에 부유한 계층의 유아를 위한 유치원이 설립되었다. 이 당시에는 양육의 책임이 온전히 가정에 있었다. 그러나 제2차 세계대전 이후 국가의 경제적 어려움과 노동력 부족으로 여성의 근로가 장려되면서 이로 인한 보육시설 확충의 필요성이 요구되었다.

1972년 취학 전 교육법이 제정되면서 유치원과 보육시설을 통합한 유아학교의 뜻을 가진 푀르스콜라가 설립되었다. 또한 1975년에는 유아학교법을 제정하여 공립보육시설을 체계적으로 확대하였으며 지방자치단체가 6세까지 모든 아동에게 취학 전 무상보육을 제공하도록 규정하였다(신희이 외, 2019).

1996년에는 스웨덴 정부는 유아기 센터를 제외한 유아학교, 가정보육, 여가활동센터를 교육과학부로 통합하고 유아학교와 학령기 보육을 학교체제로 통합하였다. 이를 통해 스웨덴 정부는 사회복지제도가 아닌 교육제도로서 보육을 제공하고자 하였다.

1998년에는 모든 학교에 6세반을 위한 유치반 설치가 의무화되었고 가정보육 이외에 모든 육아지원서비스 기관을 위한 일반교육과정이 제시되었다. 유치반은 무상교육이지만 의무교육이 아니므로 부모는 종일반 유아학교에 자녀를 보낼 수 있었다. 2003년부터 모든 4~5세 유아는 무상으로 1년에 525시간까지 유아학교에 다닐 수 있게 되었다.

공보육서비스의 확대정책은 보육실의 설치와 더불어 취업부모를 지원하는 아동수당제도 등이 발달하게 하였다. 취업여성의 증가는 공공보육기관의 확대지원보다 먼저 일어났으며 맞벌이 가구의 자녀출산과 육아가 용이한 사회환경 만들기 위한 목표로 보육정책이 확대되었다(박찬옥 외, 2021).

(2) 보육서비스의 유형

스웨덴의 아동은 부모의 연령 및 부모의 취업 등 가구여건에 따라 다양하게 보육서비스를 이용할 수 있다. 종일보육을 하는 푀르스콜라, 일하지 않고 가정에서 자녀를 돌보는 부모를 위한 개방형 푀르스콜라, 초등학교 내의 유아학급, 보육사의 가정에서 보육하는 가정보육시설, 방과후 다양한 활동을 하는 여가활동센터 등이다.

스웨덴의 보육은 교육 · 보육 일원화된 시스템 체계를 가지고 있어 일관성과 연계성이 있는 서비스지원과 인프라를 갖추고 있으나 이용에 있어서는 교육과 보육이 구분되며 다양한 서비스 유형이 제공되고 있다. 스웨덴의 보육시설 유형과 특징은 아래와 같다(최윤경, 2015).

① 픠르스콜라(pre-school)

픠르스콜라는 만 1세~5세가 이용하며 취업 및 학업 중인 부부가 이용하는 것이 원칙이며 미취업상태나 육아휴직인 경우에도 이용이 가능하다. 연중무휴 종일보육서비스이며 평균 3학급 정도로 구성된다. 학급 인원은 15~24명 정도이고 3명의 교직원이 배치된다. 지자체별로 비용 상한액이 정해져 있다.

② 개방형 픠르스콜라(open pre-school)

만 1세~5세가 이용하며 전업주부를 위한 시설·비형식적인 기관이다. 픠르스콜라에 다니지 않는 아동이 부모와 함께 이용하는 서비스이며, 부모나 가정보육교사가 함께 방문하여 가정에서 접하기 어려운 교재를 이용하게 한다. 주로 3세 미만의 아동을 대상으로 하며 학기 중에는 시간제 위주로 방학에는 전일제 위주로 이용된다.

③ 유아학급(pre-school class)

만 6세의 취학 직전 유아를 위한 기관으로 초등학교 내 위치해 있다. 반일과 방과후 보육으로 구성되며 강제적으로 이용하는 기관은 아니나 높은 이용률로 준 의무교육에 해당한다. 연간 525시간이 무상으로 제공된다.

④ 여가활동센터

여가활동센터는 연중무휴, 시간데 서비스를 제공하며 부모가 취업, 학업 중인 경우 도움을 주기 위해 구성되었다. 학교에 다니지 않거나 학교가 휴일인 아동을 보육하고 학교에서 경험할 수 없는 경험을 제공함으로 아동발달을 지원한다.

⑤ 가정보육(Pedagogical care)

만 1~12세가 이용하는 비형식적 기관으로 아이를 봐주는 사람이 가정에 방문하여 데이케어를 하는 경우이다. 지자체별로 비용 상한액이 정해져 있으며 가정보육과 방과후 센터는 취업, 학업 중에만 이용이 가능하다.

(3) 보육교사

스웨덴의 영유아교사 자격은 원장과 교사 2단계로 자격체계가 구분되며, 유아교사, 보조교사, 가정보육모, 레크리에이션 교사로 나누어진다. 스웨덴 정부는 아동의 교육력 강화를 위해 2013년부터 교사자격제도를 전면도입하여 모든 교사가 전문 자격증을 보유하도록 명시하고 있다. 스웨덴 교사의 양성과정과 자격기준은 표 3-6과 같다.

표 3-6 스웨덴 영유아교사 양성과정

교사유형	자격기준	양성과정	근무지
유아교사	학사학위	• 3년 6개월(140주) 대학교 이수(실습 12주 포함)	– 푀르스콜라 – 개방형 푀르스콜라 – 유아학급 – 레져타임센터
보조교사	후기 중등교육 (고졸)	• 고등학교에서 3년간 아동과 레크리에이션 프로그램 이수(실습 15주 포함) • 또는 성인교육기관에서 1년간 보조교사 과정 이수	– 푀르스콜라 – 개방형 푀르스콜라 – 유아학급 – 가정보육 – 취학 전 육아지원기관 – 주교사를 돕는 보조역할
가정보육모	형식적 교육 자격요건 없음	• 지방자치단체가 운영하는 기관에서 90~100시간 훈련과정 이수	– 가정보육 – 유아학급/가정보육시설 – 공립 가정보육사: 자자체에 고용되어 급여 및 관리·감독을 받음 – 사립 가정보육사: 지자체에 의해 인가를 얻고, 이후 관리·감독이나 규제를 받지 않음. 개인적으로 운영됨.
레크리에이션 교사	학사학위	• 3년 6개월(140주) 대학교육 이수(실습 12주 포함)	– 레져타임센터 – 푀르스콜라(단, 유아교사와 함께)

출처: 한유미 외(2005); 최윤경(2015). 스웨덴 영유아 교육·보육 질 제고 정책. p. 47.

영유아의 생애 초기 건강한 성장·발달을 위해 스웨덴에서는 아동의 교육력 강화를 정책적으로 추진하였으며 이에 따른 교사 교육과정을 시행하고 있다.

표 3-7 스웨덴 스톡홀름 대학교 취학 전 교사 교육과정

교원 유형	교육과정 영역	교육과정 내용
취학 전 교사	영유아교육 (120학점)	탐구, 놀이, 보육(7.5학점) 교육환경(8.5학점), 아동훈육(7.5학점) 영유아교육: 심미 및 윤리(7.5학점), 영유아교육: 수학(12학점), 영유아교육: 화학, 기술, 지속가능한 발달(12학점), 영유아교육: 언어 및 의사소통(22.5학점), 개별독립과제(15학점), Play in pre-meetint and meeting(8.5학점)
	교육학 (60학점)	참가 및 수사학(3.5학점), 사회 내 교육사 및 장소(5학점), 학습 및 인간발달 이론(7.5 학점), 특수교육(7.5학점), 유치원에서 사회관계(7.5학점), 발달평가(4학점), 유치원에서 윤리적/법적 이슈(2.5학점), 지식, 과학, 연구방법론(7.5학점), 교과이론 및 문서화된 언어(7.5학점), 교과이론, 페다고지 다큐멘테이션 및 평가(7.5학점)
	현장실습 (30학점)	현장실습: 유치원 교사교육(3학점) 현장실습 II: 유치원 교사교육(6학점) 현장실습 III: 유치원 교사교육(6학점) 현장실습 V: 유치원 교사교육(7.5학점) 현장실습 V: 유치원 교사교육(7.5학점)
	자유선택(15학점) 프리스쿨 교육과 관련한 고급과정 15학점을 자유롭게 선택 총계 210학점 + 자유선택	

출처: 보건복지부, 한국보육진흥원(2018). 학과제 방식의 보육교사 양성체계 도입방안 연구. p. 70.

스웨덴은 아동은 태어나면서부터 존중받고 사회의 보살핌을 받으며 부모의 보호를 잘 받을 권리를 가진다고 생각하였다. 이러한 인식에 따라 영유아를 국가의 미래, 자산으로 생각하고 여성의 사회참여, 평등한 부모역할, 일원화된 공보육·교육체계를 바탕으로 영유아의 보육정책을 발전시켜왔다. 스웨덴은 영유아 보육의 책임을 일차적으로는 가족에 두면서도 국가가 사회적 책임을 가져야 한다는 인식 속에 영유아와 가족을 위한 여러 보육서비스를 연계하여 제공하고 있다.

4) 일본의 보육

(1) 일본 보육의 역사

일본의 보육은 1950년대까지 영유아 보육은 가정에서 이루어지는 것으로 인식하였으나 1960년대 취업여성이 증가함에 따라 보육시설이 급증하게 되었다. 여성 노동력의 확보와 자녀들을 보호하기 위한 탁아소가 설립되었고, 1904년에는 탁아소의 명칭이 보육소로 개칭되어 현재까지 사용되고 있다.

1960~1970년대까지 고도의 경제성장과 함께 근로여성이 증가하면서 보육소도 양적인 성장을 보였으며 1970년대에는 국가의 공보육화정책에 따라 모든 보육소를 공립 또는 법인의 형태로 돌려놓았다. 그 결과 현재 일본의 보육은 공립 또는 법인 보육소를 중심으로 운영되고 있으며 모든 보육소의 운영을 중앙정부 및 지방자치단체에서 담당하고 있다(신희이, 2019). 이러한 공립보육소를 중심으로 영아보육과 장애아통합보육, 연장보육, 야간보육과 같은 다양한 유형의 보육소 제도가 정착되었다.

1994년대부터 저출산으로 인한 소자녀현상이 일어나면서 저출산 문제를 해결하기 위한 중장기 보육계획으로 1994년에는 '엔젤플랜', 2000년에는 '신엔젤플랜'을 발표하였다.

엔젤플랜은 영유아의 이익을 최대한으로 존중하는 육아지원 시책과 누구나 자녀를 안심하고 낳고 기를 수 있는 환경, 육아지원을 위한 모든 사회구성원의 협력 시스템을 기본방침으로 하고 있다(문혁준 외, 2021). 이러한 '엔젤플랜'과 '신엔젤플랜'의 시행에도 불구하고 저출산문제가 해결되지 않자 2003년에는 「차세대육성지원대책추진법」을 제정하였다.

일본의 교육 · 보육체계는 학교교육법과 아동복지법의 제정에 따라 유치원은 문무성, 보육소는 후생성이 담당하고 있다. 1990년대에 들어서면서 일본은 유치원과 보육소의 일원화에 대한 방안이 제시되었고, 이에 대하여 양기관을 물리적으로 일원화하는 것보다는 각기능을 통합하자는 방안이 연구되었다.

1998년 문무성과 후생성은 '유치원과 보육시설에 공용화에 관한 지침'을 발표하고 유치원과 보육소의 설비, 운영의 공유와 직원의 겸직 등을 탄력적으로 대처할 것을 명시하였다. 2005년에는 유치원과 보육소를 연계하는 종합시설이 시범사업으로 실시되었다.

2006년 '취학 전 아동에게 교육 · 보육을 종합적으로 제공하기 위한 법률안'이 통과되면서 유치원과 보육소의 기능을 통합하여 운영하는 '인정아동원'이란 새로운 형태의 보육 · 교육 서비스를 실시하게 되었다.

2015년부터 시행 중인 아동육아지원신제도에서는 인정어린이원제도의 개선과 지역실정에 맞춘 육아지원, 출산율을 높이기 위한 대책으로서 보육시설 확보, 아동수당, 아동부양수당, 특별아동수당의 도입, 육아휴직제도의 확대가 시행되었다(박찬옥 외, 2021).

(2) 보육서비스의 유형

일본의 영유아보육은 교육행정의 이원화로 유치원과 보육소가 있으며 보육소는 인정보육소와 인정 외 보육소로 구분되며 인정아동원이 있다. 보육소는 근로여성을 대상으로 종일제로 이용할 수 있으며 운영시간은 11시간이다. 그 외에 연장보육, 야간보육, 특정보육, 일시보육 등이 있다. 인정아동원은 유치원형, 유보연계형, 보육소형, 자치단체 재량형이 있으며 각 지역의 실정에 따라 선택적으로 운영된다. 법외 시설로는 가정복지원인 보육마마제와 영리를 목적으로 하는 베이비호텔이 있다.

표 3-8 일본 보육서비스 유형

구분	연령	내용
보육소	0~5세	• 근로여성의 자녀를 대상으로 종일제로 운영되며 국공립과 법인이 비슷한 비율 • 지방자치단체가 책임지고 운영
유치원	3~5세	• 초등학교 입학 전 3~5세 유아를 대상으로 한 교육시설 • 공립과 사립이 있으며, 교육시간은 1년 39주, 1일 4시간으로 표준화되어 있음
인가 외 어린이집 및 특수보육	0~5세	• 베이비호텔은 신생아부터 보육이 가능하며 야간이나 24시간 보육도 가능 • 보육마마제는 가정보육의 한 형태로 전직보육사나 간호사가 인가를 받아서 운영 • 특수보육으로 일시보육, 휴일보육, 질병회복기 영유아나 보육소에 다니는 병든 영유아를 위한 병아보육, 초등학교 아동의 방과 후 보육인 학동보육이 있음
인정아동원	0~5세	• 취학 전 모든 영유아를 대상으로 보육 및 교육을 제공하며 보호자에게도 종합적인 양육지원 • 유보연계형: 인가유치원에 비어 있는 보육실을 정비, 또는 새로이 인가 외 어린이집을 설치하여 일체적으로 운영 • 인기보육소에 유치원 유아를 입소시켜 유아교육과 보육을 제공 • 지방재량형: 유치원, 보육소 중 어느 쪽의 인가도 받지 않은 시설의 지방의 재량에 의해 인정아동원으로 인정받아 운영

출처: 나종혜 외(2014); 신희이 외(2019). 보육학개론. pp. 97-98. 재인용.

(3) 보육교사

일본의 유치원 교사의 자격은 전문대학 이상의 대학에서 양성하는 것을 원칙으로 하며 학위 소지기준에 따라 전문학사는 2종 면허장, 학사학위자는 1종 면허장, 석사학위 소지자는 전수면허장이 수여된다. 보육사 자격증은 후생노동 대신이 지정하는 보육사 양성학교나 양성시설을 졸업하거나 보육사 시험에 합격해야 한다. 유보연계형 인정어린이집에서는 영유아를 보육하기 위해서 유치원 교사 면허장과 보육사 자격증을 동시에 소지하여야 한다(장경희 외, 2019).

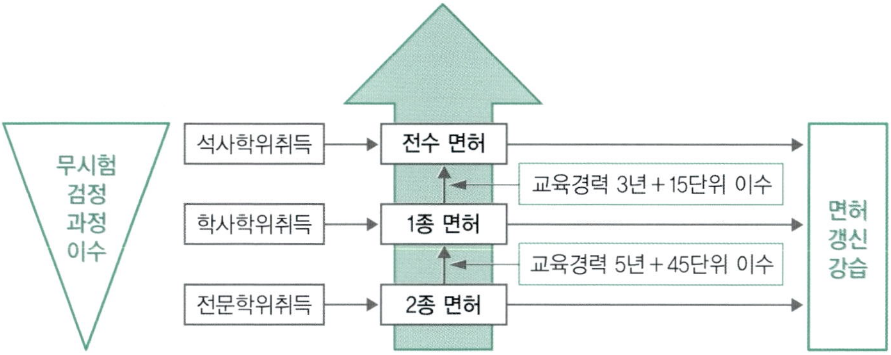

그림 3-7 유치원 교사의 자격

출처: 서현선, 정홍주(2019); 육아정책연구소(2022). 유아교육·보육 통합을 위한 단계적 추진 방안. p. 98. 재인용

일본에서의 영유아 보육은 가정에서 이루어지는 것으로 대부분 인식하였으나 여성의 사회적 진출 증가와 저출산으로 인한 소자녀현상이 일어나면서 다양한 보육정책을 시행하게 되었다. 보육서비스에 대한 선택을 부모의 책임으로 규정하고 부모가 다양한 보육 서비스를 선택할 수 있도록 부모의 선택권을 강화하였다.

일본은 영유아의 보육과 교육의 이원화된 행정의 비효율적 비용 집행에 대한 문제가 제기되면서 이에 따른 통합운영이 주장되었다. 이에 따라 영유아에게 교육·보육을 종합적으로 제공하기 위한 유치원과 보육소 기능의 통합 운영 형태인 '인정아동원'이란 새로운 형태의 보육서비스를 실시하게 되었다.

생각 나누기

1. 부모양육지원제도의 상세한 내용을 알아봅시다(예: 양육수당, 부모급여 등).

2. 세계 각국의 보육정책을 간단히 비교하여 우리가 받아들일 만한 점에는 어떤 것이 있는지에 대해 의견을 나누어 봅시다.

3. 유보통합의 좋은 점과 문제점 및 그 방향에 대해 각자의 생각을 나누어 봅시다.

Chapter 04

어린이집의 유형과 현황

본 장에서는 2023년 보육사업 안내에 따른 우리나라 어린이집 유형과 현황을 살펴보고자 한다.

1 어린이집의 유형

어린이집이란 영유아를 건강하고 안전하게 보호·양육하고 영유아의 발달 특성에 맞는 교육을 제공하는 사회복지시설을 말한다. 어린이집은 영유아보육법에 근거하여 설치·운영되며 설립 주체, 규모에 따라 여섯 가지 유형으로 나눌 수 있다. 또한 보호자 요구의 부응을 위한 수요자 중심 보육서비스로 운영시간이나 보육 대상에 따른 특수 어린이집 유형으로 나눌 수 있다.

1) 영유아보육법에 따른 유형

영유아보육법에 따른 어린이집 유형은 국공립어린이집, 사회복지어린이집, 법인·단체어린이집, 민간어린이집, 직장어린이집, 가정어린이집, 협동어린이집으로 구분할 수 있다.

(1) 국공립어린이집

국·공립어린이집은 국가나 지방자치단체가 설치·운영하는 어린이집으로 직장어린이집을 제외한 상시 영유아 11인 이상을 보육할 수 있는 시설을 말한다. 어린이집의 명칭은 "○○어린이집"으로 한다. 설립 절차는 국가 및 지방자치단체의 장이 인가절차 없이 직접 설치하며 어린이집 수급계획 등 보육계획을 사전에 수립해야 한다.

국·공립어린이집의 배치 기준은 「영유아보육법」 제12조에 따라 저소득층 밀집지역 및 농어촌지역 등 취약지역과 어린이집이 부족한 지역에 우선적으로 설치해야 한다. 지방자치단체는 「주택법」 제2조 제3호에 따른 신규 500세대 이상 공동주택에 같은 법 제35조에 따라 설치되어야 하는 어린이집을 국공립어린이집으로 운영하여야 한다. 그러나 입주자 등의 과반수가 국공립어린이집으로의 운영에 찬성하지 않는 것을 서면으로 표시하거나, 해당 공동주택의 특성상 보육 수요가 없는 등 국공립어린이집으로의 운영이 필요하지 않다고 지방보육정책위원회가 심의한 경우에는 국공립어린이집으로 운영하지 않을 수 있다.

국·공립어린이집은 위탁체 선정관리 권장 표준안 참조하여 법인, 단체 또는 개인에게 위탁운영이 가능하다. 신규위탁 방법은 공개 경쟁을 하며, 위탁운영 시에는 보육의 전문성 및 정치·종교적 중립성을 유지하도록 해야 한다.

(2) 사회복지어린이집

사회복지어린이집은 「사회복지사업법」에 따른 사회복지법인이 설치·운영하는 어린이집이다. 상시 영유아 21인 이상을 보육할 수 있는 시설을 갖추어야 하며 어린이집의 명칭은 "○○어린이집"으로 해야 하며, 명칭 사용에 유치원, 학원 등 유사기관으로 오인할 수 있는 명칭은 사용할 수 없다. 따라서 ○○유치원 부설·○○미술·○○영어 어린이집 등 사설학원으로 오인할 수 있는 표기는 할 수 없으며, 동일 간판 또는 상하좌우에 붙어 있는 간판에 유치원 명칭 사용은 불가하다. 사회복지법인어린이집은 보육통합정보시스템 등록 및 인가증 발급 시 대표자명에 법인대표의 성명 또는 '○○사회복지법인 대표이사'로 기재한다.

(3) 법인 · 단체 등 어린이집

법인 · 단체 등 어린이집은 각종 법인(사회복지법인을 제외한 비영리법인)이나 단체 등이 설치 · 운영하는 어린이집으로서 상시 영유아 21인 이상을 보육할 수 있는 시설을 갖추어야 한다. 법인 · 단체 등 어린이집에는 「유아교육법」, 「초 · 중등교육법」 및 「고등교육법」에 따른 법인 또는 학교법인이 설치하는 어린이집, 종교단체, 근로복지공단 등이 운영하여 설치하는 어린이집이 있다.

법인 · 단체 등 어린이집(비영리법인이 설치 · 운영하는 어린이집만 해당)은 보육통합정보시스템 등록 및 인가증 발급 시 대표자명에 법인대표의 성명 또는 '○○법인 · 단체 등 대표이사'로 기재된다. 근로복지공단 어린이집은 인가증 발급 시 대표자명에 근로복지공단 이사장의 성명 또는 '근로복지공단 이사장'으로 기재된다.

(4) 민간어린이집

민간어린이집은 국공립 · 사회복지법인 · 법인단체 등 직장 · 가정 · 협동 어린이집이 아닌 어린이집으로 개인이 설치할 수 있다. 민간어린이집은 영유아 21인 이상을 보육할 수 있는 시설을 갖추어야 하며 명칭은 '○○어린이집'으로 한다.

(5) 직장어린이집

직장어린이집은 사업주가 사업장의 근로자를 위하여 설치 · 운영하는 어린이집이다. 국가 또는 지방자치단체의 장이 소속 공무원을 위하여 설치 · 운영하는 시설을 포함한다. 상시 영유아 5인 이상을 보육하며 어린이집의 명칭은 "○○어린이집"으로 한다. 단독 또는 공동으로 사업장 내 또는 그에 준하는 인근 지역과 사원주택 등 사업장 근로자 밀집 거주 지역에 설치 · 운영하며 보육 정원의 1/3 이상이 사업장의 근로자 자녀여야 함을 원칙으로 한다.

직장어린이집은 영유아보육법상의 설치기준을 모두 갖추어야 하며, 사업주가 직장어린이집을 설치 할 경우에는 안전사고 및 재난에 대비한 시설을 갖추어 건물

내 5층까지 보육실을 설치할 수 있다. 직장어린이집을 설치 할 경우 해당 건물은 특히 외부인의 출입을 제한할 수 있는 등 영유아의 안전관리가 가능한 건물이어야 한다. 상시 영유아 20인 이하를 보육하는 직장어린이집은 가정어린이집을 설치할 수 있는 곳에도 설치할 수 있다.

상시 여성 근로자 300인 이상 또는 근로자 500인 이상을 고용하고 있는 사업장의 사업주는 직장어린이집을 설치할 의무가 있다. 의무사업장의 사업주가 직장어린이집을 단독으로 설치하기 어려울 경우는 사업주 공동으로 설치 · 운영하거나, 지역의 어린이집과 위탁계약을 체결하여 근로자 자녀 보육을 지원한다.

보건복지부장관은 직장어린이집 설치, 위탁보육 등의 의무를 이행하지 아니하거나 실태조사에 불응한 사업장의 명단을 공표할 수 있으며, 시 · 도지사 또는 시 · 군 · 구청장은 직장어린이집 설치 의무 미이행사업장에 대하여 이행명령, 이행강제금을 부과할 수 있다. 사업주 단독 또는 공동으로 직장어린이집을 설치한 경우 또는 어린이집과 위탁계약을 맺은 사업주는 직장어린이집의 운영 및 수탁보육 중인 영유아의 보육에 필요한 비용의 100분의 50 이상을 보조해야 한다.

직장어린이집은 보육통합정보시스템 등록 및 인가증 발급 시 대표자명에 사업주 개인의 성명 또는 '○○사업장의 대표 직함'으로 기재된다.

(6) 가정어린이집

가정어린이집은 개인이나 그에 준하는 곳에 설치 · 운영하는 어린이집으로서 영유아 5인 이상 20인 이하를 보육할 수 있다. 어린이집의 명칭은 '○○어린이집'으로 하는데, '유치원 부설' 혹은 '학원' 등과 같이 유사기관으로 오인할 수 있는 명칭은 사용할 수 없다. 관할 시장 · 군수 또는 구청장에게 사전에 인가 신청하며 지역 보육수요와 어린이집의 공급현황 등을 감안하여 지역별로 균형 있게 배치되도록 한다.

(7) 협동어린이집

협동어린이집은 보호자와 보호교직원 11인 이상이 조합을 결성하여 설치 · 운영하는 어린이집이다. 조합은 영리를 목적으로 하지 않는 조합이며 민법상 조합, 협동조합기본법상 사회적협동조합 등 조합 설립 형태 무관하다.

상시 영유아 11인 이상을 보육할 수 있으며 20인 이하는 보육하는 부모협동어린이집은 가정어린이집을 설치할 수 있는 곳에도 설치할 수 있다.

보육아동을 둔 보호자 또는 보호자와 보육교직원 11인 이상이 상호 출자하여 공동으로 어린이집을 설치 · 운영할 것을 약정함으로써 그 효력이 발생하고 주요 사항은 조합원의 과반수 이상의 찬성으로 결정한다.

조합의 업무집행자는 조합계약 또는 조합원의 2/3 이상의 찬성으로 업무집행자를 선임하며, 어린이집 대표는 조합원 중에서 선임한다. 시설 운영에 관한 통상업무는 원장이 전임하며 업무집행자는 조합원이 최대한 보육과정 및 의사결정에 참여하여 소기의 설립목적을 달성하도록 노력해야 한다. 협동어린이집은 분기별 1회 이상 어린이집운영위원회에 준하는 총회를 운영해야 한다.

2) 보육 운영시간에 따른 유형

어린이집의 유형은 운영의 형태 면에서 수요자의 다양한 요구에 부응하기 위해 보육시간을 탄력적으로 운영하는 운영시간에 따른 종일제, 야간연장, 시간연장제 및 24시간, 휴일, 방과후 보육 등이 있다.

(1) 종일제 보육

어린이집의 종일제 보육은 12시간 보육으로 9:00~16:00의 기본보육과 16:00~19:30의 연장보육으로 나누어진다. 기본보육은 해당 반의 담임교사가 보육하는 것으로 낮시간 동안 영유아에게 표준보육과정 및 누리과정을 토대로 놀이중심 · 아동중심의 수업을 하는 것이다.

연장보육은 기본보육이 끝난 후 별도의 보육교사를 배치하여 보육을 한다. 담임교사는 기본보육 시간 이후에는 기타업무를 하거나 휴게시간으로 활용할 수 있다. 오전 등원인 7:30~9:00와 하원 시간인 16:00~17:00는 통합반으로 운영되며 교사는 당번을 정해 담당하게 된다.

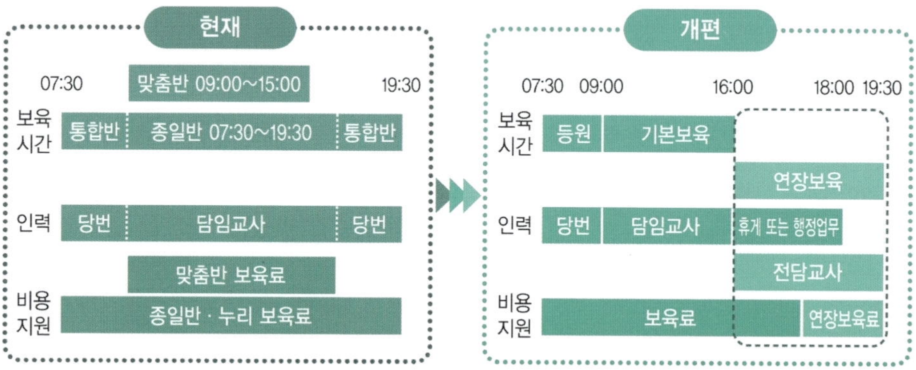

그림 4-1 보육지원체계 개편 전 · 후 비교

출처: 강지원(2022). 보육돌봄체계 중장기개편방안연구. p. 34.

(2) 야간연장 보육

야간연장 보육은 기준보육시간(07:30~19:30)을 경과하여 최대 24:00까지 시간을 연장하여 보육하는 어린이집이다. 부모의 필요에 따라 평일은 19:30~24:00, 토요일은 15:30~24:00에 이용할 수 있다. 해당 시설의 연장보육 아동을 연장하여 보육하는 것이 원칙이나, 주간에 다른 어린이집 등을 이용한 경우에도 가능하다. 야간 보육교사는 원칙적으로 별도로 교사를 두어야 하지만 야간연장 보육교사 근무수당을 지원받는 어린이집의 경우 교사 겸직 원장이나 보육교사가 야간연장반 교사 겸임 가능하다.

야간연장 보육의 교사 대 아동 비율은 매일 1:5를 원칙으로 하되, 장애아, 0세아는 보육교직원의 업무량을 고려하여 일부 달리 적용할 수 있으며, 유아로만 편성된 경우 1:7까지 조정할 수 있다. 야간연장 보육교사의 근무시간은 19:30~21:30(토요일은 15:30~17:30) 동안은 반드시 포함하고 그 시간 전후로 연속하여 총 6시간 이상 8시간 이내의 근무를 원칙으로 한다.

야간연장 보육은 맞벌이 부모가 시간에 구애받지 않고 자녀를 안심하고 맡길 수 있어 자신의 업무를 충실히 감당할 수 있다. 하루에 대부분을 어린이집에서 지내는 영유아가 정서적으로 편안하고 안전하게 지낼 수 있도록 교사는 세심함 배려와 분위기를 조성해야 한다. 또한 영유아의 건전한 성장 발달을 위해 균형 잡힌 식습관 형성과 긍정적 자아개념, 의사소통을 키울 수 있는 활동을 제공해야 한다.

현재 우리나라에는 야간보육을 하는 어린이집은 7,671개소가 있으며 보육아동 정원 409,278명 중 현원 320,555명(78%)이 이용하고 있다.

표 4-1 야간 어린이집 보육 현황 2021. 12. 31. 현재 (단위 : 개소, 명)

구분	어린이집 수	정원	보육아동	
			계	야간연장 현원
계	7,671	409,278	계	320,555
			남	166,408
			여	154,147

출처: 보건복지부(2022). 2021년 보육통계. p. 159.

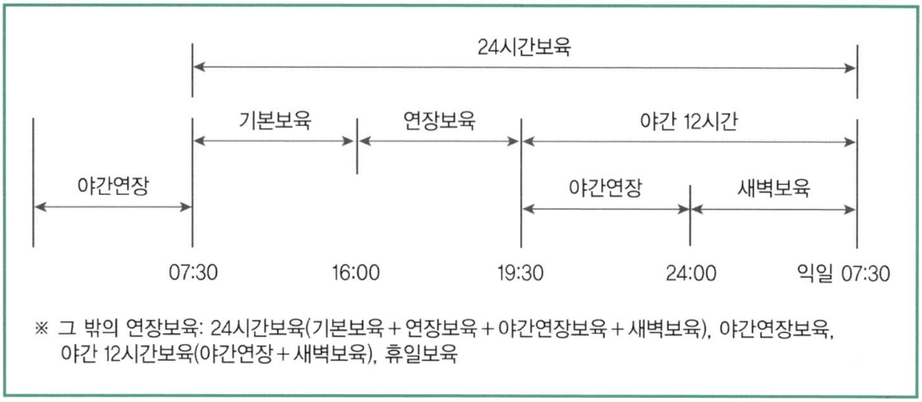

그림 4-2 **그 밖의 연장보육 개념**

출처: 보건복지부(2023). 2023년 보육사업안내. p. 408.

(3) 24시간 보육

24시간 보육은 24시간 동안(07:30~익일 07:30) 보육서비스를 제공하는 어린이집이다. 부모가 야간에 경제활동에 종사하는 가정, 한부모 또는 조손가정으로 야간 보육이 불가피하다고 판단되는 영유아에 한한다.

시 · 도지사는 지역 내의 24시간 보육서비스 수요를 감안하여 정부지원시설 및 직장어린이집을 대상으로 24시간 어린이집을 지정할 수 있다. 24시간 어린이집은 보육하는 영유아가 수면하기에 적합한 시설(수면실 등)과 조 · 석식을 포함한 급 · 간식 제공 여건 및 자체 야간 보육프로그램을 구비해야 한다.

24시간 보육 대상 영유아 입소 시 부모 등 보호자에게 준수사항에 관해 안내하여야 한다. 부모 등 보호자 준수사항으로는 최소한 영유아와 3회 이상 전화 또는 방문 등의 접촉을 하고 최소한 주 1회 이상 귀가하여 영유아를 보호해야 한다. 부모는 상시적으로 어린이집과의 연락체계를 유지하고 1월 이상 아동의 보호 의무를 해태하거나 연락이 안 될 경우 시 · 군 · 구청장이 아동복지법상 보호조치를 취할 수 있음을 유념해야 한다.

(4) 휴일 보육

휴일 보육은 일요일 및 공휴일에 보육하는 시설이다. 휴일 보육은 부모의 불가피한 출근이나 질병, 출산 등 다양한 이유로 인해 영유아를 보육할 수 없는 경우 이용할 수 있다. 휴일 보육의 교사 대 아동비율은 1:5를 원칙으로 하되, 장애아, 0세아는 보육교직원의 업무량을 고려하여 일부 달리 적용할 수 있으며, 유아로만 편성된 경우 1:7까지 조정할 수 있다.

현재 우리나라의 휴일 보육을 하고 있는 어린이집은 283개소가 있으며 보육아동의 정원 20,200명 가운데 현원 15,817명(70%)이 이용하고 있다.

표 4-2 휴일 어린이집 보육 현황

2021. 12. 31. 현재 (단위 : 명)

구분	어린이집 수	정원	보육아동	
			계	휴일 현원
계	283	20,200	계	15,817
			남	8,149
			여	7,668

출처: 보건복지부(2022). 2021년 보육통계. p. 159.

(5) 시간제 보육

시간제 보육은 여성의 사회경제활동 증가 및 근로시간 다양화로 시간제 보육수요가 많아짐에 따라 어린이집 이용이 필요한 시간만큼 보육료를 지불하는 보육서비스이다. 어린이집이나 유치원을 이용하지 않는 영아(6~36개월 미만)가 대상이다. 보육서비스 지원 시간은 월 80시간이며 평일 9:00~18:00까지 운영한다. 시간제 보육은 제공기관으로 지정된 어린이집이나 육아종합지원센터 등에서 이용할 수 있다. 시간제 보육 신청 방법은 임신육아종합포털서비스(www.childcare.go.kr)의 사전 예약이나 전화 신청(1661-9361)을 통해 가능하다.

시간제 보육은 부모의 개인 용무나 급한 일 처리 등의 사유로 자녀를 잠시 맡겨야 하는 경우 이용되며, 이는 건전한 보육과 보호자의 경제 · 사회적 활동에 도움을 줄 수 있다.

표 4-3 2022년 시간제 보육 변경사항

구분	2021년 시간제 보육	2022년 시간제 보육
이용대상	양육수당을 지원받는 6개월~ 36개월 미만의 영아	영아수당(현금) 또는 양육수당을 지원받는 6개월~ 36개월 미만의 영아
회원가입 및 시간제보육 아동등록	시간제보육 서비스의 기본대상은 양육수당 지원가구이므로 재외국민 가구는 제외됨. 시간제보육 아동등록이 불가함.	외국인 가구의 아동은 시군구 및 시간제보육 관리기관에서 아동등록 후 이용료 전액 자부담(4천 원)으로 이용이 가능함. ('22년 4월부터 적용)
예약방법	서비스 이용일 1일 전까지	서비스 이용일 30일 전 9:00부터 1일 전까지
이용지역	시간제보육 서비스이용은 거주지와 관계없이 가까운 제공기관에서 이용이 가능함.	시간제보육 서비스이용은 거주지와 관계없이 모든 제공기관에서 이용이 가능함.
이용자 제출 서류	시간제보육 이용신청서 및 운영규정 서약서(임신육아종합포털에서 다운로드), 가족관계증명서, 신분증사본(가족관계증명 및 본인여부 확인 후 반환)	시간제보육 이용신청서 및 운영규정 서약서(임신육아종합포털에서 다운로드), 가족관계증명서(외국인 아동의 경우 외국인등록사실증명서), 신분증사본(가족관계증명 및 본인여부 확인 후 반환)

출처: 보건복지부(2022). 2022년 시간제보육사업안내. pp. 13-15.

(6) 방과 후 보육

방과 후 보육은 초등학생을 대상으로 보육을 제공하는 시설이다. 방과후 어린이집은 맞벌이 부부의 자녀 등 방과 후 보호가 필요한 초등학교 저학년을 우선 대상으로 시설정원 범위 내에서 20%까지 보육할 수 있다. 보육대상은 초등학교 1~3학년 아동이며 학교 연장이 아닌 가정교육의 연장으로 편안한 분위기를 제공해야 한다. 보육내용으로는 학습지도, 인성교육, 특기교육 등을 할 수 있다. 운영시간 6시간 기준을 원칙으로 하되 보육서비스 제공은 4시간 사이어야 한다. 복지관, 종교시설, 공공기관 등에 설치한 부설 방과후 전담 어린이집은 영유아보육법령에서 정한 원장을 별도로 채용해야 한다.

현재 우리나라의 방과 후 어린이집은 방과후 전담 어린이집과 방화 후 통합 어린이집이 있으며 전국적으로는 175개소가 있다. 방과 후 보육의 정원은 14,935명이며 현원은 1,465명(9.8%)이다. 다른 특수보육 어린이집보다 방과후 어린이집의 현원이 적은 원인으로는 현재 초등학교의 돌봄교실이나 다함께 돌봄센터와 같은 지역아동센터의 방과후를 많이 이용하기 때문이다.

표 4-4 방과후 어린이집 현황(방과후 전담+방과후 통합) 2021. 12. 31. 현재 (단위 : 명)

구분	어린이집 수	정원	보육아동	
			계	방과후 현원
계	175	14,935	계	1,465
			남	762
			여	703

출처: 보건복지부(2022). 2021년 보육통계. p. 156.

3) 보육 대상에 따른 유형

(1) 장애전문어린이집

장애전문 어린이집은 미취학 장애아만을 20명 이상 보육하기 위하여 영유아보육법 시행규칙에 따른 시설 및 설비를 갖추고, 상시 18명 이상의 미취학 장애아를 보육하는 시설 중 시·도지사 또는 시장·군수·구청장이 장애아 전담 어린이집으로 지정한 시설을 말한다.

인건비 지원 장애전문어린이집은 「장애아동복지지원법」 제32조에 따라 요건을 갖추고, 상시 12명 이상의 장애아(단, 미취학장애아 9명 이상 포함)를 보육하는 시설 중 시장·군수·구청장이 장애아전문 어린이집으로 지정한 시설로서 시·도지사를 거쳐 보건복지부 장관이 인건비 지원을 승인한 시설이다.

장애전문어린이집은 「장애아동복지법」 제22조 제3항에 따라 장애영유아에 대한 체계적인 보육지원과 원활한 취학을 위한 보육계획을 수립·실시하여야 한다.

장애아통합어린이집은 장애아의 연령, 장애의 종류 및 정도를 함께 고려하여 반을 편성·운영하며 12세까지 입소가 가능하다. 교사는 장애아 3인당 1을 배치하며 3인을 초과할 때마다 1인씩 증원한다.

표 4-5 장애아동복지지원법에 따른 특수교사 및 장애영유아를 위한 보육교사 배치기준

■ **장애아동복지지원법에 따른 특수교사 및 장애영유아를 위한 보육교사 배치기준**
(2018년 3월부터 취학하지 아니한 만 3세 이상 장애영유아에 적용)

- 특수교사 및 장애영유아를 위한 보육교사의 수는 장애영유아 수의 3분의 1 이상이어야 한다. 이 경우 배치된 특수교사 및 장애영유아를 위한 보육교사 2명당 1명 이상은 특수교사여야 한다.
- 장애영유아의 수가 2명 이하인 경우 장애영유아를 위한 보육교사나 특수교사를 배치하지 아니할 수 있다.

■ **적용 예시**

- 만 3~5세 장애아 2명: 장애아전담보육교사 1명
- 만 3~5세 장애아 3명: 장애영유아를 위한 보육교사 1명
- 만 3~5세 장애아 4명: 장애영유아를 위한 보육교사 1명, 유치원과정 특수교사 1명
- 만 3~5세 장애아 9명, 만 2세 장애아 6명: 장애영유아를 위한 보육교사 2명, 유치원과정 특수교사 1명, 장애아전담보육교사 2명
- 만 3~5세 장애아 9명, 만 2세 장애아 9명: 장애영유아를 위한 보육교사 2명, 유치원과정 특수교사 1명, 장애아전담보육교사 2명, 특수교사 1명

※ 장애영유아를 위한 보육교사는 유치원과정의 특수교사가 대체 가능, 장애아 전담교사는 특수교사가 대체 가능
※ 만 3~5세 장애아가 여러 반으로 나누어져 편성된 경우에는 장애영유아를 위한 보육교사나 유치원과정 특수교사는 만 3~5세 아동이 포함된 반에 배치

출처: 보건복지부(2023). 2023년 보육사업안내. p. 394.

(2) 장애아통합어린이집

일반어린이집에 장애아 통합보육을 위한 환경을 조성하여 장애 유형, 장애 정도 등에 따른 다양한 보육 수요에 적합한 서비스를 제공하기 위해 적당한 시설을 갖

춘 어린이집에 지정하는데, 국·공립시설 및 법인시설을 우선적으로 지정하고 민간시설도 지정할 수 있다.

일반어린이집에서 장애아를 보육할 경우에는 장애아 전담교사 배치 등 지정요건을 갖춰 장애아통합어린이집으로 지정받아 운영하여야 한다.

특수교사, 장애영유아를 위한 보육교사 등의 자격을 갖추지 않은 보육교사가 장애아반을 전담하고자 하는 경우에는 반드시 장애아보육 직무교육과정을 이수해야 한다. 단, 불가피하게 받지 못한 경우, 장애아반 최초 배정일 기준 6개월 이내에 장애아보육 직무교육과정 이수를 전제로 배치가 가능하다. 국공립·법인 등 인건비 지원 어린이집의 경우 우선적으로 장애아통합반을 구성하여 운영해야 한다. 장애아와 비장애아를 통합하여 보육하되 교사는 장애전담교사, 일반 보육교사 각각 1인씩 배치한다. 장애아반 담당 특수교사(유치원과정) 자격소지자는 만 3세 이상 장애아반에 우선 배치한다.

장애아 어린이집의 장애아반 구성은 다음과 같다.

- **장애아기본반**: 일반장애아반 + 누리장애아반
- **일반장애아반**: 만 0~2세 장애아동, 만 6~12세 취학유예 장애아동
- **누리장애아반**: 만 3~5세 장애아동

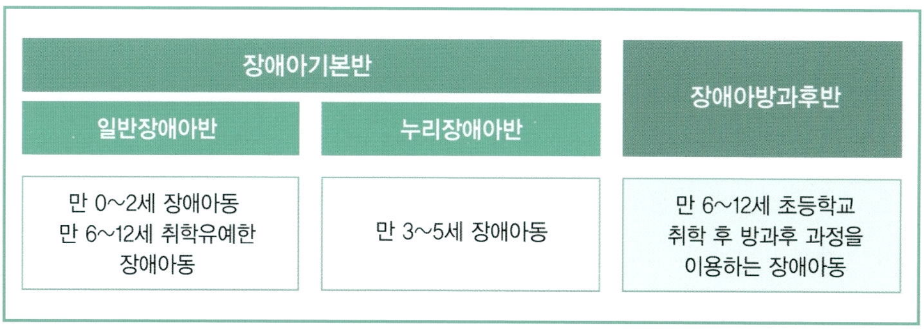

그림 4-3 장애아반의 구성

출처: 보건복지부(2023). 2023년 보육사업안내. p. 392.

장애영유아의 반편성 기준은 장애아의 연령, 장애의 종류 및 정도를 함께 고려하여 반을 편성 · 운영한다. 장애아의 교사 대 아동비율은 1:3이 원칙이나, 장애아동의 빈번한 입 · 퇴소 등을 감안하여 3개 반당 1개 반에서 반당 1인의 탄력편성 가능하다. 장애아통합보육은 장애아기본반과 일반아동반을 한 공간에서 보육하는 통합보육반이다.

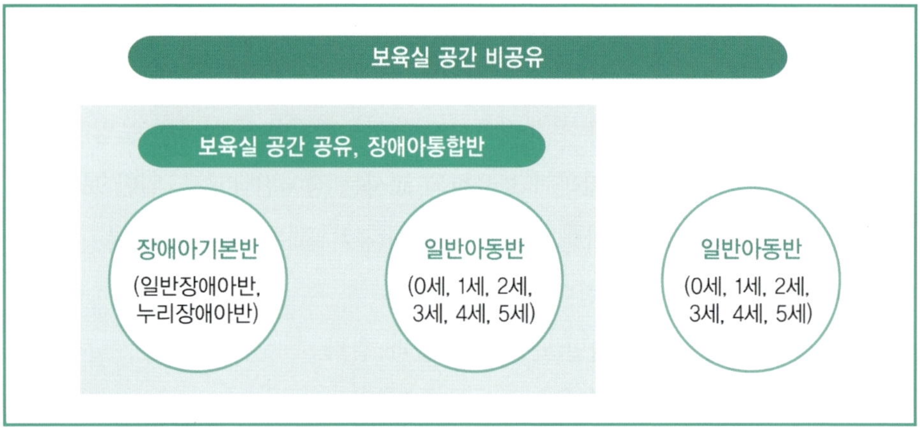

그림 4-4 **반편성 기준**

출처: 보건복지부(2023). 2023년 보육사업안내. p. 399.

(3) 영아전담어린이집

만 3세 미만의 영아를 20인 이상 보육하는 어린이집이다. 영아전담어린이집은 보육정원을 기준으로 가능한 2세 미만 반이 2세 반보다 많게 되도록 편성한다(연령은 2023년 1월 1일 기준으로 만 2세 미만 반은 24개월 미만 영아, 만 2세 반은 24개월 이상~36개월 미만의 영아로 한다).

영아전담어린이집은 영아를 전담하여 보육해야 하나 예외적으로 시설 정원범위 내 40%까지 유아를 보육할 수 있다. 영아전담 어린이집은 직장 여성들이 안심하고 사회 · 경제적 활동을 할 수 있도록 적절한 보육환경을 조성하고 영아에 맞춘 프로그램을 갖추어야 한다.

영아전담어린이집에서 유아를 보육하는 경우에는 영아반을 우선 편성해야 하며, 유아보육현원이 9명 미만으로서 시장·군수·구청장이 지역 내 수급상황(인근 지역 여유 정원이 없는 경우 등), 학부모의 요구(형제 등 동반입소) 등 불가피한 사유가 있다고 인정하여 승인한 경우에는 예외적으로 만 2세 반과 유아반 혼합 보육이 가능하다.

2 어린이집 현황

1) 전국 어린이집 현황

(1) 어린이집 일반현황

우리나라 현재 전국 어린이집의 일반현황을 살펴보면 먼저 어린이집 총 33,246개소 중 가정어린이집이 13,891개소인 41.8%로 가장 많고 국·공립어린이집이 5,437개소로 16.4%, 법인·단체 등이 640개소로 1.9%, 민간어린이집이 10,603개소로 31.9%, 협동어린이집 142개소 0.4%, 직장어린이집이 1,248개소로 3.8%로 분포되어 있다.

국·공립어린이집은 2013년 12.4%를 차지하였으나 2021년에는 16.4%로 증가하였다. 정부의 공교육 확대 정책에 따라 국·공립어린이집이 증가하였으나 정부의 목표치인 40%에는 아직 도달하고 있지 못하고 있다.

표 4-6 어린이집 일반현황

2021. 12. 31. 현재 (단위 : 개소, 명, %)

구 분	계	국 · 공립 어린이집	사회복지 법인 어린이집	법인 · 단체 등 어린이집	민간 어린이집	가정 어린이집	협동 어린이집	직장 어린이집
기관 (개소)	33,246 (100%)	5,437 (16.4%)	1,285 (3.9%)	640 (1.9%)	10,603 (31.9%)	13,891 (41.8%)	142 (0.4%)	1,248 (3.8%)
교직원 (명)	321,116 (100%)	67,191 (20.9%)	17,673 (5.5%)	7,351 (2.3%)	123,655 (38.5%)	83,758 (26.1%)	1,009 (0.3%)	20,479 (6.4%)
정원(명)	1,557,496 (100%)	326,210 (20.9%)	113,294 (7.3%)	46,084 (3%)	715,671 (46%)	259,901 (16.7%)	4,636 (0.3%)	91,700 (5.9%)
영유아 수 (현원)	1,184,716 (100%)	268,967 (22.7%)	72,085 (6.1%)	30,998 (2.6%)	535,428 (45.2%)	208,842 (17.6%)	3,465 (0.3%)	64,931 (5.5%)

출처: 보건복지부(2022). 2021년 보육통계. p. 5.

어린이집 영유아 수는 국 · 공립어린이집이 268,967명으로 22.7%이며 민간은 744,270명으로 62.8%이다. 국 · 공립어린이집 확충에도 불구하고 아직 민간어린이집에 다니는 영유아가 많은 것을 알 수 있다.

어린이집 연도별 설치현황을 살펴보면 지난 2015년~2021년까지 민간과 가정어린이집은 매년 큰 폭으로 줄었으나 국 · 공립어린이집과 직장어린이집은 꾸준히 증가하고 있다. 이러한 증가 원인은 제3차 중장기기본계획의 보육 공공성 강화 목표에 따라 국 · 공립어린이집 확충된 것과 2015년부터 직장어린이집 설치 의무 제도가 확대되면서 직장어린이집 미설치 시 강제금 부과가 도입되었기 때문이다.

표 4-7 어린이집 연도별 설치 현황

2021. 12. 31. 현재 (단위 : 개소)

구 분	계	국 · 공립 어린이집	사회복지 법인 어린이집	법인 · 단체 등 어린이집	민간 어린이집	가정 어린이집	협동 어린이집	직장 어린이집
2021	33,246	5,437	1,285	640	10,603	13,891	142	1,248
2020	35,352	4,958	1,316	671	11,510	15,529	152	1,216

구 분	계	국 · 공립 어린이집	사회복지 법인 어린이집	법인 · 단체 등 어린이집	민간 어린이집	가정 어린이집	협동 어린이집	직장 어린이집
2019	37,371	4,324	1,343	707	12,568	17,117	159	1,153
2018	39,171	3,602	1,377	748	13,518	18,651	164	1,111
2017	40,238	3,157	1,392	771	14,045	19,656	164	1,053
2016	41,084	2,859	1,402	804	14,316	20,598	157	948
2015	42,517	2,629	1,414	834	14,626	22,074	155	785

출처: 보건복지부(2022). 2021년 보육통계. p. 2.

2020년 3월부터 어린이집 보육과정을 9시부터 16시까지 운영하는 기본보육과 연장보육으로 구분하여 운영하고 있다. 특수보육으로 지정되지 않은 일반어린이집도 야간보육과 휴일보육, 방과후 보육, 장애아 보육을 운영한다.

표 4-8 일반어린이집(특수보육 미지정) 특수보육 현황 2021. 12. 31. 현재 (단위 : 개소)

구 분		계	국 · 공립 어린이집	사회복지 법인 어린이집	법인 · 단체 등 어린이집	민간 어린이집	가정 어린이집	협동 어린이집	직장 어린이집
기타연장 보육 현황	야간 연장	162	5	1	1	35	103	0	17
	휴일	45	1	0	0	12	29	0	3
방과후 보육 현황		208	32	89	7	70	3	1	6
장애아 보육 현황		944	136	62	33	517	145	13	38

출처: 보건복지부(2022). 2021년 보육통계. p. 129.

(2) 보육 영유아 현황

2022년 현재 우리나라에서 어린이집을 이용하는 영유아는 1,184,716명이다. 보육 영유아 현황을 지난 2015년~2021년까지 살펴보면 2015년 1,452,813명이던 영유아가 꾸준히 감소하고 있다. 이는 저출산의 영향으로 매년 영유아 수가 감소하기 때문이다. 영유아의 감소는 민간이나 가정어린이집 운영에 심각한 어려움을 주고 있다.

표 4-9 어린이집 연도별 보육 영유아 현황

2021. 12. 31. 현재 (단위 : 명)

구 분		계	국·공립 어린이집	사회복지 법인 어린이집	법인·단체 등 어린이집	민간 어린이집	가정 어린이집	협동 어린이집	직장 어린이집
2021	계	1,184,716	268,967	72,085	30,998	535,428	208,842	3,465	
	남	613,695	139,664	38,046	16,150	277,125	107,330	1,873	
	여	571,021	129,303	34,039	14,848	258,303	101,512	1,592	
2020	계	1,244,396	253,251	78,322	34,066	578,196	230,444	3,716	
	남	644,496	131,303	41,100	17,710	299,290	118,878	2,010	
	여	599,900	121,948	37,222	16,356	278,906	111,566	1,706	
2019	계	1,365,085	232,123	86,775	38,538	664,106	273,399	4,121	
	남	705,867	119,993	45,411	20,101	343,060	140,965	2,205	
	여	659,218	112,130	41,364	18,437	321,046	132,434	1,916	
2018	계	1,415,742	200,783	92,787	41,298	711,209	302,674	4,360	
	남	731,498	103,444	48,702	21,633	367,436	155,682	2,272	
	여	684,244	97,339	44,085	19,665	343,773	146,992	2,088	
2017	계	1,450,243	186,916	96,794	43,404	738,559	321,608	4,508	
	남	749,266	96,611	50,741	22,625	381,384	165,414	2,308	
	여	700,977	90,305	46,053	20,779	357,175	156,194	2,200	
2016	계	1,451,215	175,929	99,113	45,374	745,663	328,594	4,240	
	남	750,122	91,124	52,038	23,638	385,046	168,970	2,197	
	여	701,093	84,805	47,075	21,736	360,617	159,624	2,043	
2015	계	1,452,813	165,743	99,715	46,858	747,598	344,007	4,127	
	남	750,621	85,961	52,333	24,279	385,507	177,103	2,166	
	여	702,192	79,782	47,382	22,579	362,091	166,904	1,961	

출처: 보건복지부(2022). 2021년 보육통계. p. 3.

연령별로 보육아동을 살펴보면 만 0세는 119,621명으로 어린이집 이용률이 저조한 편이나 만 1세 252,542명, 만 2세는 301,914명으로 증가한 것을 볼 수 있다. 그러나 만 3세부터 만 5세부터는 다시 감소하고 있다.

표 4-10 연령별 보육아동 현황

2021. 12. 31. 현재 (단위 : 명)

구 분	계	국·공립 어린이집	사회복지 법인 어린이집	법인·단체 등 어린이집	민간 어린이집	가정 어린이집	협동 어린이집	직장 어린이집
계	1,184,716	268,967	72,085	30,998	535,428	208,842	3,465	64,931
만 0세	119,621	16,924	3,300	1,251	36,657	58,751	86	2,652
만 1세	252,542	50,600	10,259	4,017	94,521	80,327	433	12,385
만 2세	301,914	65,259	15,313	6,171	131,567	68,293	723	14,588
만 3세	190,393	50,339	14,972	6,562	103,331	856	751	13,582
만 4세	161,020	43,182	13,532	6,188	85,844	327	711	11,236
만 5세	154,363	41,643	12,865	6,115	82,354	260	736	10,390

출처: 보건복지부(2022). 2021년 보육통계. p. 103.

강지원(2022)은 연령별 아동인구를 바탕으로 어린이집과 유치원 이용 아동을 활용하여 적용률을 산출하였는데 만 1세에서 증가한 적용률이 만 3세부터 감소한다고 하였다. 이에 관한 원인을 학부모들의 '아이를 보낼 만한 기관이 없다'고 인식하는 것과 국·공립어린이집에 대한 선호도 때문이라고 보았다. 만 0세의 경우에는 아이돌보미 서비스나 가정양육 등 다양하게 이용할 수 있는 보육 서비스가 보장되기 때문에 어린이집 적용률이 감소한다고 보았다. 그림 4-5를 살펴보면 만 3세부터 어린이집보다 유치원을 이용하는 영유아가 증가하는 것을 볼 수 있다.

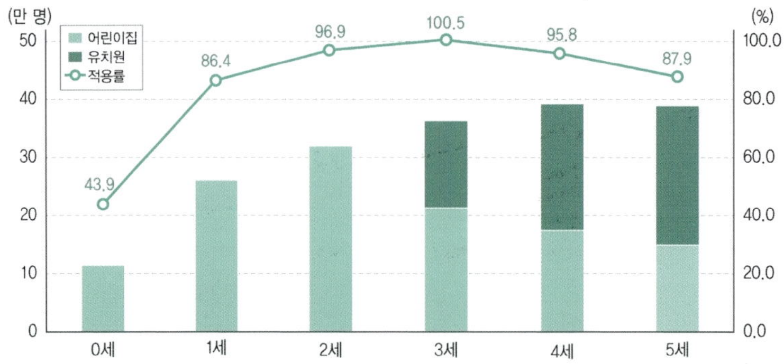

그림 4-5 연령별 인구 대비 적용률

출처: 강지원(2022). 보육돌봄체계 중장기개편방안연구. p. 32.

(3) 어린이집 보육 교직원 현황

우리나라 2022년 기준 보육 교직원은 총 321,116명이며 어린이집 유형별로는 국·공립어린이집 67,191명, 사회복지 법인 17,673명, 법인·단체 7,351명, 민간 123,655명, 가정 83,758명, 협동 1,009명, 직장 20,479명이 있다.

지난 2015년~2021년까지의 보육 교직원의 현황을 보면 2015년 30,823명이었던 국·공립 보육교직원과 10,856명 직장어린이집 보육교직원이 2021년 2배가량 증가하였다.

표 4-11 연도별 어린이집 보육 교직원 현황

2021. 12. 31. 현재 (단위 : 명)

구 분		계	국·공립 어린이집	사회복지 법인 어린이집	법인·단체 등 어린이집	민간 어린이집	가정 어린이집	협동 어린이집	직장 어린이집
2021	계	321,116	67,191	17,673	7,351	123,655	83,758	1,009	20,479
	남	11,261	1,305	1,754	579	6,511	880	22	210
	여	309,855	65,886	15,919	6,772	117,144	82,878	987	20,269
2015	계	321,067	30,823	18,933	8,637	145,724	105,124	970	12,837
	남	14,447	942	1,908	725	9,226	1,470	29	10,856
	여	306,620	29,881	17,025	7,912	136,498	103,654	941	147

출처: 보건복지부(2022). 2021년 보육통계. p. 4.

2) 특수보육 현황

맞벌이와 다양한 상황으로 인한 보육의 공백을 최소화하고 부모가 원하는 보육서비스를 제공함으로써 보육의 질을 향상하기 위한 방향으로 맞춤형보육제도가 실시되었다. 그러나 이러한 보육이 실효성을 나타내지 못하자 그 대응으로 부모가 원하는 시간만큼 보육서비스를 제공하는 연장보육을 실시하게 되었다. 따라서 2020년 3월부터 어린이집 보육과정을 9시부터 16시까지 운영하는 기본보육과 연장보육으로 구분해 운영하고 있다. 이러한 연장보육과 별도로 부모의 다양한 상황에 따른 보육 수요의 요구 충족을 위해 특수보육 어린이집이 운영되고 있다. 특수보육 어린이집으로는 영아전담, 장애전문, 장애통합, 방과 후, 휴일, 24시간 어린이집이 있다.

(1) 특수보육 일반 현황

특수보육 어린이집 일반 현황을 살펴보면 특수 보육 어린이집은 전국에 10,113개소이다. 이 중 영아전담 344개소, 장애전문 178개소, 장애통합 1,317개소, 방과 후 175개소, 야간연장 7,671개소, 휴일 2,836개소, 24시간 145개소가 있다. 야간연장 어린이집은 7,671개소로 가장 많다.

특수보육 교직원 인원은 총 12,971명이며 영아전담 2,316명, 장애전문 2,684명, 장애통합 1,988명, 방과후 102명, 야간연장 5,589명, 휴일 112명, 24시간 144명이다. 보육 영유아는 정원 178,647명 중 현원은 44,201명(24.74%)이다. 특수보육 유형상 보육이 종일제 보육과 같이 상시 다니는 것이 아니라 부모의 필요에 따라 이용되기 때문에 영유아의 현원이 적은 것으로 볼 수 있다.

표 4-12 특수보육 일반현황 2021. 12. 31. 현재 (단위 : 개소, 명, %))

구 분	계	영아전담 어린이집	장애전문 어린이집	장애통합 어린이집	방과후 어린이집	야간연장 어린이집	휴일 어린이집	24시간 어린이집
기관(개소)	10,113	344	178	1317	175	7,671	283	145
교직원(명)	12,921	2,316	2,684	1,988	102	5,589	98	144
정원(명)	178,647	14,418	8,457	113,084	14,935	409,278	20,200	7,553
영유아 수 (현원)	44,201	10,432	6,264	5,578	1,465	19,949	112	401

출처: 보건복지부(2022). 2021년 보육통계. pp. 138-139.

현재 우리나라 특수보육 유형별 현황을 보면 영아전담과 방과 후는 민간이 가장 많고 장애전문은 사회복지법인, 장애통합은 국·공립이 가장 많다. 야간연장은 국·공립과 가정이 가장 많은데 이는 맞벌이 가정이 다른 유형에 비해 많으며 종일제 보육하는 영유아를 연장에서 보육하기 때문이다. 휴일, 24시간 어린이집도 국·공립이 가장 많다.

표 4-13 특수보육 유형별 현황 2021. 12. 31. 현재 (단위 : 개소)

구 분	계	국·공립 어린이집	사회복지 법인 어린이집	법인·단체 등 어린이집	민간 어린이집	가정 어린이집	협동 어린이집	직장 어린이집
영아전담 어린이집	344	54	39	14	192	45	0	0
장애전문 어린이집	178	47	101	5	24	1	0	0
장애통합 어린이집	1,317	1,072	45	36	140	10	2	12
방과후 어린이집	175	35	38	36	57	6	1	2
야간연장 어린이집	7,671	2,905	317	140	1,793	2,353	7	156
휴일 어린이집	283	166	34	13	38	25	0	7
24시간 어린이집	145	50	11	1	40	41	0	2

(2) 특수보육 보육아동 현황

특수보육 어린이집의 보육 영유아 현황은 영아전담 어린이집은 정원 14,418명 중 10,989명이 이용하고 있다. 장애전문어린이집은 정원 9,457명 중 현원은 장애아동 6,264명, 비장애아동이 653명이다. 장애통합어린이집은 정원 113,084명 중 현원은 장애아동 5,568명, 비장애아동 88,250명이다.

특수보육 어린이집 현황을 보면 야간연장과 휴일 어린이집이 영유아 현원보다 총합계 인원이 많은데 이는 실제 고정된 현원보다 부모의 필요에 따라 이용하는 영유아의 인원이 많기 때문으로 보인다. 특수보육 어린이집 보육 영유아 현황은 표 4-14와 같다.

표 4-14 특수보육 보육 영유아 현황 2021. 12. 31. 현재 (단위 : 명)

구분	어린이집 수	정원	계		현원			
영아전담 어린이집	344	14,418	계	10,989	영아 현원			3세 이상 현원
					0세	1세	2세	
					2,267	4,009	4,156	557
			남	5,591	1,184	2,041	2,041	325
			여	5,398	1,083	1,968	2,115	232
장애전문 어린이집	178	8,457	계	6,917	장애아동			비장애아
					0~2세	3~5세	6~12세	
					560	3,220	2,484	653
			남	4,728	388	2,290	1,705	345
			여	2,189	172	930	779	308
장애통합 어린이집	1,317	113,084	계	93,828	장애아동			비장애아
					0~2세	3~5세	6~12세	
					401	4,899	278	88,250
			남	49,935	278	3,596	191	45,870
			여	43,893	123	1,303	87	42,380

<table>
<tr><th>구분</th><th>어린이집 수</th><th>정원</th><th colspan="2">계</th><th colspan="2">현원</th></tr>
<tr><td rowspan="5">방과후 어린이집</td><td rowspan="5">175</td><td rowspan="5">14,935</td><td rowspan="2">계</td><td rowspan="2">9,969</td><td>그 외</td><td>방과후 현원</td></tr>
<tr><td>8,504</td><td>1,465</td></tr>
<tr><td>남</td><td>5,205</td><td>4,443</td><td>762</td></tr>
<tr><td>여</td><td>4,764</td><td>4,061</td><td>703</td></tr>
<tr></tr>
<tr><td rowspan="4">야간연장 어린이집</td><td rowspan="4">7,671</td><td rowspan="4">409,278</td><td rowspan="2">계</td><td rowspan="2">320,555</td><td colspan="2">야간연장현원</td></tr>
<tr><td colspan="2">19,949</td></tr>
<tr><td>남</td><td>166,408</td><td colspan="2">9,984</td></tr>
<tr><td>여</td><td>154,147</td><td colspan="2">9,965</td></tr>
<tr><td rowspan="4">휴일 어린이집</td><td rowspan="4">283</td><td rowspan="4">20,200</td><td rowspan="2">계</td><td rowspan="2">15,817</td><td colspan="2">휴일현원</td></tr>
<tr><td colspan="2">112</td></tr>
<tr><td>남</td><td>8,149</td><td colspan="2">65</td></tr>
<tr><td>여</td><td>7,668</td><td colspan="2">47</td></tr>
<tr><td rowspan="4">24시간 어린이집</td><td rowspan="4">145</td><td rowspan="4">7,553</td><td rowspan="2">계</td><td rowspan="2">5,718</td><td>그 외</td><td>24시간 현원</td></tr>
<tr><td>5,317</td><td>401</td></tr>
<tr><td>남</td><td>3,019</td><td>2,811</td><td>208</td></tr>
<tr><td>여</td><td>2,699</td><td>2,506</td><td>193</td></tr>
</table>

출처: 보건복지부(2022). 2021년 보육통계. pp. 140-167.

(3) 특수보육 보육교직원 현황

특수보육 어린이집 보육교직원은 원장, 보육교사, 특수교사, 조리원, 기타가 있으며 현황은 표 4-15와 같다. 보육 어린이집의 개소는 감소하고 있으나 보육교직원 수는 증가하고 있으며 담임교사, 대체교사, 방과후 교사, 야간연장교사, 24시간 교사, 시간제 교사, 휴일반 교사 등 그 유형은 다양화되었다. 특수보육 교직원에는 특수교사, 치료사, 야간연장, 휴일, 방과후, 24시간 전담교사에 해당하지 않는 그 외 교사가 있다. 야간연장 교사는 기본보육을 하는 담임교사가 연장 전담을 겸임하기도 해서 총인원에 있어서 중복된다.

표 4-15 특수보육 보육교직원 현황

2021. 12. 31. 현재 (단위 : 명)

구 분		계	원장	보육교직원					
								조리원	기타
영아전담 어린이집	계	3,995	343	소계	영아반	그 외		355	252
				3,045	2,316	729			
	남	215	25	15	8	7		0	175
	여	3,780	318	3,030	2,308	722		355	77
장애전문 어린이집	계	3,800	178	보육교사		특수교사	치료사	192	280
				장애아반	그 외				
				1,140	466	977	567		
	남	432	30	68	9	74	69	0	182
	여	3,368	148	1,072	457	903	498	192	98
장애통합 어린이집	계	21,645	1,308	보육교사		특수교사	치료사	1,940	1,358
				장애아반	그 외				
				1,202	15,051	701	85		
	남	532	40	40	56	17	5	3	371
	여	21,113	1,268	1,162	14,995	684	80	1,937	987
방과후 어린이집	계	2,223	174	보육교사		특수교사	치료사	188	230
				방과후	그 외				
				102	1,471	47	11		
	남	133	12	8	15	2	0	1	95
	여	2,090	162	94	1,456	45	11	187	135
야간연장 어린이집	계	87,689	7,641	보육교사		특수교사	치료사	7,819	5,218
				야간연장 보육교사	그 외				
				5,589	60,705	587	130	30	2,092
	남	2,836	225	162	298	19	10	7,789	3,126
	여	84,853	7,416	5,427	60,407	568	120		
휴일 어린이집	계	3,939	283	보육교사		특수교사	치료사	358	262
				휴일반	그 외				

구 분		계	원장	보육교직원					
								조리원	기타
				98	2,885	45	8		
	남	159	12	2	20	1	2	0	122
	여	3,780	271	96	2,865	44	6	358	140
24시간 어린이집	계	1,965	145	보육교사		특수교사	치료사	150	104
				24시간	그 외				
				144	1,376	30	16		
	남	94	8	9	13	2	1	0	61
	여	1,871	137	135	1,363	28	15	150	43

출처: 보건복지부(2022). 2021년 보육통계. pp. 140-167.

보육서비스 질 향상을 위해서는 기본보육 이후의 연장보육은 연장보육전담교사를 채용해야 하지만 담임교사가 겸임을 하는 경우도 많다. 지역 특성별 연장보육전담교사 채용을 살펴보면 30% 이상이 담임교사가 겸임을 하고 있으며 특히 농어촌지역이 다른 지역에 비해 높은 편이다.

표 4-16 지역 특성별 연장반 구성 및 연장보육전담교사 채용 현황(2020.5) (단위: 명, %)

구분	연장반	연장보육 전담교사(명)	담임교사 겸임
합계	42,956(100%)	29,187(67.9%)	13,769(32.1%)
대도시	15,140(100%)	10,678(70.5%)	4,462(29.5%)
중소도시	18,727(100%)	12,793(68.3%)	5,934(31.7%)
농어촌	9,089(100%)	5,716(62.9%)	3,373(37.1%)

출처: 강지원(2022). 보육돌봄체계 중장기개편방안연구. p. 34.

생각 나누기

1. 영유아보육법에 따른 어린이집의 유형의 기준과 특징을 정리해봅시다.

2. 어린이집 현황에 비추어 볼 때 보육의 활성화 방안이 무엇인가 토의해봅시다.

Chapter 05

보육의 경험과 영유아 발달

영유아기는 인생에 있어 발달과업을 이루는 중요한 시기이다. 인간은 태어나면서부터 주변의 영향을 받으며 영유아 시기의 경험은 전 생애 발달에 있어서 영향을 미친다. 따라서 영유아가 다양한 경험을 할 수 있도록 환경을 제공하고 발달적 요구에 맞는 지원을 하는 것은 중요하다.

1 영유아 발달 이해와 보육경험

발달이란 인간의 생명이 시작되는 수정부터 사망에 이르기까지 전 생애에 걸쳐 연속해서 일어나는 일련의 체계적 변화과정을 의미한다. 따라서 발달을 이해하기 위해서는 전 생애를 포함한 측면에서 현재의 발달상황뿐만 아니라 과거와 미래의 발달을 연결하여 다양한 측면에서 관찰하고 이해하는 것이 필요하다.

영유아의 발달을 이해하기 위해서는 주변의 환경과 보편적 연령별 발달 특성을 근거로 한 영유아의 발달 속도와 개인차를 이해해야 한다. 영유아기는 0세~만 2세까지 영아기와 만 3세~만 5세까지의 유아기로 나눌 수 있다. 영유아는 각 시기에 따라서 신체 · 운동, 언어, 인지, 정서 · 사회성이 발달하게 된다.

이 장에서는 영유아의 발달을 이해하는 것이 어떤 점에서 중요한지 살펴보고, 영아기와 유아기의 발달적 특성을 중점으로 영유아 발달을 이해하고자 한다. 또한 발달에 적합한 보육 경험과 이러한 경험과 영유아 발달에 연관성을 알아보고자 한다.

1) 영유아 발달의 이해

(1) 영유아 발달특성 이해

영유아기는 성인기의 기초가 형성되는 시기로서 이 시기의 신체·운동, 언어, 인지, 정서·사회성 발달은 일생을 결정하는 기초가 된다. 인간의 특성은 주로 초기인 영유아기에 그 기초가 형성되며 발달이 급속하게 이루어지게 된다.

① 영유아 발달의 핵심적 특성

인간은 어떤 특정한 발달과업을 성취하는 데 가장 적절한 시기가 있는데 이러한 시기를 결정적 시기(critical period)라 한다. 초기 발달의 영향은 지속되는 경향이 있어 발달의 시기를 놓치게 되면 이후에 이를 보완하거나 교정하기가 매우 힘들게 된다. 결과적으로 이 결손은 계속 누적되어서 보다 심각한 결손으로 나타날 수 있다. 따라서 어떤 특성이 급속히 발달하는 적절한 시기를 놓치게 되면 거의 회복이 불가능한데 이러한 것을 일컬어 발달의 불가역성이라고 한다.

영유아기 발달에 핵심적 특성은 성인의 기초가 형성되는 발달의 기초성과 인생의 특정한 발달과업을 성취하기 위한 발달의 적기성이다. 또한 초기의 발달은 지속적으로 영향을 주며 시기를 놓쳐 결손이 발생하면 다음 시기에도 영향을 미치는 발달에 누적성이다. 미국 국립의학연구소에서는 영유아기 발달의 핵심개념을 10가지로 제시하였는데 그 내용은 다음과 같다(Shonkoff & Phillips, 2000; 정옥분, 2013; 홍길회 외, 2019 재인용).

첫째, 유전과 환경 모두 발달에 영향을 미친다.
둘째, 영유아가 속한 사회문화는 양육에 대한 신념과 실제에 영향을 준다.
셋째, 영유아의 자기조절능력은 발달의 중요 지표 중 하나이다.
넷째, 영유아는 적극적인 탐색활동을 통해 스스로의 발달에 기여한다.

다섯째, 만족스럽고 즐거운 인간관계 속의 상호작용은 건강한 발달의 토대가 된다.

여섯째, 영유아의 발달에는 개인차가 있다.

일곱째, 영유아의 발달은 연속적이기도 하고 비연속적이기도 하다.

여덟째, 영유아는 손상을 입기 쉬운 동시에 회복력도 높다.

아홉째, 경험은 그 시기가 중요하다.

열째, 조기 중재가 중요하다.

영유아의 발달은 다양한 요인이 상호작용하면서 발달을 이루게 되는데 발달을 결정하는 대표적인 요인으로는 성, 정서적 기질, 지능, 가정환경이 있다. 영유아의 성은 정자와 난자가 결합하여 수정란이 되었을 때 결정이 된다. 이같이 염색체로 인한 생식기관의 차이를 제1차 성징이라 하며, 사춘기가 되어 호르몬의 분비로 나타나는 성차를 제2차 성징이라고 한다. 성에 따라 성역할은 달라지며, 이로 인해 성에 따른 역할과 기능이 발달하게 된다.

정서적 기질은 정서적으로 자극된 상황 속에서 나타나는 신체적 변화와 행동을 말하며 까다로운 기질, 더딘 기질, 순한 기질과 같은 세 가지 유형의 기질이 있다. 지능은 어떠한 목적으로 향해 가는 가운데 합리적으로 사고하고 행동하는 개인의 총체적인 능력이며 지능의 차이가 발달의 차이를 가져오기도 한다.

부모와 형제는 가장 밀접한 사회관계이기 때문에 가정환경 요인은 영유아의 발달에 중요한 영향을 미친다. 영유아는 태어나면서부터 작은 사회인 가정의 구성원으로부터 언어, 지식, 기술, 습관, 태도, 가치를 배우게 되기 때문이다.

② 영유아 발달 이해의 중요성

영유아 발달을 이해하는 것이 중요한 이유는 영유아 발달의 이해를 통해서 인간의 발달 현상을 객관적으로 기술하고 행동 변화의 원인이 되는 요인을 설명할 수 있기 때문이다. 영유아 발달 이해의 중요성은 다음과 같다.

- **인간의 행동에 대해 이해할 수 있게 한다.**
  영유아의 발달을 이해하는 것은 인간에 대한 이해뿐만 아니라 행동의 변화를 예측하고 통제할 수 있게 한다.

- **영유아 발달에 적합한 교육과정과 프로그램을 구성할 수 있게 한다.**
  보육교사는 영유아 발달을 이해하는 것을 통해 영유아의 발달에 적합한 교육과정과 프로그램을 구성할 수 있다. 또한 교실관리에 관한 효과적인 방법을 생각해내고, 어떻게 유아와 상호작용을 하는 것이 유아의 발달을 촉진시킬 수 있는지를 알 수 있다.

- **영유아의 문제행동에 대한 이해이다.**
  영유아가 보이는 심리적 · 행동적인 문제를 영유아 발달에 대한 이해를 토대로 이해할 수 있게 된다. 이러한 이해는 영유아의 문제행동에 대해 적절하게 대응할 수 있게 한다.

- **영유아의 성장과 발달에 도움을 준다.**
  영유아발달에 대한 이해는 가정과 영유아교육기관에서 보다 바람직한 성장환경이나 학습 환경을 제공할 수 있게 한다. 이는 영유아의 성장과 발달을 적절하게 촉진시킴으로서 건강하고 행복한 성인으로 성장하게 한다.

(2) 영아기 발달특성

영아기는 출생 후부터 24개월까지의 기간으로 일생 중 가장 급격한 발달을 보이는 시기이다. 이 시기에 비로소 스스로 몸을 움직여 이동할 수 있고 의사소통도

가능하게 되지만 여전히 성인의 도움이 많이 필요하다.

① 신체 · 운동발달

생후 1년 동안 영아의 신장은 1.5배, 체중은 3배로 성장하게 된다. 영아의 치아는 6~8개월 유치가 2개 나기 시작하면서 20~30개월에는 20개의 유치가 거의 나오게 된다. 이 시기의 유치는 연하고 얕은 뿌리로 충치가 되기 쉬워 세심한 관리가 필요하다.

영아는 출생 시 닫혀 있지 않던 두개골이 18개월이 되면 닫히고 단단하게 된다. 6개월 된 영아의 머리둘레는 남아가 43.6cm, 여아가 42.5cm이지만 18개월경이 되면 가슴둘레가 머리둘레보다 커지면서 신체 외형이 성인과 비슷한 모양을 가진다. 영아의 감각은 미각이 가장 먼저 발달하고 시각이 가장 늦게 발달한다(조성연 외, 2022).

영아기의 운동 능력은 기어 다니기, 앉기, 서기, 걷기 등의 운동 등의 능력이 빠른 속도로 발달하게 된다. 24개월이 되면 두 발로 제자리 뛰기가 가능해지고 달리다가 멈출 수 있다. 2세경에는 한 발 서기가 가능하며 소근육의 발달로 컵을 잡거나 지퍼 내리기, 큰 구슬 꿰기 등을 할 수 있다.

② 인지발달

생후 초기에 영아는 주변의 물건이나 놀잇감을 입으로 빨면서 탐색을 하고 자극을 이해하게 된다. 영아기에는 호기심이 많아 주변을 탐색하면서 반복적인 경험을 통해 대상을 인식한다. 오감을 이용한 기억을 통해 문제해결을 할 수 있게 되고, 대상에 관한 인식을 하면서 대상영속성의 개념이 발달하게 된다. 또한 이 시기에는 물활론적인 사고를 하기 때문에 주변의 물건이나 놀잇감이 살아있다고 생각한다.

③ 언어발달

생후 초기에는 울음과 옹알이를 시작으로 의사를 표현하다가 1세가 되면 말할 수 있는 단어의 수가 평균 5개이고 1음절의 초보 형태로 의사표현을 할 수 있다. 18개월이 되면 언어발달이 급속하게 이루어지는 '언어폭발기'에 이르러 질문을 많이 하고 2개의 단어로 구성된 문장을 사용할 수 있다. 이 시기에는 그림책에 대한 관심이 많으며 혼자 말을 많이 한다.

④ 사회 · 정서 발달

영아는 6~15개월경 낯가림이 심하여 분리불안을 보이며 주양육자가 안전하게 보호하고 기본적인 욕구를 충족시켜줄 때 안정감과 신뢰감을 느낀다. 12~24개월부터 또래에 관한 관심과 반응을 보이지만 함께 놀지는 않는다. 혼자 놀이를 주로 하며 독립심이 조금씩 생겨 성인의 도움 없이 스스로 하려고 한다. 사람과 사물을 구분할 수 있게 되며 자신의 것과 타인의 것을 구별할 수 있게 된다.

영아의 정서발달은 태어나면서부터 기쁨, 슬픔, 분노, 놀람, 공포 등의 기본정서를 표현할 수 있으며 12~18개월이 되면 다른 사람의 불편함을 이해할 수 있다. 2세경이 되면 정서표현을 어떻게 하는 것이 적절한 것 인가에 대한 이해가 생기면서 정서를 조절할 수 있게 된다.

(3) 유아기 발달특성

유아발달의 영역은 다양하고 복잡하지만 크게 신체운동, 인지, 사회정서 영역으로 구분될 수 있다. 발달의 각 영역은 다음과 같은 측면들을 포함하고 있다.

① 신체 · 운동발달 영역

유아기는 영아기에 비해 신체 · 운동 능력이 더 발달하며, 대근육과 소근육의 정교한 발달로 다양한 활동에 참여하게 된다. 대근육의 발달로 발을 교대로 사용할 수 있어 번갈아 계단을 오르거나 세발자전거를 탈 수 있게 된다. 균형감과 민첩성이 발달하여 10초 동안 한 발로 서 있을 수 있거나 한 발로 제자리 뛰기 등을 할 수 있다. 소근육도 정교하게 발달하면서 가위로 선을 따라 오리거나 연필을 잡고 글씨를 쓸 수 있다.

② 인지발달

유아기는 복잡한 상징적 사고를 할 수 있으며 사물에 대한 이해와 문제해결 능력은 발달하게 되지만 자기중심적이며 논리적인 사고는 어렵다. 3세부터는 기본색이나 도형에 대한 이해와 사물의 크기와 모양에 따라 분류하거나 순서대로 늘어놓을 수 있다. 5세부터는 부분과 전체에 대한 개념을 이해하게 되고 같은 것과 다른 것을 구분할 수 있다.

유아기에는 사물에 대한 호기심으로 주변을 탐색하면서 새로운 지식을 습득하고 직관적 사고에 의해 사물의 특성을 판단한다.

③ 언어발달

유아기는 언어가 빠르게 발달하는 시기로 '언어적 민감기'라고도 한다. 평균 1,600개의 단어를 4세부터 사용할 수 있으며 음성언어뿐만 아니라 문자언어로도 의사표현을 할 수 있다. 책을 읽는 것과 친구들과 이야기하는 것을 좋아하며 이야기를 꾸며서 말하는 것을 즐긴다. 이 시기에는 자신의 이름이나 자기가 좋아하는 물건의 이름을 쓸 수 있으며, 5세부터는 간단한 편지나 메시지도 쓸 수 있다.

④ 사회 · 정서발달 영역

유아는 타인에 대한 인식, 타인과의 상호작용을 통해 자아개념이 발달하게 된다. 타인과 자신을 구별하고 다른 사람의 생각과 감정을 이해할 수 있다. 친구와의 관계를 중요하게 생각하고 같은 집단을 형성해 함께 활동한다. 다른 사람에게 인정받는 것을 중요하게 생각하고 칭찬받기 위해 노력한다. 자기조절 능력이 발달하면서 갈등 상황이나 문제 상황을 해결할 수 있게 된다.

유아기는 정서적 표현을 풍부하게 할 수 있으며 정서 조절 능력이 급속하게 발달한다. 다른 사람의 감정을 이해할 수 있게 되면서 친구를 위로하거나 좋아하는 감정을 표현하기도 한다. 그러나 화가 나거나 자신에 뜻대로 되지 않는 경우, 격한 감정을 나타내거나 신체적 공격을 보이기도 한다. 정서 조절 능력이 발달하기는 하지만 정서를 생산적으로 표현하는 방법은 아직 미숙하기에 적절하게 정서 표현하는 방식을 배워야 한다.

2) 보육의 경험과 영유아 발달

영유아의 발달에 적합한 보육경험이란 영유아의 발달특성과 요구를 반영한 다양한 경험의 제공이라 할 수 있다. 영유아의 발달특성은 흥미, 즐거움, 성취, 성숙, 능력이 포함되어 있는데, 이와 같은 것들이 충족되기 위해서는 영유아가 주도적으로 참여할 수 있는 놀이가 제공되어야 한다(한성심 외, 2022). 영유아에게 있어 놀이란 즐거움 그 자체이며 놀이 활동을 통해 자연스럽게 신체, 정서, 언어, 사회성, 인지가 발달하게 된다. 따라서 영유아의 발달을 촉진시키기 위해서는 발달에 적합한 놀이환경과 놀이상황이 요구된다. 보육시설에서 영유아가 어떠한 경험을 하며 상호작용을 하는가는 영유아 발달에 영향을 미친다. 영유아의 보육경험과 영유아 발달에 연관성을 살펴보면 다음과 같다.

(1) 보육경험과 영유아 발달에 연관성

① 보육시설의 다양한 활동과 자료는 새로운 지식을 발견하게 한다.

영유아는 자신의 주변을 탐색하면서 사물을 탐구하고 새로운 지식을 발견하게 된다. 보육시설에서 다양한 놀이자료가 제공될 때 영유아는 흥미를 느끼고 탐색하게 된다. 이러한 탐색은 탐구로 이어지고 자연스럽게 배움과도 연결된다. 또한 놀잇감을 가지고 자신의 놀이에 맞게 도구를 제작하거나 사물에 의미를 부여해 새로운 놀이를 창조한다. 이러한 과정을 통해서 영유아는 인지, 창의성이 발달하게 된다.

② 보육시설의 경험은 타인의 관계에 대한 이해를 하게 한다.

영유아는 자신이 경험해 보지 않은 것을 놀이과정 속에서 재현하면서 자신과 타인에 대한 관계를 이해하게 된다. 할로웨이와 라이히하트-에릭슨(Holloway & Reichhart-Erickson, 1988)은 발달에 적합한 놀잇감이 풍부하게 제공되는 놀이환경의 보육경험을 한 영유아들이 더 협동적이고 구성적이며 갈등을 덜 겪으며 친사회적 반응을 더 많이 보인다고 주장하였다(박찬옥 외, 2021). 이와 같이 보육시설의 놀이 경험은 영유아의 사회성을 발달하게 한다.

③ 보육시설의 경험은 영유아의 신체와 정서를 발달하게 한다.

영유아는 놀이활동을 통해 뛰거나 몸을 움직이면서 대·소근육이 발달하고 스스로 자신에 몸을 보호하고 위험에 대처할 수 있는 신체능력이 발달한다. 또한 자신에 몸을 다양하게 움직이는 감각적인 경험을 통해 즐거움을 느끼면서 정서적 발달을 하게 된다.

④ 보육교사와의 상호작용 경험은 영유아의 이해를 촉진시킨다.

영유아와의 신뢰성을 바탕으로 한 보육교사의 민감성은 놀이의 긍정적인 개입과 지원을 돕고 영유아가 자신에 대한 긍정적인 감정을 증진시킬 수 있게 한다(변혜원 외, 2018).

교사는 영유아들과 함께 허구적인 세계에 들어갈 수 있으며, 역할을 맡아 행동하고 말을 하면서 영유아의 이해나 발달을 촉진할 수 있다(김원희 외, 2018). 이러한 상호작용의 경험은 영유아에게 상상을 통한 극놀이를 할 수 있도록 하며 스스로 갈등을 조정하고 역할을 분배할 수 있게 한다.

(2) 발달에 적합한 보육경험

영유아의 놀이를 통한 보육경험은 영유아 발달에 중요 영향을 미치며, 영유아가 발달에 적합한 보육경험을 하기 위해서는 다음과 같은 것들이 제공되어야 한다(홍길회 외, 2019).

① 영유아가 사물, 또래, 교사와 상호작용하면서 학습할 수 있는 환경의 제공

영유아가 주도성을 가지고 스스로 활동에 참여할 때 학습은 더욱 효과적으로 이루어진다. 영유아의 놀이활동은 성인이 설정한 상황에 의해 방해받지 않아야 하며 진지하게 몰입할 수 있도록 해야 한다.

② 구체적이고 실제적인 학습활동과 자료

영아는 감각적 경험을 통해 사물을 인식하고 이해한다. 추상적이고 상징적인 정보를 통한 이해는 유아기 발달을 거치면서 가능하다. 따라서 영유아의 이해를 돕기 위해서는 학습에 사용되는 자료가 구체적이고 실제적이어야 한다. 성인인 교사가 일방적으로 제시하는 활동과 자료는 영유아의 발달에 적합한 자료가 아니다.

③ 다양한 활동과 자료

영유아들이 활동에 몰입할 수 있도록 교사는 다양한 활동과 자료를 제공해야 한다. 영유아는 다양한 활동과 복잡한 자료를 통해 이해력과 문제해결을 위한 기술이 발달하게 된다. 교사는 영유아의 행동을 관찰하고 해석하면서 질문이나 제안을 통해 영유아의 참여와 학습을 격려하도록 해야 한다.

보육시설의 경험은 보육의 질과 보육환경에 따라 영유아의 학습과 발달을 향상하기도 하고 저해하는 요인으로 작용하기도 한다. 발달에 적합한 다양한 놀잇감이 제공되는 보육환경에서 영유아는 사물에 자신만의 의미를 부여하면서 새로운 놀이를 창조한다. 또한 교사와의 질 높은 상호작용도 영유아의 발달을 촉진시킨다. 따라서 영유아는 보육의 질이 보장되는 보육환경과 상호작용이 제공되는 보육경험을 통해 신체적, 언어적, 정서적, 사회적, 인지적 발달을 하게 된다.

2 영유아 발달이론

발달이론은 인간의 행동을 설명하는 것으로 학자마다 아동의 발달을 보는 접근은 다양하다. 영역에 따라 어떠한 현상을 설명하는 데 적용되는 이론이 있고 또 다른 현상에 있어서는 다른 이론이 적합할 수 있다. 예를 들어 생물학적 결정론자인 게젤은 발달과정을 유전자에 의한 성숙으로 보았고, 방대한 자료를 수집해 행동규준을 만들었고 현재까지도 발달척도로 인용되고 있다. 그러나 게젤은 아동을 수동적인 존재로 보고 발달을 유전자로만 설명하는 한계성을 지닌다. 따라서 아동의 발달과 능력을 포괄적으로 설명하는 이론은 현재까지 없으며 인간 발달 전체를 설명하는 것에는 한계를 지닌다.

1) 성숙주의이론

성숙주의이론은 루소의 자연주의 철학으로부터 시작되었으며 아동은 성인의 가르침보다는 자연의 계획에 따라 스스로의 힘으로 성장하는 것으로 보았다. 루소는 발달은 일련의 단계를 거쳐 진행되고 내적으로 충분히 성숙하게 되면 훈련을 하지 않아도 스스로 할 수 있다고 보았다. 따라서 아동의 발달단계에 맞추어 교육할 것을 강조하였다.

루소의 사상을 이어받은 게젤은 생물학적 결정론자로 유전자에 의해 발달과정 방향을 짓는 기제를 성숙이라고 하였다(신희이 외, 2019). 게젤은 《유아행동의 개체 발생(The Ontogenesis of Infant Behavior)》(1946)에서 발달의 기본원리를 다음과 같이 서술하고 있다(Crain, 1983; 홍길회 외, 2019 재인용).

(1) 발달의 방향의 원리

발달은 단계적으로 그리고 특정한 순서로 진행되도록 성숙에 의해서 지속적으로 지시받는다. 머리가 먼저 발달하고 목, 어깨, 팔, 손, 손가락, 몸통, 다리, 발 등의 순서로 발달한다. 태내발달과 출생 이후의 발달 모두 머리에서 발 끝으로 발달이 이루어진다. 이러한 능력들은 신경계의 성장과 함께 발달하며 이 신경계의 성장은 유전자에 의해 중재된다.

(2) 상호적 교류의 원리

'상호적 교류'의 원리는 양측이 점차적으로 효과적인 체제화가 되어가는 과정을 말한다. 예를 들어, 손 사용의 발달에 있어서 아기는 처음에는 한 손을 사용하다가 다음에는 두 손을 함께, 그 후에는 다른 한 손을, 그리고 다시 두 손을 함께 쓰게 되며, 최종적으로 어느 한 손을 더 우세하게 사용할 때까지 상호적 교류 과정을 계속한다.

(3) 기능적 비대칭

게젤은 발달의 가장 높은 단계에 있는 인간의 신체가 사물을 정면에서가 아니라 약간 비스듬한 위치에서 접하게 될 때 가장 효과적으로 기능한다는 것을 관찰하고, 측면에서 대처하는 이러한 경향성을 '기능성 비대칭 원리'라 하였다. 게젤은 아기들이 머리를 한쪽 방향으로 돌리고 눕기를 좋아한다는 것과 그들이 그렇게 할 때 자동적으로 경직성 목반사 자세－머리가 돌려진 방향으로 한 팔을 내밀고, 다른 한 팔은 머리 뒤에 구부리는 자세－를 취하는 데 주목하였다. 경직성 목반사 자세는 마치 펜싱의 기본자세처럼 보인다.

(4) 자기규제

모든 성장에는 자기규제가 있다. 게젤은 아기가 어떤 것을 반드시 해야만 한다는 생각을 버리고 아기의 신호와 단서를 따를 때, 아기가 자기규제된 성장을 위해 물려받은 선천적인 능력이 있다는 것을 알게 된다고 하였다.

자기규제의 기제는 유동적인 성장의 본질의 기저를 이루기도 한다. 아동은 새로운 영역 안으로 급격히 들어온 다음에는 부분적으로 물러서다가 다시 앞으로 더 나아가면서 자신의 진행과정을 견고하게 한다. 이러한 유동적인 성장 특징은 아동의 정서발달을 포함한 모든 영역에서 나타난다. 모든 발달은 이와 같이 안정과 불안정의 시기를 주기적으로 거치면서 진행된다.

(5) 행동규준

게젤은 예일대학 아동발달연구소에서 그의 동료들과 함께 아동의 운동신경발달, 적응행동, 언어행동, 사회적 행동 등 여러 영역에 대해서 수많은 아동을 관찰하고 측정하면서 광범위하고도 세부적인 연구를 하였다. 이들이 발전시킨 행동규준은 발달지체를 보이는 영아를 가려내기 위해 사용되는 스크리닝 테스트의 기초가 되었으며, 해당 연령 집단과 비교함으로써 아동 개인의 발달을 평가하는 데 사용될 수 있어서 아직까지도 소아과 의사와 심리학자들이 기본자료로 사용하고 있다.

2) 정신분석이론

정신분석이론에서는 발달은 잠재의식 혹은 무의식이며, 겉으로 드러난 아동의 행동을 이해하기 위해서는 무의식인 내적인 정신세계를 이해해야 한다고 강조한다. 인간의 전 생애적 발달에 초기 경험의 영향력을 중요시하여 부모와의 관계를 발달의 중요한 요소로 강조한다. 특히 어머니와의 애착이나 도덕성, 성역할의 발달은 부모와 자녀의 관계 영향으로 본다. 정신분석이론에서는 프로이트의 심리성적 발달이론과 에릭슨의 심리사회적 발달이론이 있다.

(1) 프로이트

정신분석이론을 창시자인 프로이트는 대부분에 정신적인 문제들을 어린 시절에 경험한 성적 욕구와 관련이 되어있다고 보았다. 따라서 출생 후부터 아동기까지 성은 성격 발달의 매우 중요한 시기로 확신하였다. 그는 아동 발달의 공통적인 경로를 생의 초기에서 나타나는 육체적 쾌감과 연결 지었을 뿐만 아니라 어린 시절의 성적 경험은 성장한 후의 행동에 영향을 미친다고 주장하였다. 이런 측면에서 프로이트의 이론을 심리성적 발달이론(psychosexual development theory)이라고도 부른다. 프로이트는 자유 연상법(free-association)과 자기 분석(self-analysis)을 통해 인간의 심리 세계에 대한 새로운 관점인 정신분석을 제시하였다.

① 성격의 구조

프로이트는 성격의 구조를 원자아, 자아, 초자아로 구분하였다. 원자아는 본능적인 것으로 무의식에 속하며 비이성적이다. 자아는 현실적으로 가능한 것과 가능하지 않은 것을 구분할 수 있는 것으로 원자아의 본능적인 것을 현실의 여건에 맞게 중재하는 역할을 한다. 초자아는 생후 3~4년이 되면서 발달하기 시작하는 것으로 양심으로 통용되며 사회적 규범이나 도덕적 가치를 통해서 내면화된 표상이다. 원자아는 사회적 규범과 반대되는 본능적 욕구이기 때문에 초자아와는 갈등을 초래하고 이러한 갈등 상황을 중재하는 것이 자아이다. 프로이트는 인간은 본능적인 충동들과 이를 억압하려는 사회적 체제 사이에서 항상 고민하는 갈등적인 존재로 보았다. 예를 들어, 엄마가 식탁에 치킨을 올려놓고 아빠가 오시면 같이 먹자고 이야기하고 나갈 때 아이는 내면적 갈등을 하게 된다. 자신이 좋아하는 치킨을 그냥 먹어버릴지 아니면 아빠가 오실 때까지 기다려야 할지 갈등하게 된다. 이러한 갈등 상황에서 자아는 본능적 욕구인 원자아와 이상 원리인 초자아 사이를 중재하게 된다.

그림 5-1 갈등 상황

인간의 성격을 구성하는 원자아(id), 자아(ego), 초자아(super ego)는 나름의 독특한 기능과 속성이 있으며, 이 세계는 서로 밀접하게 연관되어 있다. 인간의 행동은 이 세 가지 체계의 상호작용에 의해 이루어지며 한 가지 체계로만 작용하는 것은 거의 없다.

② 심리성적 발달단계

프로이트는 아동발달을 구강기, 항문기, 남문기, 잠복기, 성기기의 성욕(libido)의 5단계로 구분하였다. 아동발달은 서로 연결되며 한 단계에서 기본적인 충동이 해소되지 않으면 인성 발달에 영구적인 결함을 초래한다고 하였다.

프로이트가 가장 큰 관심을 가졌던 생명본능은 '성'으로서 이 성적인 욕구에 대한 에너지를 리비도(libido)라고 하였다. 아동이 발달하는 과정에서 리비도가 집중되는 신체 부위, 즉 성감대가 있는데, 입술과 구강, 항문 부위, 성기관 등이 이들이다.

프로이트는 인간의 발달은 보편적인 단계를 따라 진행되는데 각 발달단계의 욕구가 충족되어야 다음 단계로 원만하게 넘어갈 수 있다고 하였다. 발달단계의 욕구가 충족되지 않거나, 너무 과잉 충족이 될 경우 다음 발달단계로 넘어가지 못하는 고착(fixation) 행동이 나타난다.

• 구강기(oral stage: 출생에서 약 1.5세경)

영아는 구강을 통하여 젖을 빨거나 음식을 깨무는 것을 통하여 성적 욕구를 충족시킨다. 후에 이가 나면서부터는 음식을 씹는 데 쾌감을 주는 대상을 적극적으로 추구한다. 이 시기의 발달단계에 욕구가 충족되지 않거나, 너무 과잉 충족이 되는 경우 다음 발달단계로 넘어가지 못하는 고착(fixation) 현상이 나타난다. 가장 쉽게 나타나는 고착의 현상으로는 손가락 빨기, 알코올 중독, 지나친 흡연, 과식 습관, 손톱 깨물기, 언어적 공격성 등이다.

• 항문기(anal stage: 약 1.5세에서 3세경)

성적인 에너지가 항문에 집중되어 대소변의 배출이나 보유에서 만족을 얻는다. 이 시기에 아동은 대소변 가리기 훈련을 통해 본능적 충동은 외부에 통제를 받게 된다. 이때 양육자의 배변훈련이 너무 엄격하거나, 양육자의 태도와 감정에 따라서 배변훈련을 하게 되면 장기적으로 유아의 성격과 가치관의 형성에 영향을 준다.

배변훈련이 너무 강제적이고 엄격하면 이후 적대적이거나 너무 모험적이고, 지나치게 도전적인 성향을 갖기 쉽다. 또한 성인이 된 후에 고착된 현상으로 결벽 증상을 갖게 될 수도 있다.

- 남근기(phallic stage: 약 3세에서 5세경)

이 시기에는 주된 성감대가 항문에서 성기로 옮아간다. 남근기 동안 유아는 성기에 관심을 가지고 성기를 만지면서 성적인 기쁨을 얻고 성에 따른 신체적 차이를 인식한다. 이 시기의 중요한 현상은 오이디푸스 콤플렉스(Oedipus complex)와 엘렉트라 콤플렉스(Electra complex)이다. 남아는 어머니에게 강한 애착을 갖게 되면서 아버지에 대한 경쟁심을 느끼게 된다.

그러나 경쟁자인 아버지가 신체적으로 강하고 우세하기 때문에 적대감을 느끼며, 남아의 중요한 부분인 성기를 제거할 수도 있다는 거세불안(castration anxiety)을 가지게 된다. 이로 인해 동성으로써 아버지를 닮아가려는 동일시(identification)의 과정을 겪게 된다. 남아는 아버지를 동일시함으로써 자신의 성에 따른 역할과 가치를 습득하고 자아 이상을 발달시킨다.

이에 반해 여아는 아버지에게 강한 애착을 형성하면서 어머니에 대한 경쟁심과 적개심을 갖는데 이러한 현상을 엘렉트라 콤플렉스라고 한다. 여아들은 자신이 가지지 못한 남아 성기를 부러워하는 남근 선망(penis envy)을 갖게 된다.

- 잠복기(latency stage: 약 6세에서 11세경)

이 시기는 리비도가 드러나지 않는 잠재적 시기이다. 성적인 욕구가 거의 나타나지 않고 학교생활과 운동이나 게임 등 사회적으로 용납되는 행동에 에너지의 발산이 이루어진다. 사회관계가 폭넓게 이루어지는 시기로 리비도에 집착하기보다 동성의 또래 집단과의 상호작용, 성인과의 대인관계 등을 통해 장차 사회생활에서 필요한 여러 가지 가치와 기술들을 습득하게 된다.

• 생식기(genital stage: 사춘기 시기)

사춘기가 되면서 성적 에너지는 다시 분출되어 이전 시기에 억압되었던 성적 관심이 높아진다. 충동이 무의식에서 의식으로 들어오게 되고, 이 시기에는 자신과 또래에 관한 관심이 이성을 향한 관심으로 변화되기 시작한다. 이성에 대한 성적요구는 독서, 운동, 사회봉사와 같은 활동을 통해 승화될 수 있다. 이 단계를 원만하게 지내게 되면 자기중심적인 사고에서 벗어나 세계를 객관적으로 보는 사고능력을 가질 수 있게 된다.

프로이트는 인생의 초기 경험을 강조함으로써 영유아 교육에 대한 중요성을 일깨워 주었다.

(2) 에릭슨

에릭슨(Erik H. Erikson, 1902~1994)은 독일 출생의 미국 정신분석학자이자 심리학자이다. 그는 프로이트의 정신분석학 접근에 기초하고 있으며 탁월한 통찰력으로 인간의 발달과정을 이론화하였다. 프로이트는 아동의 성장 발달에 있어 부모만을 중요시하였으나 에릭슨은 아동의 사회적 · 문화적 환경이 아동에게 중요한 작용을 한다고 보았다. 따라서 에릭슨은 인간 발달단계는 유전적 요인에 의해 결정되지만, 유전적으로 결정된 단계가 현실화가 되는 것은 사회적 혹은 환경적 힘에 의해서라고 하였다.

그는 어릴 적에 치명적인 상처가 있다 하더라도 훗날 좋은 환경을 지속적으로 만나게 되면 수정이 가능한 것으로 보았다. 에릭슨은 평생 발달적인 접근으로 발달단계를 보았으며 발달단계에서 위기를 경험할 때 이 위기를 어떻게 극복하느냐에 따라 인생의 방향이 결정된다고 하였다.

① 신뢰감 대 불신감 단계(trust vs. mistrust: 출생~약 1세 무렵)

이 시기는 프로이트의 구강기에 해당하며, 출생~약 1세 무렵에 형성된다. 에릭슨은 출생한 유아가 자신을 돌보는 양육자(특히 어머니)와의 관계를 통해서 신뢰감과 불신감이 형성된다고 하였다. 유아는 자신의 필요를 얻기 위한 욕구를 가진다.

이때 돌보는 양육자가 욕구에 대해 반응하면서 일관성 있게 상호작용하면 유아는 부모에 대한 기본 신뢰를 형성하게 된다. 그러나 주된 양육자가 유아의 요구에 잘 응해주지 않거나 일관성이 없는 경우 불신감을 가지게 된다.

에릭슨은 이 시기를 인생에서 가장 중요한 시기로 보았는데, 그 이유는 이 시기에 형성되는 신뢰감과 불신감이 앞으로의 인생에서 맺게 되는 모든 사회적 관계의 태도나 기술에 영향을 미치기 때문이다. 즉, 양육자와 유아의 관계에 따라 유아가 세상을 신뢰의 태도로 보는가 아니면 불신의 태도로 보는가가 결정된다.

② 자율성 대 수치심 단계(autonomy vs. shame: 약 2~3세 무렵)

이 시기는 프로이트의 항문기에 해당하며 유아는 근육 발달로 인해 대소변의 통제가 가능하고, 스스로 걸을 수 있게 된다. 유아는 자기 주위를 열심히 탐색하며 음식도 남의 도움 없이 먹으려 한다. 유아는 이러한 과정을 통해 행동의 주체가 자신임을 깨닫게 되고 이것이 곧 자율성과 연결된다.

유아가 자신이 할 수 있는 행위에 대해 허용과 격려를 받으면 자율성이 형성된다. 그러나 유아가 덜 성숙된 상태에서 강압적이거나 무리한 배변, 식사, 보행훈련을 받게 되면 자기 능력에 대해 의심하며 수치심을 가지게 된다.

③ 주도성 대 죄책감 단계(initiative vs. guilt: 약 4~5세 무렵)

이 시기는 신체적인 활동이 활발한 시기이며, 신체적 능력이 발달하면서 다양한 활동에 참여하게 된다. 이 단계에서 유아는 부모와의 전적인 애착 관계에서 벗어나 목표를 설정하고 성취하고자 한다. 이때 부모가 유아의 새로운 목적의식과 방향을 지지하고 격려해주면 주도성이 발달한다. 그러나 부모가 유아의 실패나 바람직하지 못한 행동에 대해 지나치게 강압적이거나 일관성 없는 제재를 가하면 자기주장에 대한 죄책감이 형성된다.

④ 근면성 대 열등감 단계(industry vs. inferiority: 약 6~11세 무렵)

초등학교 시기로 신체적 · 사회적 · 인지적 기능이 활발하며 프로이트의 잠재기에 해당한다. 이 시기에는 또래와의 관계에서 가치관이나 규범을 획득하게 되고 다른 사람의 인정을 받으려 애쓰는 시기이다. 근면은 학업을 시작하면서 작업의 원칙을 익히고 기술을 습득하는 것이며, 이런 과정에서 쾌락이나 보람을 느끼고 성취감을 얻게 된다. 이때 자신이 성취한 과업을 인정받아서 자신감을 얻게 되면 근면성이 발달하게 된다. 그러나 실수나 실패를 거듭하고 성공할 수 있는 기회를 얻지 못하며 낮은 평가를 받게 되면 열등감을 가지게 된다. 이러한 열등감은 학교나 사회가 아동에 대한 편견적 태도를 취할 때도 형성되기 쉽다.

⑤ 정체성 대 정체성 혼미 단계(identity vs. role confusion: 약 12~18세 무렵)

이 시기는 프로이트 성기기에 해당하며 사춘기 시기이다. 신체적으로 성숙하게 되고 자신에 관한 관심과 자기 존재에 대해 새로운 의문과 탐색이 시작된다. 이때 자신에 대한 올바로 인식과 함께 자신 속에서 일관성 있는 자아를 발견하게 된다.

아동이 경험을 통해 자기 존재에 대한 의미를 갖는 것에 성공하게 되면 올바른 정체성이 확립된다. 그러나 자신 능력이나 존재에 대한 의미를 얻지 못하게 되면 정체감에 혼돈이 일어난다. 에릭슨은 이 시기를 기본 신뢰감이 형성되는 1단계 못지않게 중요한 시기로 보았다. 그 이유로는 이 시기에 아동이 여러 가지 부딪치는 심리적 위기를 넘기지 못하는 경우, 다음 단계에서도 방황은 계속되고 이로 인해 부정적인 정체감이 형성되기 때문이다.

⑥ 친밀감 대 고립감 단계(intimacy vs. isolation: 약 18~24세 무렵)

이 시기는 사춘기를 지나 초기 성인기로 접어드는 시기로, 직업을 찾고 배우자를 찾는 시기이다. 자신의 정체감을 타인의 정체감과 결탁하려고 애쓰며 좋은 인간관계를 유지해 나가고자 한다. 친밀감이란 비이기적인 방법으로 사람들과 가까워지면서 감정이나 가치관을 교류하는 성숙한 인간관계를 말한다. 이러한 친밀감은 올바른 자아정체성이 형성된 다음에 얻을 수 있다. 이 단계에서 자신에게만 몰두하여 개방성과 상호성이 없으며 타인과의 관계에서도 친밀감을 형성하지 못하면 고립감을 가지게 된다.

⑦ 생산성 대 침체성 단계(generativity vs. stagnation: 약 24~54세 무렵)

성인기로 결혼하여 자녀를 낳고 교육시켜 다음 세대가 건전하게 발전할 수 있게 관심과 노력을 기울이는 시기이다. 이 시기에 사회적 성공과 직업생활, 가정생활, 부모-자녀 관계가 원만하고 긍정적일 때 생산성이 형성된다. 그러나 생산성을 제대로 발휘하지 않고, 타인에 관한 관심과 사회적 관심을 두지 않으면서 자신의 욕구에 더 치중하게 되면 침체성이 형성된다.

⑧ 자아 통합감 대 절망감 단계(integrity vs. despair: 54세 이후)

마지막 단계인 노년기로 자신에 삶을 되돌아보며, 그 간에 삶이 진정 가치 있었는가를 재고하게 된다. 이 시기에 자신에 삶이 가치가 있다는 것을 인식하고 지혜를 획득하면 자아 통합감이 형성된다. 그러나 신체적 노쇠와 은퇴, 친한 친구나 배우자의 죽음으로 인해 무력감을 가지면서 자신에 삶이 가치가 없다고 판단될 때 절망감에 빠지게 된다.

3) 학습이론

학습이론은 로크의 경험주의 철학에 기초하고 있으며, 인간에 행동 변화를 환경에 의한 학습으로 보고 주요인을 환경에서 찾는다. 학습이론에서는 인간의 발달단계가 있다고 보지 않으며 발달을 자극과 반응 간의 관계에 의한 학습에 결과로 본다. 즉 인간은 백지상태로 태어나기 때문에 환경적으로 어떠한 자극을 받고 반응하느냐가 그 사람에게 영향을 준다고 믿었다. 그러므로 바람직하지 못한 행동은 보상이나 벌과 같은 자극을 통해 감소하거나 제거할 수 있다고 보았다.

학습이론을 대표하는 학자로는 고전적 조건 형성의 파블로프, 행동주의의 왓슨 조작적 조건형성이론의 스키너, 사회학습이론의 반두라가 있으며 내용을 살펴보면 다음과 같다.

(1) 고전적 조건 형성

① 파블로프의 고전적 조건형성이론

파블로프의 조건형성 실험은 개를 공복 상태로 만든 후 개가 먹기 직전 종소리를 들려준 후 먹이를 주었다. 종소리가 들리고 난 후 먹이를 먹는 경험을 여러 번 반복한 개는 나중에는 먹이가 없어도 종소리만 들으면 타액을 분비하였다. 여기서 먹이는 무조건 자극(unconditioned stimulus)이고 분비된 타액은 무조건 반응(unconditioned response)이다.

아무런 상관없는 중성 자극인 종소리가 무조건 자극인 먹이와 연합되어 조건형성이 이루어진 것이다. 고전적 조건형성이 잘 이루어지기 위해서는 조건자극이 무조건 자극보다 반드시 먼저 이루어져야 한다. Kimble(1961)은 조건자극이 무조건 자극보다 0.5초가량 먼저 주어졌을 때 조건형성이 가장 잘 이루어진다고 하였다.

② 왓슨의 행동주의이론

왓슨은 파블로프의 조건형성을 기초로 인간에 행동도 학습될 수 있다고 보았고, 이를 증명하고자 어린 아동을 대상으로 연구를 하였다. 자신의 실험에 확신을 가지게 된 왓슨은 생물학전 유전을 인정하지 않았으며 이에 관한 유명한 제안을 하였다. "나에게 12명의 건강한 유아들과 그들을 키울 잘 형성된 나 자신만의 특수한 세계를 제공해준다면, 그들의 재능이나 기호, 성향, 능력, 소질, 그리고 인종에 관계없이 내가 원하는 사람, 즉 의사나 법률가, 예술가, 상인, 장관뿐만 아니라 거지, 도둑까지도 되도록 만들 수 있다."라고 하였다.

왓슨은 공포, 분노, 사랑 같은 정서 조건형성에 관심이 많았으며, 인간의 정서 반응도 환경에 의해 학습된다고 보았다. 공포에 대한 왓슨의 주장을 살펴보면, 공포조건형성이 공포를 유발하는 무조건 자극과 함께 조건자극으로 제시함으로써, 조건자극에 대한 공포를 갖게 만든다고 하였다. 이를 증명하기 위한 실험으로 9개월 된 알버트에게 흰쥐를 보여주면서 동시에 막대기를 세게 두드리자 놀라는 반응을 일으켰다. 이 같은 실험을 반복하자 알버트는 흰쥐만 보고도 놀라서 울음을 터뜨렸다. 알버트는 그 후 흰쥐뿐만 아니라 토끼, 깃털, 코트를 보아도 공포반응을 보였는데 이것이 자극의 일반화 현상이다.

왓슨은 파블로프의 고전적 조건형성을 행동 연구하는 것에 적용한 학자로서 인간의 많은 정서가 고전적 조건형성을 통해 학습되는 것을 보여주었다.

(2) 스키너의 조작적 조건형성이론

고전적 조건형성이 자극의 반응을 유발했다면, 조작적 조건형성은 반응이 자극을 유도한다. 스키너는 인간의 행동은 대부분 조작적 행동이라고 보았고, 조작적 행동은 어떤 행동 후에 나타나는 결과에 따라 행동에 통제가 나타나는 것이라고 하였다. 즉 어떤 행동이 강화를 받게 되면 다시 나타날 확률이 증가하고 벌을 받게 되면 나타날 확률이 감소하는 것이다.

스키너는 조작적 조건형성을 연구하기 위해서 ‘스키너 상자’를 만들었다. 이 상자 한쪽에는 지렛대가 있고 이것을 누르면 음식이 나오는 작은 구멍이 있다. 쥐의 실험에서 우연히 지렛대를 누르는 행동으로 보상받은 쥐가 먹이 나오는 것을 학습하게 되면서 먹이를 얻기 위해 더 자주 지렛대를 누르게 된다는 것이다. 이처럼 강화를 받은 행동은 반복하는 경향이 있고, 강화되지 않은 행동은 다시 나타날 확률이 줄어든다.

행동의 발생 빈도를 줄이거나 없애는 자극으로 정적 강화(positive reinforcement)와 부적 강화(negative reinforcement)가 있다. 정적 강화는 어떤 행동이 나타난 후 제공되는 긍정적 결과로 그 행동이 일어날 확률이 높아지는 것이고 부적 강화는 어떤 행동이 나타난 후 불쾌한 자극이 제거됨으로써 그 행동이 일어날 확률이 높아지는 것이다.

스키너의 이론은 조작적 조건형성 원리를 실생활에 쉽게 적용할 수 있어서 문제행동을 수정하는 데 유용하다.

(3) 반두라의 인지적 사회학습이론

반두라는 인간은 사회적 상황 속에서 다른 사람의 행동을 관찰하고 모방하며 학습할 수 있다고 보았다. 주어진 환경이 아동의 성격과 행동을 결정한다는 왓슨과 스키너의 이론과는 달리 반두라는 아동, 행동 그리고 환경이 양방향으로 작용하고 개인과 환경 간의 지속적인 상호작용을 통해 발달이 이루어진다고 주장하였다.

반두라는 인지적 학습이론을 통해 아동의 공격성을 설명하려고 하였다. 이를 위한 실험으로 아동을 두 그룹으로 나누고 한 그룹은 자연 다큐멘터리를, 한 그룹은 폭력적인 영상을 보여주었다. 결과적으로 폭력 영상을 시청한 아동이 공격적인 행동을 모방하고 재연하는 모습을 보였다.

사회학습이론은 관찰학습의 개념을 과학적인 방법을 통해 설명하였다. 관찰모

델이 행동에 미치는 영향을 제시하였으며 성역할의 발달, 공격적 행동이 다른 사람의 관찰을 통해 획득될 수 있는 행동으로 보았다.

4) 인지발달이론

인지발달이론은 인간을 잠재적 가능성을 토대로 환경에 능동적으로 반응하는 존재로 보았다. 즉, 인간은 들어온 정보를 능동적으로 처리하고 그것을 새로운 상태로 변형시키기는 존재라고 하였다. 인지발달이론에서는 아동을 독특한 인지구조를 지닌 전인적 존재로서 보고 있으며, 아동의 발달도 예측 가능한 불변적인 순서에 따라 점진적으로 진행하는 과정이라고 규정하고 있다. 인지발달이론의 대표적인 학자로는 피아제와 비고츠키가 있다.

(1) 피아제

피아제는 인간은 반사 기능을 가지고 태어나며 이 반사 기능을 바탕으로 환경과 상호작용하면서 인지구조를 재구성한다고 하였다. 즉 영유아의 인지발달은 성숙과 환경의 끊임없는 상호작용의 결과라고 주장한다. 피아제는 지능을 외부로부터 주어지는 것이 아닌 아동 자신이 스스로 하는 활동을 통해 발견되고 구성되는 것으로 보았다.

① 피아제 이론의 기본개념

피아제는 기존에 가지고 있던 도식을 기반으로 동화, 조절, 평형화의 과정을 통해 지식을 확장하고 구성한다고 하였다. 이러한 개념의 내용을 정리하면 다음과 같다.

- 도식(scheme): 도식이란 보고, 듣고, 냄새 맡고, 느끼는 것들을 이해하는 데 사용되는 정보구성의 양식이다. 도식은 유기체가 가지고 태어나기보다는 환경과의 접촉을 통해서 반복적으로 얻게 되는 경험과 행동에서 형성되는 것이다. 이러한 도식에는 자극에 대하여 거의 반사적으로 반응하는 감각 운동적 도식과 이 감각 운동적 도식을 내재화하여 내면적으로 진행시키는 인지적 도식이 있다.
- 동화(assimilation): 동화는 이미 가지고 있는 도식 속에 새로운 지식을 받아들이고 인지하는 과정이다.
- 조절(accommodation): 자신이 가지고 있는 기존의 도식이 새로운 대상을 동화하는데 적합하지 않으면 새로운 대상에 맞게 이미 가지고 있던 도식을 바꾸는 인지과정이다.
- 평형화(equilibrium): 동화와 조절이 개인의 정신적 활동과 환경 간에 균형을 이루는 상태이다. 동화와 조절에 의해 평형화가 이루어지는 과정은 모든 연령과 인지발달 단계에서 동일하다.

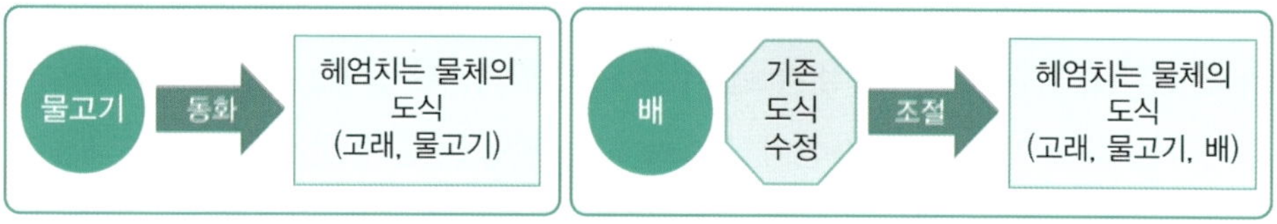

그림 5-2 동화와 조절

② 피아제의 인지발달 단계

피아제는 인지능력의 발달은 반복적인 동화와 조절을 통해 이루어지며, 이러한 과정에서 4단계를 거치며 발달한다고 하였다. 피아제의 인지발달 단계는 다음과 같다.

표 5-1 피아제의 인지발달 단계

단계	연령	특 징
감각운동기	0~2세	• 대상에 대한 감각적, 신체적 활동을 통해 세계를 이해 • 대상영속성의 개념 형성 • 반사행동에서 의도적 · 목적적 행동으로 변화
전조작기	2~7세	• 가상놀이를 통해 상황의 속성을 재현, 사물의 상징화 • 중심화(자기중심적 언어, 직관적 사고), 비가역성 • 서열개념, 인과개념, 공간개념, 분류개념, 인과개념, 실재론
구체적 조작기	7~11세	• 과학적 사고와 문제해결 가능 • 보존개념 이해, 분류조작, 서열조작 • 탈자기중심성
형식적 조작기	11세~성인	• 추상적인 사고 • 논리적 추론

피아제는 모든 아동이 일정한 인지발달 순서를 거친다는 발달의 보편성을 강조하고 있다.

(2) 비고츠키

비고츠키는 인지발달은 다른 구성원들과의 사회적 상호작용에 의해 재구성되어야 한다고 보았다(Tharp & Galimore, 1990). 그는 개개인의 발달과정을 그가 속한 사회나 문화의 산물로 보았고 부모는 그것을 전수하는 존재로 보았다.

즉, 인지발달은 사회의 보다 성숙한 구성원들과 상호작용하는 동안 자신의 문화에 적합한 인지과정이 아동에게 전이된다는 것이다. 또한 비고츠키는 언어를 기초로 한 새로운 유아 인지발달이론을 정립하였다.

아동이 자신의 사고를 구성하기 위해 언어를 사용하기 시작하면서 비로소 고등정신 기능을 발달시킬 수 있게 된다고 보았다. 언어발달은 다른 사람에게 소리내어 말하는 외적 언어에서 자기 자신에게 소리 없이 말하는 내적 언어로 발달하게 되는데, 외적 언어에서 내적 언어로 발달하는 가정에서 과도기적인 특징으로 혼잣말이 나타난다고 보았다(홍길회 외, 2019).

비고츠키의 이론 중심은 아동의 현재 발달 수준과 성인의 도움을 받아 성취하는 수준인 잠재적 발달 수준 사이의 거리인 근접발달영역(zone of proximal development)이다. 비고츠키는 행동의 발달은 근접발달영역의 경계가 되는 두 수준 사이에서 나타난다고 보았다. 근접발달영역은 고정적인 것이 아니라 학습자가 좀 더 높은 수준의 사고와 지식을 달성함에 따라 역동적으로 변화된다고 하였다.

비고츠키는 유아의 학습을 발달을 돕기 위해서는 자신보다 유능한 교사나 또래의 비계설정이 필요하다고 하였다. 다시 말해 근접발달영역 내에서 교사가 학습자와의 상호작용을 통해서 적절하게 조절된 도움을 주는 것을 뜻한다. 효과적인 비계설정은 실제적 발달 수준보다 약간 높은 수준의 과제를 제시한 다음에 문제 해결하는 과정에서 도움을 주는 것이다.

비고츠키의 이론은 피아제가 간과했던 사회문화적 맥락이 인지발달에 미치는 영향력을 제시하는 점이다. 또한 비고츠키의 비계와 근접발달영역 이론은 교육에서의 부모, 교사, 유능한 또래 등의 역할에 중요성을 일깨워 준다.

생각 나누기

1. 보육에 있어 영유아 발달을 이해하는 것이 중요한 이유를 살펴봅시다.

2. 발달의 여러 이론들의 공통점과 차이점을 비교해봅시다.

Chapter 06

어린이집 설치와 운영

1 어린이집의 설치

어린이집이란 보호자의 위탁을 받아 「영유아보육법」에서 규정하는 영유아(취학 전 아동)를 보육하는 시설을 말한다. 어린이집을 설치 · 운영하려는 자는 「영유아보육법 시행규칙」 제9조에서 정하는 설치기준을 갖추어야 한다.

1) 어린이집 설치기준

어린이집의 설치를 위해서는 입지 조건과 구조 및 일반기준, 시설 및 설비에 관한 법령준수를 확인한 후 인가를 받아야 한다. 어린이집의 설치를 위한 내용은 다음과 같다(보육사업안내, 2023).

(1) 설립인가 절차

어린이집을 설립하고자 하는 자는 「영유아보육법 시행규칙」 제5조(별지 제4호 서식)의 어린이집 인가신청서를 시설의 소재지를 관할하는 시장 · 군수 또는 구청장에게 사전에 인가를 신청하여야 한다. 지방자치단체의 장에게 사전에 상담을 요청하면 지역의 보육 수요, 어린이집 입지조건 및 설치기준 등에 관하여 사전에 고지받을 수 있다. 인가를 신청하고 인가증을 교부받은 후에는 관할 세무서에 사업등록을 신청해야 한다.

어린이집 설립에 필요한 서류로는 임대차계약서(부동산을 임차하는 경우에 한함), 시설의 구조별 면적이 표시된 평면도와 시설 및 설비 목록, 어린이집 원장의 자격을 증명하는 서류, 어린이집 보육교직원의 채용계획서, 어린이집 운영계획서, 경비의 지급 및 변제능력에 관한 서류(개인이 설립하는 경우), 인근 놀이터 이용계획서(영유아 50인 이상의 시설로써 옥외놀이터나 옥내놀이터를 설치하지 않은 경우에 한함)를 제출해야 한다.

(2) 어린이집 입지 조건

① 어린이집은 보육수요 · 보건 · 위생 · 급수 · 안전 · 교통 · 환경 및 교통편의 등을 충분히 고려하여 쾌적한 환경의 부지를 선정해야 한다.

② 영유아의 신체적 · 사회적 안전에 위험하다고 판단되는 시설(폐기물처리시설, 유흥업소, 전염병원 등) 인근에 어린이집을 설치하지 않는다.

③ 「주택건설기준 등에 관한 규정」 제9조의2 제1항에서 규정하고 있는 위험시설로부터 외곽경계선이 되는 담 또는 벽(담 또는 벽이 없는 경우 부지경계선)을 기준으로 수평거리 50m 이상 떨어진 곳에 위치해야 한다.

④ 어린이집은 「건축법 시행령」 별표 1에 따라 설치할 수 있는 곳에 건축해야 하며, 건축물의 용도가 노유자시설이어야 한다.

(3) 어린이집의 면적

① 어린이집 전용면적 산정방법은 아동보육과 직간접적 관련이 있다고 인정되는 실내공간을 기준으로 산정한다.

② 지하층에 설치한 시설(단, 집단급식소 등 조리실로 인정받은 면적만 예외적으로 인정), 농산어촌 등에 설치하는 기숙시설, 정원 50인 이상 시설의 옥외 및 옥내놀이터, 타 시설과 공동으로 사용하는 부분(건물 현관 · 복도 · 계단 등)은 산정에서 제외한다.

③ 50인 미만의 시설의 정원은 어린이집 전용면적과 보육실 면적으로 각각 책정한 보육아동의 수 중 적은 수를 정원으로 한다. 50인 이상 시설의 정원은 어린이집 전용면적, 보육실 면적, 놀이터 면적으로 각각 책정한 보육아동 수 중 적은 수를 정원으로 한다.

면적기준 / 시설규모	어린이집 전용면적	보육실 면적	놀이터 면적	산정 기준
50인 미만 시설	영유아 1인당 $4.29m^2$	영유아 1인당 $2.64m^2$		각 면적 산정 인원 중 가장 적은 수를 정원으로 함
50인 이상 시설			영유아 1인당 $3.5m^2$ 원칙	

그림 6-1 어린이집 정원책정 방법

출처: 보건복지부(2023). 2023년 보육사업 안내. p. 36.

2) 어린이집 구조 및 일반기준

(1) 어린이집은 1층 또는 건물 전체(5층 이하)에 설치해야 한다. 건물구조 및 보육실 · 화장실 · 놀이기구 등이 영유아의 안전과 이용에 편리하도록 설계 · 시공되었는지 확인해야 한다.

(2) 어린이집은 하나의 건물에 설치해야 한다. 다만, 담 또는 울타리로 둘러싸인 동일 대지 안에 여러 개의 건물(모두 5층 이하여야 함)이 있는 경우 모든 건물의 전체가 어린이집으로 사용되고 옥외놀이터가 설치된 경우에는 예외적으로 여러 동 건물에 어린이집 설치가 허용된다.

(3) 건물 전체가 어린이집인 경우 및 사업장(사옥) 내 직장어린이집을 설치하는 경우, 2층 및 3층까지 보육실을 설치할 수 있다. 건물 전체를 어린이집으로 사용하는 경우, 건물 전체(지하층 포함)가 건축법상 노유자시설(어린이집)로 용도가 지정되어 어린이집으로 전용되어야 한다.

(4) 보육실은 건축물의 1층에 설치하며, 건축법상의 층수와 관계없이 실제상의 층수를 기준으로 한다. 어린이집의 주 출입구 하단이 지표면으로부터 1미터 이내인 경우 1층으로 본다. 따라서 건축물대장에 1층으로 기재되어 있어도 실제상 2층인 경우에는 1층으로 인정할 수 없다.

(5) 화장실은 보육실과 동일한 층의 인접한 공간에 설치하고, 목욕실은 보육실과 인접한 공간에 설치한다. 화장실을 건물 외부에 설치하는 것은 불가능하며, 목욕실은 보육실과 인접한 공간에 설치한다. 건물 외부에는 화장실의 설치가 불가능하며, 영유아용 수세식 변기는 가능한 한 10~15인당 1개 이상을 설치하는 것이 바람직하다. 시설 규모에 따라 사무실, 양호실, 식당, 자료실, 상담실, 강당, 놀이터 등을 설치할 수 있으며, 동 설비는 보육정원 책정의 기준이 되는 시설 면적에 포함한다. 원장 사무실은 보육실이 있는 동일층에 설치하는 것이 바람직하다.

(6) 보육교직원 휴게실은 설치는 가능하나, 보육정원 책정의 기준이 되는 시설 면적에서는 제외된다. 보육정원이 21명 이상인 어린이집은 교사가 교육활동을 계획 · 준비하고 자료 제작 등을 할 수 있도록 구획된 교사실을 설치해야 한다.

(7) 지하층은 조리실을 포함한 보육공간으로 사용할 수 없다. 지하층은 보육정

원 산정의 기준이 되는 시설 면적에서도 제외된다. 어린이집 내에 영유아의 보육 목적에 부합하지 않는 시설은 설치 불가하다. 다만 시장 · 군수 · 구청장이 지역적 특수성을 고려하여 필요하다고 인정하는 경우, 보육교직원 기숙시설이나 다함께 돌봄센터 또는 지역아동센터의 설치는 가능하다.

3) 놀이터

(1) 놀이터 설치의 기본 원칙

정원 50인 이상의 어린이집은 영유아 1인당 3.5㎡ 이상 규모의 옥외놀이터 설치를 원칙으로 하되, 정원 규모별로 면적기준이 다르다. 어린이집 자체 부지가 있는 경우에는 옥외놀이터 설치를 해야 하며 지하층에는 놀이터의 설치가 불가능하다.

놀이터는 「영유아보육법」, 「어린이놀이시설 안전관리법」, 「환경보건법」 등에서 정한 기준을 준수해 설치한다.

(2) 놀이터 면적 및 바닥 설치기준

놀이터의 바닥은 영유아의 안전을 위해 모래밭, 천연 및 인공 잔디, 고무매트, 폐타이어 블록으로 설치한다. 놀이터의 면적은 '놀이터 설치 기본 원칙'에 따라 설치한 바닥 면적만 인정한다.

고정식 놀이기구가 설치된 부분은 「어린이놀이시설 안전관리법」의 설치검사에 의한 면적을 인정한다.

표 6-1 놀이터 면적 기준

정 원	면적 산정 기준	비 고
50인~99인	정원×45%×3.5㎡	각 정원의 45%를 기준으로 1인당 3.5㎡ 이상으로 놀이터를 설치함
100인~129인	100명×45%×3.5㎡	45명 기준
130인~159인	130명×40%×3.5㎡	52명 기준
160인~199인	160명×40%×3.5㎡	64명 기준
200인~249인	200명×35%×3.5㎡	70명 기준
250인~300인	250명×35%×3.5㎡	87명 기준

출처: 보건복지부(2023). 2023년 보육사업안내. p. 43.

(3) 놀이터의 종류

① 옥외놀이터: 어린이집의 자체 부지에 부속하여 설치한 실외놀이터

② 옥내놀이터: 어린이집 건물 내부의 실내·외 공간에 설치한 놀이터

- 실내놀이터: 어린이집 내부의 방(이에 준하는 공간)에 설치한 놀이터
- 옥내중간놀이터: 어린이집의 중간층의 실외공간을 활용한 놀이터
- 옥상놀이터: 어린이집의 최상층 바닥면 공간에 설치하는 놀이터

③ 인근놀이터: 어린이집 인근하여 설치되어 있는 실외놀이터

인근놀이터는 당해 어린이집의 대표자 명의의 소유 또는 임차한 토지에 설치한 실외놀이터 또는 「어린이놀이시설 안전관리법」의 관리대상인 공용놀이터에 한한다. 2022년 2월 1일부터 설치인가 또는 변경인가(감원 제외) 시 어린이집 대표자가 소유 또는 임차한 토지 위에 설치된 놀이터가 아닌 다른 유치원이나 어린이집에 귀속된 놀이터를 인근놀이터로 인가하는 것은 불가하다.

인근놀이터는 자체 옥외놀이터에 준하여 사용하므로, 어린이집으로부터 보행거리 100미터 이내에 위치해야 하는 것을 원칙으로 한다. 또한 이동 간 교통사고

의 위험이 없고, 도로가 있는 경우 왕복 2차선(편도 1차선) 이내로 횡단보도를 건너 이용 가능한 곳에 위치해야 한다.

(4) 놀이기구 설치기준

어린이집의 놀이기구는 「영유아보육법」 및 「어린이놀이시설 안전관리법」, 「환경보건법」에서 정한 기준에 적합한 놀이기구를 영아, 유아용으로 구분하여 설치한다. 어린이집의 대표적인 놀이기구는 영유아의 대근육 발달을 위한 고정식, 이동식 놀이기구, 모래놀이, 기타놀이 기구가 있다. 2종 이상의 대근육 활동 놀이기구를 결합한 조합 놀이대는 2종 이상 설치로 간주한다.

표 6-2 고정식, 이동식 대근육 활동 놀이기구

구분	놀이기구
고정식 대근육 활동 놀이기구	그네, 미끄럼틀, 회전놀이기구, 공중놀이 기구, 오르는 기구, 건너는 기구, 또는 이를 두 가지 이상 결합한 조합놀이대
이동식 대근육 활동 놀이기구	놀이집, 널빤지와 안전 사다리, 사막대, 뜀틀, 평균대, 점핑 바운서, 구르기용 매트, 헌 타이어, 대형 블록류, 이동식 농구대

4) 비상재해대비 시설

(1) 어린이집이 1층인 경우

비상재해대비 시설은 비상시 양방향 대피가 가능해야 한다. 양방향 대피를 위하여 주 출입구 외에 안전한 지상과 바로 연결되는 비상구 또는 출구가 있어야 한다. 출구까지의 경로상에는 주방 등 화기시설을 설치할 수 없으며, 출구 접근 및 개방에 방해되는 장애물을 적치할 수 없다.

(2) 어린이집이 2층과 3층인 경우

비상시 각 층별로 양방향 대피가 가능해야 한다. 양방향 대피를 위하여 주 계단 외에 각 층별로 건물 내부를 경유하지 않고 직접 지상으로 바로 연결되는 비상계단 또는 미끄럼대를 당해 건물의 외부에 설치해야 한다. 2·3층에 설치할 수 있는 피난기구 중 구조대는 하강식 경사구조대만 인정하며 인가 시 구조대 각도를 확인하여 안전에 이상이 없는 경우에만 인정한다.

(3) 어린이집이 4층과 5층인 경우

「화재예방, 소방시설 설치·유지 및 안전관리에 관한 법률 시행령」에 따른 스프링클러 설비 및 자동화재탐지설비를 "건물 전체"에 설치해야 한다. 2급 이상의 소방안전관리자를 고용해 방화관리를 하고, 건물 내 양방향 대피가 가능한 2개소 이상의 직통계단을 설치해야 한다. 보육실의 주 출입구는 직통계단 또는 비상계단까지의 보행거리가 30미터 이내가 되도록 한다. 조리실은 내화구조로 된 바닥, 벽 및 「건축법 시행령」 제64조에 따른 방화문으로 외부와 구획되어야 한다.

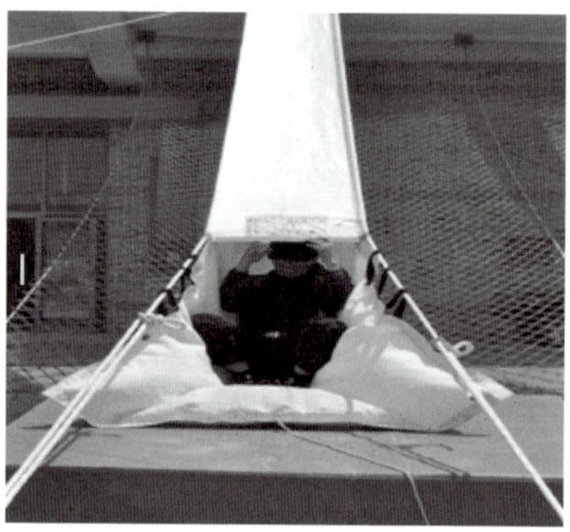

그림 6-2 하강식 경사구조대

출처: 보건복지부(2023). 2023년 보육사업 안내. p. 52.

5) 영상정보처리기기

영유아의 안전과 보육교사 권리보호 및 어린이집 보안을 위해 보호자와 교직원의 동의를 받아 영상정보처리기기를 설치할 수 있다(보건복지부, 2023년 보육사업 안내: 부록).

(1) 목적 및 용어의 정의

① 목적

법 제15조의4 제2항과 관련하여 영유아의 안전 및 보안을 위하여 어린이집(「영유아보육법」 제10에 따른 어린이집) 내 영상정보처리기기 설치 · 운영에 관련된 사항을 규정함을 목적으로 한다.

영상정보처리기기에 해당하는 장치로는 '폐쇄회로 텔레비전'과 '네트워크 카메라'가 있다.

② 용어의 정의

- **폐쇄회로 텔레비전**(CCTV: Closed Circuit Television): 일정한 공간에 지속적으로 설치된 카메라를 통하여 사람 또는 사물 등을 촬영하거나 촬영한 영상정보를 유 · 무선 폐쇄회로 등의 전송로를 통하여 특정 장소에 전송하는 장치 또는 촬영되거나 전송된 영상정보를 녹화 · 기록할 수 있도록 하는 장치

- **네트워크 카메라**(Network Camera): 일정한 공간에 지속적으로 설치된 기기로 촬영한 영상정보를 그 기기를 설치 · 관리하는 자가 유 · 무선 인터넷을 통하여 어느 곳에서나 수집 · 저장 등의 처리를 할 수 있도록 하는 장치

- **영상정보**: 특정 목적을 위하여 영상정보처리기기로 촬영하여 광(光) 또는 전

자적 방식으로 처리되는 모든 영상

- 영상정보처리기기 통합관리: 기관 내 또는 기관 간에 영상정보처리기기의 효율적 관리 및 정보연계 등을 위해 목적별로 설치된 영상정보처리기기를 물리적으로 통합하여 지정된 별도의 공간에서 관리 및 운영

(2) 설치 준수사항

① 영상정보처리기기는 보육실 등을 촬영하고 모니터를 통해 그 영상을 구현할 수 있으며, 그 영상정보를 녹화(저장)할 수 있는 기능을 갖추어야 하며 사각지대를 최소화하여 설치해야 한다.

② 영상정보처리기기는 각 보육실, 공동놀이실, 놀이터(인근 놀이터 제외) 및 식당, 강당(단, 식당, 강당은 별도로 구획된 공간으로 마련되어 있는 경우에 한함)에 1대 이상씩 설치할 수 있다. 단 어린이집의 특성을 고려하여 주/부 출입문, 어린이집 내부의 계단과 계단 사이의 연결 공간, 안전관리 및 보안에 중요 지역은 추가 설치할 수 있다.

③ 영상정보처리기기의 설치현황 및 영상정보의 수집을 알 수 있도록 안내판을 설치하여야 한다. 설치 안내판은 영상정보처리기기 설치 목적 및 장소, 촬영 범위 및 시간, 관리책임자의 성명 및 연락처를 명시해야 한다.

CCTV 설치안내(예시)	
목　　적	어린이 안전, 화재예방 및 범죄예방 등
촬영시간	24시간 연속촬영 / 녹화
설치장소 (촬영범위)	보육실, 공동놀이실, 놀이터, 식당, 강당
담 당 자	책 임 자 : ○○어린이집 원장 ○○○ (연락처) 운 영 자 : ○○어린이집 원감 ○○○ (연락처) 위탁업체 : 업체명 (연락처)

210mm

297mm

그림 6-3 영상정보처리기기 안내판

출처: 보건복지부(2023). 2023년 보육사업 안내(부록). p. 218.

④ 어린이집 설치 · 운영자는 영유아보육법 제15조의4 제1항 제1호에 따라 폐쇄회로 텔레비전을 설치 · 운영하지 않을 경우에는 보호자 전원으로부터 서면으로 동의를 받아야 한다.

⑤ 시행규칙 제9조의4 제2항과 관련하여 어린이집의 원장은 열람 조치 시 보호자 등이 정당한 요구권이 있는지를 가족관계증명서, 주민등록증, 공문서, 신분증 등을 확인한 후 열람할 수 있도록 조치해야 한다. 다만 관계 공무원의 영유아 안전 업무수행을 위한 열람 요청은 신분증, 공문서, 조사계획서 등 정당한 권한이 있는 증표로 열람요청서를 갈음할 수 있다.

2 어린이집의 운영관리

어린이집의 양질의 보육서비스를 제공하기 위해서는 합리적인 운영이 전제되어야 한다. 이를 위해 보육서비스 질을 향상하기 위한 인적, 물적 관리를 정비하고, 보육시설의 운영계획을 세워 실천하는 것이 필요하다.

1) 원아관리

(1) 반편성

어린이집은 동 연도에 출생한 영유아를 함께 반편성 하는 것을 원칙으로 한다. 어린이집은 가능한 한 만 2세 미만 영아반, 만 2세 영아반과 만 3세 이상의 유아반을 동시에 운영해야 하며 장애아가 있는 경우에는 장애아만으로 구성된 반을 운영할 수 있다(시행규칙 제23조 별표8의 규정).

① 연령별 반편성 시 정원 기준

반별 정원기준은 「영유아 보육법 시행규칙」 제10조 별표2 기준에 의한 교사 1인당이 담당할 수 있는 배치기준에 따라 규정된다. 교사 비율을 준수하는 범위에서 동일연령 보육과정 및 아동 1인당 보육실 면적 등을 감안하여 1개의 보육실에서 2개 이상의 반을 함께 보육하는 것이 가능하다. 반별 정원 탄력편성, 농촌 소규모 어린이집 및 도서 · 벽지 · 농어촌 지역의 교사 대 아동비율 특례 등에 의해 예외적인 반편성이 허용된 어린이집도 정원책정 기준인 어린이집 전용면적과 보육실 면적 등은 준수해야 한다.

표 6-3 반별 정원 기준

반별 정원 기준	만 0세	만 1세	만 2세	만 3세	만 4세 이상
원칙	3명	5명	7명	15명	20명

② 연령혼합 반편성(연령별 반편성의 예외)

혼합반 운영 시 교사 대 아동 비율은 낮은 연령의 교사 대 아동비율을 준수한다. 단, 지역 내 수급상황, 학부모의 요구 등 불가피한 사유가 있는 경우에는 시·군·구 사전 승인 후 예외적으로 만 2세와 만 3세 아동의 혼합반 운영이 가능하다. 이때 만 2세반과 만 3세반 아동의 혼합편성 시 학부모 의견수렴 절차를 거쳐야 하며 의견수렴 결과 거부 의사가 없음을 반드시 확인하여야 한다.

표 6-4 혼합반의 교사 대 아동비율

혼합반 운영	만 0세와 만 1세 영아	만 1세와 만 2세 영아	만 0세와 만 2세 영아	만 2세 이하 영아와 만 3세 이상 유아	만 3세와 만 4세 이상 유아
원칙	가능	가능	불가능	불가능	가능
교사 대 아동 비율	1:3	1:5			1:15

(2) 어린이집 입소순위

어린이집에 입소하기 위한 방법은 먼저 보호자가 '아이사랑보육포털'에 직접 등록 신청하면 어린이집 원장이 결원 발생 시 입소 순위를 사정하여 순서에 따라 입소를 통보하고 입소를 확정한다.

「영유아보육법」 제28조와 「동법 시행규칙」 제29조에 근거하여 입소 순위가 정해져 있으며 이를 준수해야 한다.

① 「국민기초생활보장법」에 따른 수급권자

② 「한부모가족지원법」 제5종의 규정에 의한 보호대상자의 자녀
③ 「국민기초생활보장법」 제24조의 규정에 의한 차상위계층의 자녀
④ 「장애인 복지법」 제2조에 따른 장애인 중 장애가 심한 장애인의 자녀
⑤ 아동복지시설에 생활 중인 영유아
⑥ 부모가 모두 취업 중이거나 취업을 준비 중인 영유아
⑦ 「다문화가족지원법」 제2조 제1호에 따른 다문화가족의 영유아
⑧ 「국가유공자 등 예우 및 지원에 관한 법률」 제4조 제1항에 따른 국가유공자 중 전몰자, 순직자, 상이자의 자녀
⑨ 자녀가 3명 이상인 가구의 영유아
⑩ 「한부모가족지원법」에 따른 한부모가족 및 조손 가족
⑪ 가정위탁 보호아동 및 입양된 영유아
⑫ 동일 어린이집 재원 중인 아동의 형제 · 자매

※①~⑨는 1순위, ⑩~⑫는 2순위

(3) 어린이집 영유아 초기 적응

영유아가 어린이집에 처음 입소를 하면 새로운 환경으로 인하여 낯설어하고 새로운 상황들로 인해 불안해한다. 보호자도 영유아를 어린이집에 보내면서 궁금해하고 심리적인 어려움을 겪을 수 있다. 그러므로 어린이집은 영유아와 학부모가 적응할 수 있도록 체계적인 절차를 마련하고 도움을 주어야 한다.

영유아와 학부모의 적응을 돕기 위한 과정으로 먼저 영유아가 정식으로 등원하기 전에 부모와 영유아가 어린이집을 방문하도록 하여 사전 경험의 기회를 제공한다. 그리고 신입 영유아 적응을 위한 과정에 대한 설명과 안내문을 제공하여 어린이집을 신뢰할 수 있도록 한다. 신입 영유아 초기 적응 과정을 통해 어린이집은 영유아에 대해 충분히 이해하고 부모가 느끼는 어려움을 파악하여 도움을 줄 수

있다. 영유아 초기 적응 과정은 학부모에게 영유아의 적응에 대한 이해를 구하여 함께 참여할 수 있도록 한다.

2) 보육교직원 관리

(1) 보육교직원의 채용조건

국·공립 어린이집의 원장은 시설·군수 또는 구청장이 임면하되, 법인, 단체 또는 개인에게 위탁 운영하는 경우에는 수탁자가 임면한다. 단 수탁기관이 변경되는 경우에도 기존 교직원의 고용승계 등 교직원의 신분보장이 되도록 노력해야 한다.

사회복지법인, 법인·단체 등, 직장, 가정, 민간어린이집 등은 설치자가 임면하며, 협동어린이집은 조합을 결성하여 설치·운영하는 대표자가 임면한다. 보육교사 등 기타 직원은 원장의 제청으로 법인·단체의 대표자 또는 어린이집 설치자(교직원 임면권을 위임받은 수탁자 포함)가 임면한다.

보육교직원의 채용조건은 어린이집 원장은 「영유아보육법 시행령」 제21조의 어린이집 원장 자격기준을 갖춘 자로서 어린이집 원장 국가자격증을 발급받은 자를 채용한다. 보육교사는 「영유아보육법 시행령」 제21조의 보육교사 자격기준에 해당하는 자로서 보육교사 국가자격증을 발급받은 자를 채용한다.

장애영유아를 위한 보육교사, 특수교사, 치료사, 간호사, 영양사, 조리원(조리사) 등은 자격증(면허증) 소지자를 채용한다. 간호사의 경우에는 간호조무사 채용도 가능하며 이 경우에는 간호조무사 자격증을 소지해야 한다. 상시 1회 50인 이상에게 식사를 제공하는 어린이집의 조리원 중 1인 이상은 조리사 면허소지자이어야 한다(「식품위생법」 제51조·제53조).

(2) 보육교직원 채용방법

신규채용은 공개경쟁을 원칙으로 하며 국·공립어린이집의 경우에는 국가 또는 지방자치단체의 장이 선발고사 등을 통하여 별도로 보육교사를 채용·배치할 수 있다.

보육교직원 채용 시 임금, 근로시간 및 그 밖의 근로조건 등을 명시한 근로계약을 체결해야 하며 결혼, 출산, 육아휴직으로 인한 퇴직 요구 등의 부당한 내용이 근로계약과 관련하여 포함되어서는 안 된다.

근로자 상시 5인 이상 30명 미만 사업장의 관공서 공휴일 유급 휴일 보장(근로기준법 개정 시행 2022.1.1.)에 따라 근로계약 체결 시에 어린이집의 연도 전환 시기 등을 고려하여 3월 1일(삼일절)의 근로계약 기간 포함 여부에 대해 사전 협의가 누락되지 않도록 주의해야 한다.

임면권자는 보육교직원 채용, 휴직, 출산휴가, 육아휴직, 1개월 이상의 장기병가, 퇴직 등의 임면사항을 14일 이내에 관할 시·군·구청장에게 보고하여야 한다.

(3) 채용 시 구비서류

어린이집의 보육교직원 신규 채용 시 구비서류 및 어린이집에 비치 관리하여야 할 서류는 다음과 같다(보건복지부, 2023).

표 6-5 임면 시 구비서류

구비서류
① 인사기록카드〈시행규칙 별지 제7호 서식〉 ② 주민등록등본 ③ 채용신체검사서(공무원 채용 신체검사서 준용 가능) ※ 채용기간이 1개월 미만인 대체교사(임시교사) 등 단기간 근로자, 보육실습생, 특별활동강사, 노인 일자리 파견자는 보건소의 감염성 질환(폐결핵, 장티푸스, 전염성 피부질환 등)에 대한 건강진단결과서(구 보건증)로 갈음할 수 있음 ※ 채용신체검사서는 감염성 질환 및 정신질환 등에 대한 검사를 포함하고 있는 경우에는 명칭에 관계없이 채용신체검사서로 인정 가능

※「식품위생법」 제40조 제1항 및 동법 시행규칙 제49조에 의한 건강진단 대상자(영양사, 조리사, 조리원, 배식인력)는 감염성 질환(폐결핵, 전염성 피부질환 내용은 반드시 실시, 장티푸스의 경우 집단급식소인 어린이집 종사자는 필수 실시, 집단급식소 아닌 어린이집 관련 종사자는 권장)에 대한 검사결과 포함하여 제출(검사결과 유효기간은 검진일 기준 1년 이내)

④ 보수교육 수료증(또는 '장기미종사자 직무교육 이수증')

※ 단, 신규 보육교사 자격 취득자(자격증에 기재되어 있는 자격인정일이 임용일 전 2년 이내인 자) 생략 가능

⑤ 자격증 사본

⑥ 성범죄 경력 조회 및 관리

※「아동청소년의 성보호에 관한 법률」 제56조에 따라 어린이집에 취업 중이거나 사실상 노무를 제공 중인 자 또는 취업하려 하거나 사실상 노무를 제공하려는 자(이하 "취업자 등")에 대해 성범죄 경력 조회를 경찰청 온라인시스템 (명칭: 범죄경력회보서 발급시스템, http://crims.police.go.kr)을 통하여 신청하고 확인한다.

⑦ 아동학대 관련 범죄 전력 조회 및 관리

※「아동복지법」 제29조의3에 따라 교직원으로 채용하기(사실상 노무를 제공하려는 경우 포함) 전에, 또는 채용 중(사실상 노무를 제공하는 경우 포함)인 경우에 아동학대 관련 범죄 전력 조회를 경찰청 온라인시스템(명칭: 범죄경력회보서 발급시스템, http://crims.police.go.kr)을 통하여 신청하고 확인한다.

어린이집 임면권자가 보육교직원을 채용할 경우에는 반드시 구비서류를 제출받아 자격의 적격 여부를 판단하고 관련 서류를 비치하고 기록 · 관리 · 보관하여야 한다.

(4) 보육교직원 복무관리

① 어린이집 원장, 보육교사 등 기타 교직원의 근무시간은 평일 8시간을 원칙으로 하며 연장보육 전담교사의 근무시간은 평일 4시간을 원칙으로 한다. 어린이집 원장(교사겸직원장 포함)이 휴가, 병가, 보수교육 참여 등 불가피한 사유로 직무를 수행할 수 없는 경우 보육교사가 그 직무를 대행할 수 있는 기간은 15일(연속, 휴일 제외) 이내로 제한하며 실제 대행 시작 일을 기준으로 15일을 초과할 경우 대체원장을 배치해야 한다. 보육교사 등 기타 교직원의 근무시간은 평일 8시간을 원칙으로 하되, 연장보육 전담교사의 근무시간은

평일 4시간을 원칙으로 한다.

② 보육교직원(원장, 보육교사 등)은 전임이어야 하므로, 다른 업무를 겸임할 수 없다. 다만, 보조교사, 야간연장 보육교사는 근무시간을 달리하는 경우 연장보육 전담교사 겸임이 가능하다. 그리고 정원 20인 이하 어린이집의 원장은 보육교사 겸임 가능하다.

③ 보육교직원의 휴가는 보육 공백을 최소화할 수 있도록 이를 대체할 수 있는 대체교사 또는 그 밖의 인력을 각각 배치해야 한다.

④ 「근로기준법」 제54조(휴게)에 따라 근로자(보육교직원)의 근로시간이 4시간인 경우에는 30분 이상, 8시간인 경우에는 1시간 이상의 휴게시간을 근로시간 도중에 주어야 한다. 이때 담임교사가 휴게시간을 사용하는 동안 원장 또는 보조교사가 담임교사의 업무 대행 가능하다.

⑤ 보육교직원의 휴가, 휴일, 휴식 등 근로시간과 관련이 있는 사항에 대하여서는 「근로기준법」 등 노동 관련 법령에 따르며, 근로자가 5~30인 미만 사업장은 2022년부터 관공서 공휴일 규정의 민간기업 유급휴일 의무화를 적용한다.

⑥ 담임교사는 「남녀 고용평등과 일·가정 양립 지원에 관한 법률」 제19조의2에 따른 육아기 근로시간 단축제도를 활용하는 경우 사용자는 보육공백을 대체할 인력을 신규 채용하거나 기존 인력(다른 반 담임교사, 보조교사, 연장보육 전담교사 등) 활용하여 배치해야 한다. 다만, 기존 인력을 활용하여 배치할 경우, 당초 편성된 동일 연령반 및 혼합반의 연령별 교사 대 아동비율을 준수해야 한다.

표 6-6 보육교직원 임면보고 절차

보육교직원 채용(원장, 보육교사, 특수교사, 조리원(조리사) 등)	• 채용주체: 어린이집 설치자 • 채용조건: 자격기준을 갖춘 자 • 채용 시 구비서류 – (공통) 인사기록카드, 주민등록등본, 채용신체검사서, 성범죄 경력 및 아동학대 범죄전력 조회 회신서, 개인정보제공 및 고유식별정보 처리 동의서, 보수교육 수료증 – (자격이 필요한 자) 자격증 또는 면허증 사본
↓	
교직원 임면보고	• 임면보고 절차: 어린이집 → 특별자치시장 · 특별자치도지사 · 시 · 군 · 구청장(채용 후 14일 이내) • 임면보고 시 구비서류 – 인사기록카드, 채용신체검사서, 자격증사본, 성범죄 경력 및 아동학대 범죄전력 조회 회신서, 개인정보제공 및 고유식별정보 처리 동의서, 보수교육 수료증 ※ 자격증 사본 및 보수교육 수료증은 서면 제출 또는 보육통합정보시스템으로 온라인 제출 가능 ※ 인사기록카드는 "보육통합정보시스템"을 통해 임면보고 가능(2015. 2.2~) ※ 어린이집 및 시 · 군 · 구에서는 교직원 임면보고를 시스템을 통해 실시하고 적극 지도
↓	
교직원 자격의 적격성 확인	• 확인주체: 특별자치시장 · 특별자치도지사 · 시 · 군 · 구청장 • 확인대상: 어린이집 원장, 보육교사, 특수교사, 장애영유아를 위한 보육교사, 치료사, 간호사, 영양사, 조리원 중 조리사 • 확인방법: 각 자격별 자격증명 서류, 보수교육 수료증 및 보육통합정보시스템
↓	
교직원 결격사유조회 및 범죄경력조회	• 결격사유조회 및 범죄경력조회 주체: 특별자치시장 · 특별자치도지사 · 시장 · 군수 · 구청장 • 내용: 교직원 결격 사유(법 제20조)
↓	
경력관리시스템 입력 관리	• 교직원 임면 사항을 경력관리시스템에 입력 관리

출처: 보건복지부(2023). 2023년 보육사업안내. p. 179.

⑦ **보육교직원의 권익보호**: 지방자치단체는 「영유아보육법」 제4조 제4항에 따라 어린이집 보육교직원의 근로여건 개선 및 권익보호를 위하여 노력하여야 한다. 시 · 도 또는 시 · 군 · 구는 보육교직원의 권익보호를 위해 필요한 세부사항을 지방자치단체 조례로 정할 수 있다.

예) 서울특별시 구로구 보육교직원 권익보호 및 지원에 관한 조례 [조례 제1639호, 2022.3.31., 제정]

(5) 보육교직원의 급여

보육교사는 기본급과 각종 수당 이외에 중앙정부 및 지자체에서 보육교사의 급여를 보전하거나 처우를 개선하기 위해 각종 수당을 지원하고 있다.

① 정부 인건비 지원 어린이집 인건비 지급기준

정부로부터 인건비를 지원받는 어린이집 보육교직원은 정부가 매년 제시한 '정부 인건비 지원시설 인건비 지급기준'에 따라 급여를 받는다. 호봉 기준이며 30호봉까지 지급기준을 적용하며 그 이상은 30호봉을 일괄 적용한다.

표 6-7 2023년 보육교직원 인건비 지급기준

호봉	원장		보육교사		조리원	
	보수총액	월지급액	보수총액	월지급액	보수총액	월지급액
1	26,343,600	2,195,300	25,189,200	2,099,100	24,148,800	2,012,400
2	26,948,400	2,245,700	25,299,600	2,108,300	24,242,400	2,020,200
3	27,694,800	2,307,900	25,380,000	2,115,000	24,312,000	2,026,000
4	28,468,800	2,372,400	25,524,000	2,127,000	24,356,400	2,029,700
5	29,193,600	2,432,800	25,959,600	2,163,300	24,398,400	2,033,200
6	30,298,800	2,524,900	26,648,400	2,220,700	24,436,800	2,036,400
7	31,294,800	2,607,900	27,230,400	2,269,200	24,495,600	2,041,300
8	32,403,600	2,700,300	27,667,200	2,305,600	24,532,800	2,044,400
9	33,246,000	2,770,500	28,231,200	2,352,600	24,584,400	2,048,700

호봉	원장		보육교사		조리원	
	보수총액	월지급액	보수총액	월지급액	보수총액	월지급액
10	34,120,800	2,843,400	28,860,000	2,405,000	24,622,800	2,051,900
11	35,126,400	2,927,200	29,721,600	2,476,800	24,811,200	2,067,600
12	36,084,000	3,007,000	30,572,400	2,547,700	25,111,200	2,092,600
13	36,828,000	3,069,000	31,156,800	2,596,400	25,592,400	2,132,700
14	37,585,200	3,132,100	31,776,000	2,648,000	26,127,600	2,177,300
15	38,637,600	3,219,800	32,455,200	2,704,600	26,626,800	2,218,900
16	39,380,400	3,281,700	33,386,400	2,782,200	27,344,400	2,278,700
17	40,142,400	3,345,200	34,124,400	2,843,700	27,907,200	2,325,600
18	40,988,400	3,415,700	34,830,000	2,902,500	28,580,400	2,381,700
19	41,766,000	3,480,500	35,464,800	2,955,400	29,223,600	2,435,300
20	42,475,200	3,539,600	36,168,000	3,014,000	29,890,800	2,490,900
21	43,507,200	3,625,600	37,279,200	3,106,600	30,931,200	2,577,600
22	44,276,400	3,689,700	38,006,400	3,167,200	31,575,600	2,631,300
23	44,961,600	3,746,800	38,613,600	3,217,800	32,186,400	2,682,200
24	45,651,600	3,804,300	39,303,600	3,275,300	32,769,600	2,730,800
25	46,431,600	3,869,300	39,934,800	3,327,900	33,409,200	2,784,100
26	47,154,000	3,929,500	40,564,800	3,380,400	33,990,000	2,832,500
27	47,822,400	3,985,200	41,113,200	3,426,100	34,423,200	2,868,600
28	48,516,000	4,043,000	41,713,200	3,476,100	35,001,600	2,916,800
29	49,154,400	4,096,200	42,370,800	3,530,900	35,554,800	2,962,900
30	49,852,800	4,154,400	42,942,000	3,578,500	36,132,000	3,011,000

출처: 보건복지부(2023). 2023년 보육사업 안내. p. 380.

② 중앙정부 및 지자체 수당

보육교사는 기관에서 지급하는 급여(기본급과 수당) 외에 중앙정부, 지자체 및 지역교육청으로부터 각종 수당 지원받고 있다. 중앙정부는 어린이집 영아반 담임교사에게 근무환경개선비 월 26만 원, 유아반 담임교사에게는 누리과정 수당 월 36만 원을 지원한다.

이 외에 지방자치단체에서 어린이집 보육교사에게 근무환경개선비와 각종 수당을 지원한다. 지자체 지원 수당은 지역이나 보육교사가 근무하는 어린이집 유형(예를 들어 정부 인건비 지원시설/미지원시설), 담당 연령(영아반/유아반), 근속기간 등에 따라 차등 지원한다. 대표적으로 처우개선비는 17개 시도와 28개 시군구를 제외한 나머지 시군구에서 처우개선비를 지원한다(육아정책연구소, 2022).

어린이집에 근무하는 보육교사의 처우개선을 위해 지원하는 근무환경개선비의 지원 대상은 어린이집 또는 시간제보육 제공기관에서 반을 맡고 있는 담임교사, 연장보육 전담교사, 이들을 대체하는 대체교사이다.

근무환경개선비의 지원조건은 평일 8시간 또는 4시간을 원칙으로 월 15일 이상 어린이집 또는 시간제보육 제공기관에서 실제 근무해야 한다. 지급액은 평일 8시간 근무 기본보육담임교사는 월 26만 원, 4시간 근무 연장보육 전담교사 월 13만 원을 지급한다. 근무환경개선비는 어린이집 원장이 매월 말 보육통합정보시스템으로 신청하면, 시 · 군 · 구에서 다음 달 7일까지 지원대상자의 개인별 통장으로 입금된다.

소규모 어린이집에서 담임교사를 겸직하는 원장에 처우개선을 위한 지원은 원장이 담임교사로서 15일 이상 실제 근무한 경우 신청이 가능하며 월 7만 5천 원(2023년 기준)을 지급한다.

장애아 현원이 1명 이상인 어린이집에 근무하는 장애영유아를 위한 보육교사 및 기타 특수교사 자격소지자 수당은 장애아반 담임교사는 30만 원, 장애아통합반 비장애아반 담임교사 15만 원(2023.3.1.부터 시행), 일반반 비장애아반 담임교사 10만 원, 장애아연장반 전담을 위해 별도 채용된 교사는 15만 원이 지원된다.

(6) 퇴직급여제도

어린이집을 설치 · 운영하는 자는 퇴직하는 근로자에게 퇴직급여 · 퇴직적립금을 지급하기 위하여 「근로자퇴직급여 보장법」의 퇴직급여제도 중 하나 이상의 제도를 설정해야 한다. 어린이집을 설치 · 운영하는 자는 시장 · 군수 · 구청장에게 매 회계연도의 결산 보고 시(매년 5월 31일까지) 퇴직 급여제도 관련 통장사본, 예금잔액증명서 등 증빙서류와 함께 적립금 퇴직급여제도 운영 관련 현황을 보고해야 한다. 어린이집 대표자, 대표자 겸 원장, 대표자 겸 보육교직원은 인건비 지원을 통한 퇴직급여 · 퇴직적립금의 적립 · 지원 대상이 아니다. 다만, 국공립어린이집의 대표자 겸 원장 및 사회복지법인 어린이집의 대표자 겸 원장은 퇴직급여 · 퇴직적립금의 적립 · 지원 대상이 된다(보건복지부, 2023).

3) 사무관리

어린이집의 사무관리는 행정적인 일을 처리하는 과정에서 문서를 처리하고 집행하는 것이다. 어린이집을 운영을 위한 사무관리는 원아, 교직원, 개정, 시설 관리 등과 같은 내부 업무와 구청이나 시청, 공단 등의 관계 기관, 어린이집연합회와 관련된 외부 업무가 있다.

어린이집의 사무관리는 주로 문서를 통해 이루어지며 원장과 교사가 업무를 분담하여 처리한다. 어린이집은 어린이집 내에 비치 · 기록 · 관리함으로써 어린이집의 업무를 보다 효율적으로 운영할 수 있다.

(1) 어린이집 기본문서

어린이집이 기록하고 비치해야 할 서류는 아래와 같으며 상시 영유아 20명 이하인 어린이집으로서 어린이집의 원장이 보육교사를 겸임하는 어린이집의 경우에는 ① · ③ · ④ · ⑤ · ⑥ · ⑧ · ⑨ · ⑪ 및 ⑫ 외의 장부 및 서류를 비치하지 않을 수 있다고 규정하고 있다(보건복지부, 2023).

① 재산목록과 그 소유를 증명하는 서류(임차인 경우에는 임대차계약서)

② 어린이집 운영일지 및 보육통합정보시스템의 전자출석부

③ 보육교직원의 인사기록카드(채용구비서류, 이력서 및 사진을 포함함)

④ 예산서 및 결산서

⑤ 총계정원장 및 수입 · 지출 보조부

⑥ 금전 및 물품출납부와 그 증명서류

⑦ 소속 법인의 정관 및 관계 서류

⑧ 어린이집 이용신청자 명부

⑨ 생활기록부, 영유아보육일지

⑩ 보육교직원의 인사 · 복무 및 어린이집 운영에 관한 규정 등

⑪ 통합안전점검표

⑫ 영상정보 열람대장

⑬ 그 밖에 어린이집 운영에 필요한 서류

(2) 문서작성과 등록

문서작성은 어법을 준수하여 이해하기 쉬운 용어를 사용해야 한다. 문서의 내용은 간결하고 명확하며 약어와 전문어와 같은 용어의 사용은 피해야 한다. 숫자는 아라비아 숫자로 쓰며 날짜는 숫자로 표기하되 연, 월, 일의 글자는 생략하고 그 자리에 온점을 찍어 표시한다(예: 2022.1.25.). 시간은 시, 분의 글자는 생략하고 그 사이에 쌍점(:)을 찍어 구분한다(예: 11:36). 문서의 요지는 특별한 경우를 제외하고는 기본적으로 A4 용지(210×297mm)가 널리 통용된다.

문서등록은 작성된 문자를 결재권자의 결재를 한 후 결재일자순에 따라 문서등록 대장에 등록 · 관리하여야 한다. 기관의 내부결재 문서인 경우에는 문서 등록 대장의 수신처 란에 '내부결재'라고 표시한다. 문서등록 대장의 예시는 다음과 같다.

표 6-8 문서등록 대장

등록 번호	결재 일자	분류 번호	제목	시행				비고
				일자	수신처	방법	확인	

출처: 홍길회 외(2020). 유아교육기관 운영관리. p. 219.

(3) 어린이집 문서보관 연한

어린이집에는 「영유아보육법 시행규칙」 제23조 별표 8에 의한 장부 등을 비치해야 하며 어린이집 문서의 보존 연한은 아래와 같다.

표 6-9 어린이집 문서의 보존 연한

구 분	보존기간
• 기관 및 단체의 신분, 재산, 권리, 의무를 증빙하는 서류 – 인사기록카드, 보육교직원관리대장 등	준영구
• 공사 관련 장부 및 증빙서류	10년
• 회계 관련 장부 및 증빙서류 – 현금출납부, 총계정원장, 재산대장, 비품관리대장 – 과목전용조서, 수입 · 지출 원인행위 위임에 관한 위임장 – 보육료대장, 봉급대장 – 수입과 지출에 따른 증빙서류 등 • 영유아 생활기록부 • 출석 인정 특례에 해당하는 결석 사유를 증빙할 수 있는 서류	5년
• 기타 어린이집 운영에 관한 서류 – 어린이집 운영일지 – 어린이집 이용신청자명부 및 이용아동연명부 – 연간 · 월간 · 주간보육계획안, 보육일지 등	3년
• 기타 업무연락, 통보, 조회 등과 관련된 기록물	1년

출처: 보건복지부(2023). 2023년 보육사업 안내. p. 83.

4) 재정관리

어린이집을 운영하기 위해서는 투명하고 합리적인 재정관리가 이루어져야 한다. 어린이집의 재무회계는 '사회복지법인 및 사회복지시설 재무 · 회계규칙'에 따라 실시해야 하며, 주요 항목별 기준 등을 준수하도록 노력해야 한다. 어린이집의 모든 수입 · 지출만 관리는 별도 어린이집 명의로 된 통장을 1개를 개설하여 운영 관리하여야 한다.

모든 수입과 지출 행위 시에는 수입 · 지출 결의를 한 후 현금출납부, 총계정원장에 기록하고 청구서, 영수증, 지급내역서 등 관련 근거 서류를 반드시 첨부해야 한다. 어린이집을 운영하면서 생기는 보육료 수입 잉여금은 보육교직원 보수 상향 지급, 보육교직원 성과급 지급, 교재교구 구입, 어린이집 환경개선에 균형 있게 사용할 수 있다.

어린이집은 매월 보조금 신청 시 보육통합정보시스템에서 정한 형태와 내용에 따라 재무회계 관련 자료를 전송 또는 입력하여야 한다. 어린이집의 지출은 어린이집 전용 체크(신용)카드, 계좌입금으로 하고, 지출할 때에는 세금계산서, 카드결제영수증, 현금영수증(현금결제) 등 관련 서류를 첨부한다.

부모로부터 수납은 보육료 이외의 것은 원칙적으로 금하고 있다. 다만 입소료, 현장학습비 등 불가피한 필요경비는 당해 시 · 도지사가 정한 수납한도액의 범위 내에서 수납이 가능하다. 1월 말 결정된 보육료 수납액은 3월부터 다음 해 2월까지 적용되며 결정된 수납액은 3월 이후 연도 중 변경이 불가하다. 아이행복카드와 국민행복카드의 통합사업으로 2021년 3월부터 국민행복카드로 보육료 지원이 가능하다.

표 6-10 재무회계 절차 총괄표

	예산편성	예산집행	결 산
원칙	• 모든 세입과 세출은 예산에 포함	• 예산의 목적 외 사용금지/예산의 전용 • 수입 · 지출의 관리는 예금통장에 의해 행한다.	• 세출예산의 이월
관련 서류	• 사업계획서 • 세입세출 예산서 • 준예산 • 추가경정예산	〈장부〉 • 현금출납부 • 총계정원장 • 봉급대장 • 보육료대장 • 비품관리대장 〈증빙서류〉 • 계좌입금증빙서류 • 수입 · 지출결의서 • 반납결의서 • 과목전용조서 • 예비비 사용조서 • 정부보조금 명세서	• 세입세출 · 결산총괄 설명 • 세입 · 세출결산서 • 연도말 잔액증명 • 퇴직적립금 통장사본 & 잔액증명서
과정	• 예산편성지침(2개월 전) • 예산안 제출(개시 5일 전)	• 수입 · 지출 사무의 관리책임자 선정	• 제출(다음 연도 5월 31일까지)

출처: 보건복지부(2023). 2023년 보육사업안내. p. 86.

(1) 보육료

정부에서 지원하는 보육료는 어린이집을 지원하는 기관보육료와 부모가 부담하는 보육료를 지원하는 부모보육료가 있다. 부모보육료는 결재권자인 부모가 국민행복카드로 결제하면 해당 어린이집으로 입금된다. 2023년 보육사업에서는 0~2세반 보육료를 부모보육료 3%, 기관보육료 5%를 인상하였다. 장애아보육료도 부모보육료, 기관보육료를 각각 5% 인상하였다. 3~5세의 보육료는 전년도와 동일하다.

표 6-11 2023년 보육료 지원 단가 (월 기준, 단위: 원)

구분	만 0세반	만 1세반	만 2세반	만 3~5세반	만 3~5세반	장애아
적용 시기	('23.1.1~)	('23.1.1~)	('23.1.1~)	('23.1.1~2.28.)	('23.3.1~)	('23.1.1~)
계	1,113,000	778,000	596,000	280,000	280,000	1,212,000
부모보육료	514,000	452,000	375,000	280,000	280,000	559,000
기관보육료	599,000	326,000	221,000	–	–	653,000

출처: 보건복지부(2023). 2023년 보육사업안내. p. 324.

(2) 인건비 지원

① 국공립, 사회복지법인, 법인 · 단체 등, 영아전담 · 장애아전문 어린이집 등 정부 인건비 지원어린이집(이하 '인건비 지원 어린이집')을 운영하는 자는 '2023년 보육교직원 인건비 지원기준'에 따라 교직원 인건비를 지원받을 수 있다.

② 인건비 지원 어린이집을 운영하는 자는 관계법령이 정하는 바에 따라 국민연금, 국민건강보험(노인장기요양보험 포함), 산업재해보험, 고용보험에 가입하고 보험료를 납부해야 하며 퇴직급여 제도를 설정하여 운영해야 한다. 단, 기관보육료 지원 어린이집 중 장애아통합 교사 인건비, 야간연장 교사 인건비, 대체교사 인건비 등을 지원받는 시설은 인건비 지원 어린이집이 아니다.

③ 국공립 · 법인어린이집은 소요 현원(정원 이내)에 대한 월 지급액의 일부를 지원한다. 영아반 교사는 인건비의 80% 지원, 유아반 교사는 인건비의 30%를 지원받는다.

- 0세반: 아동 3명을 기준으로 재원아동이 최소 2명 이상인 반의 교사 인건비 지원
- 1세반: 아동 5명을 기준으로 재원아동이 최소 3명 이상인 반의 교사 인건비 지원
- 2세반: 아동 7명을 기준으로 재원아동이 최소 4명 이상인 반의 교사 인건비 지원
- 3세반: 아동 15명을 기준으로 재원아동이 최소 8명 이상인 반의 교사 인건비 지원
- 4세 이상반: 아동 20명을 기준으로 재원아동이 최소 11명 이상인 반의 교사 인건비 지원

표 6-12 국고 지원 인건비 지원금 산출 방법

산출식: 인건비 지급액의 80% 또는 30% [월지급액 + 4대보험료*사업자부담분 + 퇴직적립금(월지급액/12)] × 정부지원비율(80% 또는 30%) + (특수교사 등 수당 300,000원) * 국민연금, 국민건강보험(노인장기요양보험 포함), 고용보험, 산재보험 ※ 특수교사수당은 특수교사 수당 지원대상에 한함

출처: 보건복지부(2023). 2023년 보육사업안내. p. 385.

④ 기존 인건비 지원 대상자의 출산휴가 및 육아기 근로시간 단축 사용으로 인해 대체교직원 채용시 기존 대상자의 호봉을 기준으로 해당 어린이집에 인건비를 지원한다. 조리원(조리사)은 별도 채용한 경우에만 월 지급액의 100%를 1명에 한하여 지원한다.

(3) 교재교구비 지원

2022년 12월 말 현재 설치 · 운영 중인 어린이집 중 지원 시점 현재 평가인증이 유효하거나 평가제 평가등급이 B등급 이상인 어린이집에 교재교구비를 연간 평균 100만 원 지원한다.

지자체는 예산 범위, 지원 시점의 어린이집 평가 결과, 우선 지원 기준 및 지역 실정 등을 감안하여 지원액 등 지원기준을 마련하여 지원한다.

구입대상품목으로는 영유아 보육(쌓기놀이, 역할놀이, 미술, 언어, 수과학, 음률, 신체, 감각 · 탐색활동 등)에 필요한 교재 · 교구를 구입할 수 있다.

5) 운영위원회

어린이집의 원장은 어린이집 운영의 자율성과 투명성을 높이고 지역 사회와의 연계를 강화하여 지역 실정과 특성에 맞는 보육을 실시할 수 있도록 하기 위하여 협동어린이집을 제외한 모든 어린이집에서는 어린이집 운영위원회를 설치 · 운영해야 한다(법 제25조, 시행령 제21조의2, 시행규칙 제26조).

어린이집 운영위원회 운영횟수는 분기별 1회 이상이며, 분기는 어린이집 회계연도 기준으로 구분하며, 1분기 정기 운영위원회는 반드시 3월에 실시해야 한다.

어린이집 운영위원회는 당해 어린이집의 장, 보육교사 대표, 학부모 대표 및 지역 사회 인사(직장어린이집의 경우에는 당해 직장의 어린이집 업무담당자)를 포함하여 어린이집 규모에 따라 5인 이상 15인 이내로 구성하여야 한다. 학부모 대표는 최대한 영유아 연령을 대표할 수 있도록 구성되어야 하며, 운영위원회 정수의 2분의 1 이상이 되어야 한다.

영유아 수(현원 기준)가 100인 미만 어린이집은 5인 이상 10인 이내, 100인 이상 어린이집은 11인 이상 15인 이내로 구성하며, 20인 이하 소규모 어린이집의 경우 지역 사회 인사는 제외할 수 있다.

어린이집 운영위원회의 회의는 분기별 1회 이상 개최하고 전체 학부모를 대상으로 공개를 원칙으로 하며, 회의록을 작성 · 보관한다. 어린이집운영위원회는 다음 각 호의 사항을 심의한다.

① 어린이집 운영규정 제 · 개정에 관한 사항
② 어린이집의 예산 및 결산의 보고에 관한 사항
③ 영유아의 건강 · 영양, 안전 및 학대예방에 관한 사항
※ 급식 위탁업체 선정, 관리현황(식재료 조달, 식중독 예방조치 등) 확인

④ 보육시간 · 보육과정의 운영방법 등 어린이집의 운영에 관한 사항
⑤ 보육교직원의 근무환경 개선에 관한 사항
⑥ 영유아의 보육환경 개선에 관한 사항
⑦ 어린이집과 지역 사회의 협력에 관한 사항
⑧ 보육교사의 권익 보호에 관한 사항
⑨ 보육료 외의 필요경비를 받는 경우, 「영유아보육법」 제38조에 따른 범위에서 그 수납액 결정에 관한 사항
⑩ 그 밖에 부모모니터링단의 모니터링 결과 등 어린이집 운영에 대한 제안 및 건의사항

표 6-13 2023년 보육사업안내 지침 개정 사항

1. 보육교사 근무여건 개선

① 보육교사의 보수교육 참여나 질병 등 보육업무에 공백이 발생하는 경우 지원되는 대체교사의 지원범위와 기간을 확대
- 대체교사가 지원되는 긴급한 사유에 '보육교사의 퇴직'을 추가하여 연간 최대 5일간 대체교사가 보육교사의 업무를 대신할 수 있도록 지원
- 보육교사의 연가 사용에 대한 대체교사 지원도 연간 10일에서 15일로 확대

② 보육교직원 권익 보호를 위한 장치 마련
- 지자체별로 "보육교직원 권익 보호를 위한 조례" 제정 권고

2. 어린이집 운영 기준 자율성 확대

① 어린이집 필요경비 중 행사비 수납기준 개선
- 어린이집 운영위원회에서 연 12개 이내의 범위에서 행사 항목을 자율적으로 정할 수 있도록 개정

② 어린이집 특별활동에 대한 수납한도액 설정 기준 유연화
- 시·도지사가 영유아의 성장발달 단계에 따른 다양한 특별활동 수요와 연령, 어린이집 종류 등을 고려하여 수납한도액을 달리 정할 수 있음을 명시하여 지역 특성에 맞게 특별활동 운영

③ 연령혼합 반편성 기준 조정
- 혼합반 편성시 학부모 의견수렴을 거치도록 하고, 현행 기관보육료 지원시설(민간, 가정)에만 허용한 만 2세반과 만 3세반 아동의 혼합 보육을 모든 어린이집으로 확대하여 보육공백 방지

3. 어린이집 보육료 인상 및 보조금 지원기준 개선

① 보육서비스 질 제고를 위해 보육료 지원금액 인상
- 0~2세반 보육료 부모보육료 3%, 기관보육료 5% 인상
- 장애아보육료 부모보육료와 기관보육료 각각 5% 인상

② 조리원 지원기준 개선
- 조리원은 어린이집 운영 필수인력이므로, 평가결과와 관계없이 개원 익월부터 인건비 지원
- 조리원 인건비 만 65세 지원: (현행) 농어촌 어린이집→(개정) 채용 응시자가 없는 경우 모든 어린이집

③ 시간제보육 운영기관 보조금 지원기준 완화
- 이용건수 30건 이상, 이용 아동 수 4명 이상, 이용시간 80시간 이상의 '세 가지 조건 모두를 충족해야 인건비와 운영비를 지원'하는 것에서 '세 가지 중 두 가지 이상 충족한 경우' 인건비와 운영비를 지원

출처: 보건복지부(2022.12.29.). 2023년도 [보육사업안내] 지침 개정. 보건복지부 보도참고자료.

생각 나누기

1. 어린이집 주변의 인근 놀이터(아파트 내 등)를 활용할 때 주의할 사항에 대해 생각해봅시다.

2. 어린이집 운영위원회의 역할에 대해 현장의 사례를 구체적으로 조사해봅시다.

Chapter 07

보육교직원

1 보육교직원의 역할과 전문성

1) 보육교직원의 역할

(1) 원장의 역할

어린이집 원장은 어린이집의 운영을 위한 보육철학 및 보육목표를 수립하고 이를 달성하기 위한 보육과정관리, 인사관리, 재정관리, 서류관리, 시설 및 설비관리 등에 대한 지식과 능력을 갖추고 있어야 한다.

어린이집 원장의 역할을 구체적으로 살펴보면 다음과 같다(박찬옥, 2021).

① 보육과정 관리

어린이집의 보육철학 및 보육이념에 부합하는 보육프로그램을 구성하며 보육프로그램의 내용과 교수·학습방법·평가를 교사들과 협의하며 지속적으로 관리해야 한다.

② 인사관리

어린이집의 업무를 잘 수행할 수 있는 유능한 보육교직원의 발굴 및 확보를 해야 하며, 교사가 보육의 업무를 잘 수행할 수 있도록 분위기를 조성하고 격려해야 한다. 또한 교사의 전문성 향상을 위해 보수교육의 참여나 자체적인 학습공동체를 운영할 수 있도록 지원해야 한다.

③ 재정관리

원장은 어린이집 운영을 위한 재정의 편성이나 조달관리를 잘 수행해야 한다. 즉 원장은 재정관리의 총 책임자로 예산을 편성하고 집행하고 재정과 관련된 모든 사항을 바람직하게 수행해야 한다.

④ 서류관리

어린이집 원장은 각종 서류를 보관하며 정기적으로 관리해야 한다. 특히 보육교직원과 영유아와 관련된 신상기록부나 건강기록부가 외부에 유출되지 않도록 잘 보관하고 관리해야 한다.

⑤ 시설 및 설비관리

어린이집의 물리적 환경인 놀이 설비나 가구, 교재, 교구, 놀잇감 등의 구입과 관리를 하여야 한다. 영유아의 발달에 적합한 것을 구입하고 위생적이고 안전하게 관리되고 있는지 살펴보아야 한다.

⑥ 부모 및 지역 사회와의 교류자 역할

어린이집 원장은 부모와 원활한 의사소통을 해야 하며 부모와 신뢰감을 형성할 수 있도록 노력해야 한다. 이를 위해 부모교육이나 부모참여 등을 통해 어린이집의 보육과정을 공유한다. 대외적인 활동으로 지역 사회와의 교류와 협력을 모색하면서 지역 사회 자원을 활용하며 영유아를 위한 전문적인 기관 등과의 협력을 도모해야 한다.

(2) 보육교사의 역할

영유아가 어린이집에 머무는 시간이 점점 늘어나면서 보육교사의 역할은 더욱 중요하게 되었다. 보육교사의 역할은 매우 다양하지만 크게 영유아에게 돌봄을 제공하는 양육자의 역할과 교육자로서의 역할로 구분해 살펴보고자 한다.

① 따뜻한 돌봄을 제공하는 양육자의 역할

• 건강하고 따뜻한 돌봄

보육교사는 부모를 대신하여 돌봄을 제공하는 대리양육자의 역할을 한다. 영유아가 가정과 유사한 편안하고 안정된 분위기를 느낄 수 있도록 교사는 따뜻함으로 돌보아야 한다. 영유아는 교사의 이러한 돌봄을 통해 정서적으로 안정감을 가지게 되며 교육을 받을 수 있는 준비가 된다.

영유아의 건강을 지키기 위해서 교사는 영유아의 충분한 영양 섭취와 휴식 및 수면, 손 씻기와 이 닦기 하는 방법을 알려주고 지도해야 한다. 그리고 영유아에게 안전한 환경을 제공함으로써 다치지 않게 보호해야 한다.

• 친밀한 관계 형성

영아기는 애착이 형성되는 결정적 시기이며 애착은 사회성의 기초가 된다. 영유아가 어린이집에 있는 시간이 증가하면서 보육교사와의 애착과 친밀감 형성은 중요하게 되었다. 따라서 보육교사는 영유아와 친밀한 관계가 형성될 수 있도록 격려하고 일관성 있게 상호작용을 해야 한다. 또한 영유아의 요구를 정확히 파악하여 이에 대해 적절하게 대처하는 것이다. 어린이집의 새로운 환경에서 영유아가 교사에 대해 신뢰감과 친밀한 관계를 형성하게 되면 낯선 상황에 대해 두려움을 덜 가지게 되고, 탐색활동을 보다 적극적으로 하게 된다.

• 모델링

영유아는 모방을 통해서 많은 것을 배우게 된다. 따라서 보육교사는 영유아에게 좋은 본보기가 되어야 한다. 보육교사가 아이들과 생활하며 보여 주는 언어, 생활방식, 감정의 표현 및 문제해결 방식, 가치관 등 모든 행동과 사고는 영유아에게 영향을 미치기 쉽기 때문이다. 이러한 보육교사와의 상호작용을 통해 영유아는 사회적 가치와 규범을 배우게 된다.

② 영유아의 발달을 균형 있게 지원하는 교육자의 역할

• 건강 · 영양 · 안전 지원자의 역할

영유아가 건강하게 성장 · 발달하기 위해서는 충분한 영양섭취와 건강한 생활습관, 안전한 환경을 지원해야 한다. 특히 영아는 아직 발달이 분화되지 않고 통합적으로 이루어지기 때문에 이 시기의 영양 부족은 영아의 신체발달을 지연시킬 뿐만 아니라 인지발달이나 정서발달에도 악영향을 미칠 수 있다. 따라서 보육교사는 규칙적으로 균형 잡힌 영양소를 섭취할 수 있도록 하고 영아의 개별적인 수유 및 수면 등 개인적인 신체리듬을 고려하여 일과를 개별적으로 운영해야 한다.

또한 영유아에게 올바른 식습관, 이 닦기, 손 씻기, 낮잠 자기, 휴식하기 등을 지도하여 건강하고 안전한 생활습관을 형성하도록 한다. 영유아에게 안전한 환경을 제공함으로써 다치지 않게 보호하고 영유아가 안전하게 주변을 탐색함으로써 지적 욕구를 충족할 수 있도록 해야 한다.

• 의사소통 지원자의 역할

영유아기에 가장 큰 발달을 보이는 영역 중 하나가 언어발달이다. 영유아는 2세경이 지나면서 어휘 폭발을 경험하며 자신의 의사를 언어로 표현할 수 있게 된다. 보육교사는 이러한 언어발달의 특징을 이용하여 영아의 발달수준에 맞게 쉬운 언어를 사용하여 상세한 설명을 해줌으로써 영유아가 의사소통의 즐거움을 느낄 수 있게 하여야 한다.

보육교사가 영유아의 의사를 이해하여 의사 대로 행동해 주거나 영유아가 표현하고자 하는 바를 이해했음을 언어로 표현해 줄 때 영유아는 의사표현에 대한 자신감을 얻음과 동시에 타인과의 적절한 상호작용의 기초를 익히게 된다.

이를 바탕으로 자신에 대한 긍정적 감정 및 타인과의 의사소통을 통한 문제해결방식을 연습할 수 있다. 영유아가 언어적 상호작용의 즐거움과 편리함을 인식함으로써 언어발달이 촉진되도록 하는 것이 보육교사의 역할이다(홍길회 외, 2022).

• 보육과정의 계획 및 운영역할

보육교사는 영유아의 발달수준 및 특성을 고려하여 적합한 교육활동 및 교육과정을 계획하고 운영해야 한다. 영유아는 동일연령이라도 개인차가 있으며 교육활동 가운데도 돌발상황이 발생할 수 있으므로 이에 대한 고려와 준비가 필요하다. 보육교사는 국가수준의 보육과정을 자신의 어린이집 상황에 맞게 적용하여 운영하되 영유아게 의미 있는 방법과 내용으로 계획하고 운영해야 한다.

• 평가자의 역할

보육교사는 보육과정을 계획하고 운영하는 가운에 이와 관련해 영유아를 관찰하고 평가하는 역할을 해야 한다. 이러한 역할을 통해 자신이 수행하는 교육활동의 효과를 평가하고, 영유아의 발달수준 변화를 가늠할 수 있다.

보육교사는 영유아에 대한 평가 과정을 통해 교육활동의 효과 및 부족한 점을 파악하고 개선할 수 있다. 또한 교사의 평가결과는 동료교사 및 자기 스스로의 교육활동 평가 시 유용한 자료로 활용될 수 있으며 부모의 자녀에 대한 이해를 돕는 자료로도 활용할 수 있다.

• 중재자의 역할

영유아는 인지적으로나 사회적으로 아직 발달이 미숙하기 때문에 상호작용에서 갈등이 많이 발생한다. 보육교사는 다양한 갈등 상황에서 영유아가 스스로 문제를 해결해 나갈 수 있도록 돕는 역할을 수행해야 한다.

어린 영아들에게는 보육교사가 문제해결 상황에 적극적으로 개입하여 문제를 해결해 나가는 것이 필요하며, 유아기에는 보육교사가 직접적인 문제해결책을 제시하기보다 스스로 문제를 해결할 수 있도록 상황을 설명하고 문제해결책을 함께 도출해 낼 수 있도록 유도하는 중재자 역할을 수행해야 한다.

2) 보육교직원의 자질

보육시설장은 보육기관의 최고 운영자로서 기관의 보육 관련 업무를 총괄하고 영유아의 보육은 물론 보육교사, 학부모, 지역 사회 임원 등의 구성원들과 함께 보육기관을 총체적으로 이끌어 가야 하는 책무성과 직무를 가지고 있다. 그러므로 어린이집 원장의 역할과 자질은 영유아보육의 성공적인 결정을 이끌어낼 만큼 중요한 요소라 할 수 있다(김종미, 2018).

(1) 원장의 자질

어린이집 원장의 자질은 영유아 발달에 대한 전문적 지식과 기술뿐 아니라 영유아 보육에 대한 열정과 중요성에 대한 확신, 타인에 대한 이해, 통찰력, 감정이입 능력, 온화함, 겸손함 등의 원만하고 합리적인 개인적 특성과 리더십이 요구된다(천은영 외, 2014).

① 영유아중심의 교육철학과 보육과정의 운영

어린이집 원장은 영유아를 독립된 인격체로 존중하고 보호하며 교육하는 것에 중심을 둔 보육과정을 운영할 수 있어야 한다. 즉 영유아 발달 수준에 적합하며 영유아의 흥미와 관심에 따른 교육과정을 운영하는 것이다. 이러한 보육과정에 운영을 위해서는 영유아의 잠재능력과 가능성을 믿고 신뢰할 수 있는 보육이념을 가지고 있어야 한다.

② 원만한 인간관계 능력

어린이집 원장은 보육교직원과 영유아 부모들과의 원만한 인간관계의 기술을 가지고 있어야 한다. 원장은 최종적인 의사결정과 책임을 잘 감당할 수 있도록 보육교직원과 원만한 인간관계를 도모해야 한다. 원장이 보육교직원들을 격려하고 긍정적인 분위기를 형성하게 되면 보육교직원들은 어린이집 생활에 보람을 느낄 수 있게 된다. 부모와 지역 사회와도 상호협력적인 관계를 유지하여 보육과정 운영이나 결정에 신뢰감을 가지고 자발적으로 참여할 수 있도록 해야 한다.

③ 효율적인 행정능력과 관리능력

어린이집 원장은 어린이집 운영과 관련된 시설 및 설비관리와 인력, 재정, 서류 등의 행정적인 관리에 따른 능력과 기술을 가지고 있어야 한다. 효과적인 어린이집의 운영을 위해서는 이와 관련된 정부의 법과 규정, 지침 등을 충분히 이해하고 숙지하여야 한다. 또한 정부의 재정적인 지원과 정책 변화에 따른 행정적 절차와 규정이 더욱 복잡해지고 있기 때문에 이에 대한 관리능력을 가지고 있어야 한다.

(2) 보육교사의 자질

보육교사는 부모를 대신하여 영유아를 돌보고 교육하는 역할을 하는 사람으로서 보육교사의 자질은 효과적인 보육활동을 하기 위해서는 갖추어야 할 특성이다. 보육교사의 자질은 크게 개인적인 자질과 전문적 자질로 구분할 수 있다.

개인적 자질은 영유아에 대한 사랑 등 영유아교사의 인성적인 면과 관련이 깊은 반면, 전문적 자질은 영유아교사로서 보유하고 있는 전문 지식 및 양육기술, 윤리의식, 교직에 대한 태도 등과 관련된다.

최근에는 사회가 전문화, 분업화되며 교사의 전문적 자질이 더 많이 강조되는 경향이 있으나, 영유아교육은 자연스러운 생활 속에서 체험 위주로 이루어진다는 점에서 교사의 개인적인 자질은 여전히 매우 중요하다. 보육교사의 개인적 자질과 전문적 자질에 대한 내용은 다음과 같다(홍길회 외, 2023).

① 보육교사의 개인적 자질로는 건강, 영유아에 대한 애정, 성숙하고 원만한 인격이다.

• 건강

보육교사는 신체적 · 심리적으로 건강해야 한다. 영유아를 보육하는 일은 기본적으로 상당한 수준의 신체활동을 요구하는 일이다. 여러 가지 영역에서 아직 기술이 부족하고 발달 수준이 미흡한 영유아들을 안전하게 양육하기 위해서는 교사는 건강해야 한다. 하루 일과 가운데 쉴 새 없이 움직이며 탐색하는 에너지가 왕성한 영유아들을 집단으로 보육하는 업무를 하기 위해서는 많은 신체적 에너지가 필요하며 교사는 자신의 건강을 잘 관리해야 한다.

이와 함께 정신적 건강도 영유아교사의 중요한 자질이다. 교사는 영유아에게 매우 의미 있는 타인으로서 영유아에게 모델의 역할을 한다. 이는 정서적 표현 방법이나 심리상태가 드러나는 표정 및 행동 등에서도 마찬가지이다. 정신적으로 건강하지 못한 교사는 영유아의 발달에 악영향을 미칠 수밖에 없다. 따라서 교사는 밝고 건강한 정신 상태를 유지해야 하고 불안, 우울 성향이 있으면 안 되며, 자기통제력을 잘 조절하여 영유아를 상대로 자기조절을 하지 못하는 불상사가 일어나지 않도록 해야 한다.

• 영유아에 대한 애정

보육은 많은 애정과 돌봄을 요하는 특성을 가진 영유아를 대상으로 하는 업무이기 때문에 기본적으로 영유아에 대한 애정과 수용이 있어야 한다. 자기통제력이 약하며 타인의 감정을 알고 수용하는 데 미흡한 영유아를 상대하기 위해서는 무엇보다 영유아에 대한 애정과 그들을 품어줄 수 있는 포용력이 필수적인 자질이 된다.

이는 영유아교사의 직무만족도에 영향을 미칠 뿐만 아니라 상호작용을 통한 영유아와의 관계 형성을 통해 영유아의 발달에 긍정적인 영향을 미치는 중요한 요소이다.

• 성숙하고 원만한 인격

보육교사는 영유아뿐만 아닐 부모, 가족, 동료들과 관계를 맺으며 생활하기 때문에 성숙하고 원만한 인격을 지니고 있어야 한다. 교사의 원만한 대인관계는 어린이집의 긍정적인 분위기를 형성하고 보육의 효과를 나타내게 한다. 따라서 교사가 영유아나 부모, 동료와 원만한 관계를 유지하기 위해서는 다른 사람의 말을 잘 경청하고 공감하는 자세와 자신의 의견을 잘 전달할 수 있는 능력이 있어야 한다.

② 보육교사의 전문적 자질로는 영유아발달 관련 지식, 양육과 교육기술, 영유아교사로서의 윤리의식이 있다.

• 영유아발달 관련 지식

보육교사는 영유아발달과 관련된 전문적인 지식을 가지고 있어야 한다. 영유아기는 발달의 속도가 빠르고 연령에 따라 발달 수준이 질적으로 큰 차이를 보이기 때문에 영유아발달을 잘 이해해야 적절한 교수활동도 행할 수 있다. 영유아 발달에 '결정적 시기'를 고려할 때 영유아는 결정적 시기에 따라 특정 영역에서 발달해야 하는 부분이 있으며 이러한 관련 지식을 교사가 갖추고 있어야 최적의 영유아 발달을 이끌어낼 수 있는 것이다. 따라서 교사는 영유아의 발달에 관한 전문적 지식을 잘 알고 있어야 한다.

• 양육과 교육기술

보육교사는 영유아들을 잘 돌보기 위해서 이를 위한 양육과 교육의 기술을 가지고 있어야 한다. 즉 영아에게 수유를 하고, 적절한 자세로 안아주고 정서적인 안정감을 줄 수 있는 양육기술, 교육활동 시 영유아의 수준과 발달에 적합한 활동으로 이끌어낼 수 있는 교수법과 관련된 기술 등이다. 또한 영유아의 발달수준이나 교육목표에 적합한 교구를 제작할 수 있는 다양한 능력을 필요로 한다. 이러한 기술과 능력은 보육교사의 꾸준한 연구와 습득으로 획득할 수 있다.

• 영유아교사로서의 윤리의식

최근 들어 영유아교사의 윤리의식이 사회적으로 큰 이슈가 되며, 중요시되고 있다. 미국 NAEYC(National Association for Education of Young Children)는 아동, 가정, 동료 교사 및 기관, 지역 사회와 공동체에 대한 책임의 네 가지 영역으로 나누어 유아를 대상으로 윤리기준 및 실천강령을 제시하여 유아교사의 윤리의식을 강조하였다. 영유아는 발달의 미성숙으로 인해 신체적, 정서적으로 교사, 부모 등 보호자에 대한 의존도가 높고 보호자로부터 받는 영향력이 더 크고 지속적이다. 따라서 영유아교사는 윤리의식을 갖추어 교사에게 요구되는 윤리적 기준들을 지켜나갈 수 있어야 한다.

3) 보육교직원의 윤리

윤리강령은 직무 혹은 우리가 노력해야 할 것에 대한 내용이며, 이는 핵심 가치나 우리가 믿는 것에 토대를 두고 있다. 윤리강령은 고객이나 동료와 상호작용할 때 취해야 할 행동방식에 대해 안내해 주는 가치들을 규명하고, 이를 명료화하는 데 도움을 준다. 이는 특정 직종에서 받아들여질 수 있는 행동의 특징과 도덕적 원칙에 대한 기록이 그 구성원들에게 무엇이 옳고 적합한 행동인지에 관해 명백하게 알려 주기 때문이다(Newman, Coomb, Arefi, Davidson, & Humphries, 1999; 홍길회 외, 2023). 영유아와 함께 생활하는 보육교직원은 자신의 고유 직무에 따른 핵심가치나 사명의식에 입각한 윤리적 책임감을 가지고 있어야 한다.

한국보육진흥원(2022)에서는 영유아의 건강한 성장과 발달을 위해 어린이집에서 영유아 보육 시 지켜야 할 직업윤리와 실천지침을 담은 어린이집 윤리강령을 개발하였다. 어린이집 윤리강령은 보육교직원, 영유아 인권존중 의식 제고 및 직업윤리 등 소양 증진과 권익 존중 문화 조성 도모를 위한 가치를 규명하고 있다. 어린이집 윤리강령은 영유아에 대한 윤리, 동료에 대한 윤리, 가족에 대한 윤리, 나와 사회에 대한 윤리를 제시하고 있으며 내용은 다음과 같다.

(1) 영유아에 대한 윤리

① 영유아를 독립된 인격체로 존중하고 건강하고 행복한 사회 구성원으로 성장하도록 돕는다.

② 영유아를 성별, 종교, 문화, 장애, 가정배경 등에 따라 차별하지 않고 평등하게 대한다.

③ 영유아의 신체적, 심리적 발달에 부정적인 영향을 주는 행위를 하지 않고 안전하게 보호한다.

④ 영유아의 발달 특성을 이해하고 영유아 개인의 흥미와 요구, 의견을 존중한다.

⑤ 놀이가 영유아의 권리임을 인식하고 충분히 놀이할 수 있도록 지원한다.

⑥ 영유아가 학대나 방임에 노출되어 있는지 민감하게 관찰하고 필요한 조치를 한다.

⑦ 특별한 보호와 지원이 필요한 영유아에게 관심을 가지고 적절한 서비스를 받도록 한다.

⑧ 영유아의 사생활을 존중하고, 개인정보에 관한 비밀을 보장한다

(2) 동료에 대한 윤리

① 보육교직원

- 서로의 자율성과 다양성을 인정하고 존중과 신뢰를 바탕으로 협력한다.

- 갈등이나 의견 차이를 개방적이고 수용적인 태도로 해결한다.
- 어린이집의 철학과 신념을 공유하여 프로그램을 지속적으로 개선시킨다.
- 서로의 지식과, 경험, 자원을 공유하고 전문성 향상을 위해 노력한다.

② 원장

- 보육교직원의 업무를 명확히 안내하고 업무기준을 준수한다.
- 근로여건을 보장하고 최적의 인적, 물적 업무환경을 조성한다.
- 민주적으로 의견을 개진하고 상호 협력하는 조직문화를 조성한다.
- 원내외 교육, 학습공동체, 코칭 등으로 보육교직원의 전문성 향상을 지원한다.

(3) 가족에 대한 윤리

① 양육의 1차적 책임이 부모에게 있음을 인식하고, 그들과 협력적 관계에서 보육을 수행한다.

② 개별가족의 양육가치와 신념, 가족의 사회문화적 다양성과 고유성을 이해하고 존중한다.

③ 어린이집의 보육철학, 프로그램 특성을 가족과 공유함으로써 보육에 대한 이해를 돕는다.

④ 영유아의 보육경험과 발달 특성, 건강 및 안전 상황에 관한 정보를 가족과 공유한다.

⑤ 어린이집을 가족에게 개방하고, 보육에 대한 가족의 참여를 보장한다.

⑥ 가족의 사생활과 비밀보장에 대한 권리를 존중

(4) 나와 사회에 대한 윤리

① 보육의 사회적 책임을 인식하고 질 높은 보육을 제공한다.

② 영유아와 보육교직원의 권익을 위한 제도의 수립과 개선에 적극 참여한다.
③ 아동친화적인 양육환경 조성을 위해 지역 사회 관련 기관들과 협력한다.
④ 보육교직원으로서 사명감을 갖고 사회적 위상을 높이기 위해 노력한다.

4) 보육교직원의 전문성

보육교사의 전문성은 교사가 갖추어야 할 능력이며 이를 위해서는 자기계발과 전문성을 키울 수 있는 교육이 필요하다. 전문성은 사고와 행동을 이끄는 윤리관, 가치, 의무, 책임 등에 대한 본질적인 규정을 의미한다. 영유아교사에게 전문성은 누군가 그들을 감시하거나 평가하지 않더라도 교사 스스로가 보다 유능해지기 위해 그리고 영유아들을 잘 가르치기 위해 노력하도록 만드는 중요한 기준이다(Jalongo & Isenberg, 2004; 홍길회 외, 2022).

보육교사의 전문성 교육으로는 국가에서 보육교사의 자질을 향상하기 위한 보수교육과 교사들이 자율적으로 행하는 교내연수나 교사학습공동체 운영 등이 있다.

(1) 보수교육

보수교육은 보육교직원의 자질향상을 위해 실시하는 교육으로서, 보육에 필요한 지식과 능력을 유지 · 개발하기 위하여 보육교직원이 정기적으로 받는 직무교육과 보육교사가 상위 등급의 자격(3급→2급, 2급→1급)을 취득하기 위해 받아야 하는 승급교육 및 어린이집 원장의 자격을 갖추기 위하여 받아야 하는 사전직무교육을 말한다(보건복지부, 2022).

보수교육의 종류로는 어린이집 원장과 교사를 대상으로 일반직무교육과 특별직무교육이 있으며 어린이집 원장의 사전직무교육과 보육교사의 승급교육이 있다. 보수교육의 이수기준은 해당 교육시간을 모두 출석한 경우에만 이수한 것으로 인정한다.

보수교육시간은 직무교육은 40시간이고 승급교육은 80시간이며, 승급교육대상자는 평가시험에서 80점 이상을 취득하여야 한다. 보수교육을 연속하여 3회 이상 받지 아니하는 경우에는 어린이집 원장 또는 보육교사 자격이 정지될 수 있으므로 보수교육 대상자는 필히 보수교육을 이수해야 한다.

장기 미종사자 교육 대상자는 반드시 다시 보육업무를 수행하기 이전(채용 이전)까지 교육을 받아야 한다. 보수교육의 교육구분별 보수교육과정은 다음 표 7-1과 같다.

표 7-1 보육교사의 보수교육과정

교육 구분			교 육 대 상	교육시간	비 고
직무교육	일반직무교육	보육교사	현직에 종사하고 있는 보육교사로서 보육업무 경력이 만 2년을 경과한 자와 보육교사 직무교육(승급교육 포함)을 받은 해부터 만 2년이 경과한 자	40시간	매 3년마다
		원장	어린이집 원장의 직무를 담당한 때부터 만 2년이 지난 경우	40시간	매 3년마다
		장기 미종사자	만 2년 이상 보육업무를 수행하지 아니하다가 다시 보육업무를 수행하고자 하는 보육교사 또는 원장 자격 취득자	40시간	이수하고자 하는 자
	특별직무교육	영아보육	영아보육을 담당하고 있는 일반직무교육 대상자와 영아보육을 담당하고자 하는 보육교사 및 어린이집 원장	40시간	이수하고자 하는 자
		장애아보육	장애아보육을 담당하고 있는 일반직무교육 대상자와 장애아보육을 담당하고자 하는 보육교사 및 어린이집 원장	40시간	이수하고자 하는 자
		방과후보육	방과후보육을 담당하고 있는 일반직무교육 대상자와 방과후 보육을 담당하고자 하는 보육교사 및 어린이집 원장	40시간	이수하고자 하는 자

교육 구분		교 육 대 상	교육시간	비 고
승급 교육	2급 승급 교육	보육교사 3급의 자격을 취득한 후 보육업무 경력이 만 1년이 경과한 자	80시간	이수하고자 하는 자
	1급 승급 교육	보육교사 2급의 자격을 취득한 후 보육업무 경력이 만 2년이 경과한 자 및 보육교사 2급의 자격을 취득한 후 보육 관련 대학원에서 석사학위를 취득한 경우 보육업무 경력이 만 6개월이 경과한 자	80시간	이수하고자 하는 자
원장 사전 직무 교육	–	「영유아보육법」 시행령 [별표1] 제1호의 가목부터 라목(일반, 가정, 영아전담, 장애아전담 어린이집 원장)까지 어느 하나의 자격을 취득하고자 하는 자	80시간	이수하고자 하는 자

출처: 보건복지부(2023). 2023년 보육사업 안내. p. 228.

(2) 교사학습공동체 운영

어린이집에서는 교사들이 전문가로서의 능력을 향상시키기 위해 자율적으로 영유아의 문제 행동이나 교육과정 등을 서로 의논하고 배우는 전문적인 학습공동체를 운영하고 있다. 이와 같은 교사학습공동체를 운영하기 위해서는 교사들이 서로 협력하고 소통하는 태도가 필요하다.

교사학습공동체는 교사들의 상호 신뢰를 바탕으로 서로의 지식, 경험, 실천 등을 공유하며, 교사들의 실천을 비판적으로 반성하고 개선하며 협력적으로 학습하며, 학생들의 학습증진을 위해 협력적으로 실천하는 집단이다(정보람, 2015; 한성심 외, 2022 재인용).

2 보육교직원의 자격

1) 보육교직원의 유형 및 자격기준

원장과 보육교사의 자격기준은 「영유아보육법」 제21조 관련 「영유아보육법 시행령」 [별표1]에 근거하여 다음과 같다(보건복지부, 2023 보육사업안내).

(1) 원장의 자격기준

어린이집 원장은 해당 국가자격증을 취득한 자이며 시설에 따른 자격기준은 다음과 같다.

① 일반기준

- 보육교사 1급 자격을 취득한 후 3년 이상의 보육 등 아동복지업무 경력이 있는 사람
- 「유아교육법」에 따른 유치원 정교사 1급 자격 또는 같은 법에 따른 특수학교(유치원 과정을 말한다)의 정교사 자격을 취득한 후 3년 이상의 보육 등 아동복지업무 경력이 있는 사람
- 유치원 원장의 자격을 가진 사람
- 「초 · 중등교육법」에 따른 초등학교 정교사 자격 또는 같은 법에 따른 특수학교(초등학교 과정을 말한다)의 정교사 자격을 취득한 후 5년 이상의 보육 등 아동복지업무 경력이 있는 사람
- 「사회복지사업법」에 따른 사회복지사 1급 자격을 취득한 후 5년 이상의 보육 등 아동복지 업무 경력이 있는 사람
- 「의료법」에 따른 간호사 면허를 취득한 후 7년 이상의 보육 등 아동복지

업무 경력이 있는 사람

- 국가 또는 지방자치단체에서 7급 이상의 공무원으로 보육 등 아동복지업무에 5년 이상 근무한 경력이 있는 사람

② 가정보육시설

- 일반기준에서 정한 자격을 갖춘 사람
- 보육교사 1급 이상 자격을 취득한 후 1년 이상의 보육업무 경력이 있는 사람

③ 영아전담보육시설

- 일반기준에서 정한 자격을 갖춘 사람
- 간호사 면허를 취득한 후 5년 이상의 아동간호업무 경력이 있는 사람

④ 장애전담보육시설

- 일반기준에서 정한 자격을 갖춘 사람으로서 다음의 어느 하나에 해당하는 사람
  - 대학(전문대학을 포함)에서 장애인복지 및 재활 관련 학과를 전공한 사람
  - 장애영유아 어린이집에서 2년 이상의 보육업무 경력이 있는 사람

⑤ 대학 또는 보육교사 교육원 부설 보육시설

- 일반기준에서 정한 자격을 갖춘 사람
- 어린이집을 운영하는 대학의 조교수 또는 교육훈련시설의 전임교수 이상으로서 보육 관련 교과목에 대하여 3년 이상의 교육경력이 있는 사람

(2) 보육교사의 자격기준

① 보육교사 1급

- 보육교사 2급 자격을 취득한 후 3년 이상의 보육업무 경력이 있는 사람으로서 보건복지부 장관이 정하는 승급교육을 받은 사람
- 보육교사 2급 자격을 취득한 후 보육 관련 대학원에서 석사학위 이상을 취득하고 1년 이상의 보육업무 경력이 있는 사람으로서 보건복지부장관이 정하는 승급교육을 받은 사람

② 보육교사 2급

- 전문대학 또는 이와 같은 수준 이상의 학교에서 보건복지부령으로 정하는 보육 관련 교과목 및 학점을 이수하고 졸업한 사람
- 보육교사 3급 자격을 취득한 후 2년 이상의 보육업무 경력이 있는 사람으로서 보건복지부 장관이 정하는 승급교육을 받은 사람

③ 보육교사 3급

- 고등학교 또는 이와 같은 수준 이상의 학교를 졸업한 사람으로서 보건복지부령으로 정하는 교육훈련시설에서 정해진 교육과정을 수료한 사람

(3) 장애영유아를 위한 보육교사 자격요건

장애영유아를 위한 보육교사는 「장애아동복지지원법」 시행령 제5조 제2항 및 같은 법 시행규칙 제12조[별표3]에 의한 자격기준을 갖추어야 근무할 수 있다.

- 「영유아보육법」 제21조 제3항에 따른 보육교사 2급 이상의 자격증을 소지한 사람
- 보건복지부령으로 정하는 특수교육 또는 재활 관련 교과목 및 학점을 「고등교육법」 제2조에 따른 학교에서 이수하거나 「학점인정 등에 관한 법률」 제7조에 따라 인정받은 사람

2) 보육교직원의 배치기준

어린이집의 보육교직원은 원장, 보육교사, 영양사, 간호사, 조리원이 있으며 영유아보육법 제17조 및 시행규칙 제10조 [별표1]에 배치기준은 근거하여 채용할 수 있다. 보육교직원의 배치의 일반기준은 다음과 같다.

표 7-2 보육교직원의 배치기준

구 분	배 치 기 준
원 장	• 어린이집별 1인 • 영유아 20인 이하를 보육하는 어린이집은 어린이집의 원장이 보육교사를 겸임할 수 있음
보육교사	• 만 1세 미만 영아 : 3인당 1인 • 만 1세 이상 만 2세 미만 영아 : 5인당 1인 • 만 2세 이상 만 3세 미만 영아 : 7인당 1인 • 만 3세 이상 만 4세 미만 유아 : 15인당 1인 • 만 4세 이상 미취학 유아 : 유아 20인당 1인 ※ 유아 40인당 1인은 보육교사 1급 자격자여야 함 • 취학아동 20인당 1인 • 장애아: 3인당 1인 ※ 장애아 9인당 보육교사 1인은 특수교사 자격소지자여야 함 • 연장반 만 3세 미만 영아 : 5인당 1인 • 연장반 만 3세 이상 유아 : 15인당 1인 ※ 연장반의 만 1세 미만 및 장애아 : 3인당 1인
간호사	• 영유아 100인 이상을 보육하는 어린이집
영양사	• 영유아 100인 이상을 보육하는 어린이집
조리원	• 영유아 40인 이상을 보육하는 어린이집

출처: 보건복지부(2023). 2023년 보육사업 안내. p. 206.

조리원은 영유아 40인 이상 80인 이하를 보육하는 어린이집의 경우 1인을 두며, 영유아 매 80인을 초과할 때마다 1인씩 증원하여 배치한다. 원장은 어린이집의 규모와 특성에 따라 의사, 사회복지사, 사무원, 관리인, 위생원, 운전기사, 치료사 등의 교직원을 둘 수 있으며, 원장이 간호사 또는 영양사 자격이 있는 경우에는 겸직이 가능하며, 원장은 정원을 기준으로 한다.

「영유아보호법」에서의 교사 대 아동비율은 0세 3명, 만 1세 5명, 만 2세 7명, 만 3세 15명, 만 4세 이상은 20명이다. 그러나 특별자치시장 · 특별자치도지사 · 시장 · 군수 · 구청장은 도서 · 벽지 · 농어촌 지역 등에 있는 어린이집으로서 교직원 배치기준 중 교사 1인이 보육할 수 있는 영유아 수를 적용하기 어렵다고 인정하는 경우 지방보육정책위원회의 심의를 거쳐 관할 시 · 도지사의 승인을 얻어 이를 달리 적용할 수 있다(법 제52조 및 시행규칙 제40조).

즉 교사 1인이 보육할 수 있는 영유아 수를 총 정원을 초과하지 않는 범위 내에서 아래의 기준에 따라 달리 적용할 수 있으며 특례가 인정된 경우에는 반별 초과 보육은 불가능하다.

표 7-3 특례인정 범위

구 분		0세	1세	2세	3세	4세 이상
원 칙		3명	5명	7명	15명	20명
특례인정 범위	기본보육	4명 이내	7명 이내	9명 이내	19명 이내	24명 이내
	연장보육	7명 이내 (0세 포함 시 5명 이내)			20명 이내	

출처: 보건복지부(2023). 2023년 보육사업 안내. p. 208.

3) 보육교사 양성과정

어린이집의 보육교사로서 근무하기 위해서는 자격을 갖추기 위한 교육과 훈련인 양성과정이 필요하다. 보육교사는 대학이나 전문대, 보육교사양성원에서 자격에 필요한 소정의 학점을 이수한 후 자격을 취득할 수 있다.

(1) 적용대상

- 「고등교육법」에 의한 전문대학, 대학 등에서 보육 관련 교과목 및 학점을 이

수하고 전문학사학위 이상을 취득한 사람

- 「학점인정 등에 관한 법률」에 따라 학점은행제로 보육 관련 교과목 및 학점을 이수하고 전문학사학위 이상을 취득한 사람
- 다른 법률에서 졸업 시 전문대학 이상의 학력이 인정되는 시설에서 보육 관련 교과목 및 학점을 이수하고 전문학사학위 이상을 취득한 사람

(2) 교과목 및 학점 기준(시행규칙 제12조 제1항 [별표4])(2016.8.1. 시행)

보육교사 2급의 자격을 취득하기 위해서는 시행규칙 제12조 제1항 [별표4]의 규정에 의한 보육 관련 교과목 중 총 17과목 51학점 이상 이수하고 졸업해야 한다. 특히 이수하는 과목 중 대면과목은 과목당 8시간 이상 출석수업 해야 하며 1회 이상 출석시험을 의무화하고 있다. 대학 등에서 이수해야 할 교과목 및 학점과 대면교과목은 다음과 같다.

표 7-4 교육영역별 교과목 및 학점

구 분		교과목	이수과목(학점)
교사 인성 영역	필수 교과목	보육교사(인성)론, 아동권리와 복지	2과목 (6학점)
보육 지식과 기술 영역	필수 교과목	보육학개론, 보육과정, 영유아발달, 영유아교수방법론, 놀이지도, 언어지도, 아동음악(또는 아동동작, 아동미술), 아동수학지도(또는 아동과학지도), 아동안전관리(또는 아동생활지도)	9과목 (27학점)
	선택 교과목	아동건강교육, 영유아 사회정서지도, 아동문학교육, 아동상담론, 장애아 지도, 특수아동 이해, 어린이집 운영관리, 영유아 보육프로그램 개발과 평가, 보육정책론, 정신건강론, 인간행동과 사회환경, 아동간호학, 아동영양학, 부모교육론, 가족복지론, 가족관계론, 지역사회복지론	4과목 (12학점) 이상
보육 실무영역	필수 교과목	아동관찰 및 행동연구, 보육실습	2과목 (6학점)
전체		17과목 51학점 이상	

표 7-5 대면교과목

구 분	교과목
인성 영역	보육교사(인성)론, 아동권리와 복지
보육 지식과 기술 영역	놀이지도, 언어지도, 아동음악(또는 아동동작, 아동미술), 아동수학지도 (또는 아동과학지도), 아동안전관리(또는 아동생활지도)
보육 실무 영역	아동관찰 및 행동연구, 보육실습

(3) 보육실습

보육교사 자격증 취득을 위해서는 보육실습 교과목을 이수하고 어린이집, 「유아교육법」에 따른 교육과정과 방과후 과정을 운영하는 유치원에서 보육실습을 실시해야 한다. 보육교사 자격취득을 위한 보육실습 기준은 아래와 같다.

표 7-6 보육실습 기준

구분	기준
실습기관	• 정원 15명 이상으로 평가인증을 받은 어린이집 • 방과후 과정 운영 유치원으로 등록된 유치원
실습기간	• 6주 240시간(2회에 나누어 실시가능)
실습지도교사	• 보육교사 1급 또는 유치원 정교사 1급 • 실습지도사 1명당 보육실습생 3명 이내 지도
실습인정시간	• 평일(월요일~금요일) 오전 9시~오후 7시 • 실습시간은 하루에 8시간을 초과할 수 없음
실습평가	• 보육실습일지, 실습평가서 작성 • 평가점수 80점 이상
실습관리 시스템을 통한 보육실습 관리	• 2013.3.1. 이후 어린이집에서 보육실습을 이수하는 경우, 어린이집 지원시스템에 보육실습 내용을 등록 · 제출해야 함

3 보육교직원의 권리와 책임

1) 아동의 권리와 존중

보육이란 '영유아를 건강하고 안전하게 보호 · 양육하고 영유아의 발달 특성에 맞는 교육을 제공하는 어린이집 및 가정양육지원에 관한 사회복지서비스'이며 보육교직원은 '영유아의 보육, 건강관리 및 보호자의 상담, 그 밖에 어린이집의 관리 · 운영 등의 업무를 담당하는 자'이다(「영유아보육법」 제2조). 따라서 보육교사는 영유아의 보호 · 양육 · 교육의 권리 실현을 위한 의무와 책임을 담당하는 자이다.

영유아를 포함한 모든 사람은 인간으로 태어났기 때문에 당연히 누려야 할 권리를 가지고 태어난다. 즉 인간이라면 누구나 차별 없이 누려야 할 권리, 즉 인권이 있는 것이다. 그러므로 영유아도 성인과 같은 동등한 권리의 주체이며 존중받아야 한다. 그러나 영유아는 성인에 비하여 제한된 발달수준을 가지고 있어 성인의 도움과 보호를 필요로 한다.

영유아를 어떤 존재로 바라보는지에 대한 인식은 중요하다. 영유아의 취약성을 인정하는 것과 이들을 나약한 존재로 보는 것은 다르며 구분되어야 한다. 따라서 보육교사는 영유아의 취약성을 인정하고 성인과 다르게 보호받아야 하는 존재로 인식하면서도 영유아가 자신과 관련된 문제를 스스로 결정할 수 있는 독립된 인격체임을 이해해야 한다.

즉 인간으로서 존중받고 자율성을 확보하기 위해서는 인권은 누구에게나 똑같이 보장되어야 한다. 교사가 영유아를 보호받는 나약한 존재로만 인식할 때 자신도 모르게 영유아의 권리를 침해하게 된다.

(1) 영유아의 권리

과거 아동은 미성숙과 의존성 등의 이유로 부모나 성인의 입장에서 보호와 통제의 대상이었나 다. 그러나 아동은 단순한 보호의 대상이 아닌 인권을 가진 자유의 주체이며 이러한 아동권리 주체를 인정하고 보장한 것이 유엔아동권리협약이다. 우리나라도 1991년 아동권리협약을 비준한 이후 아동에 대한 개념 및 정책에 대한 인식의 변화를 맞이하였다. 아동의 권리를 보호 · 존중하는 의무이행자인 교사가 자신의 책임을 잘 수행하기 위해서는 먼저 아동의 권리에 대한 이해를 가져야 한다. 유엔아동권리협약은 아동의 기본권리를 생존권, 보호권, 참여권, 발달권의 네 가지 권리로 제시하였으며 이러한 권리는 서로 독립적이지 않으며 상호 연결성을 갖는다.

유엔아동권리협약에서 제시한 네 가지 권리의 내용은 표 7-7과 같다.

표 7-7 아동권리협약의 권리 영역

권리영역	조항	내용
생존권	적절한 생활 수준, 안전한 주거지, 충분한 영양섭취와 의료서비스	아동이 생명을 유지하고 기본적인 삶을 누리는 데 필요한 권리
보호권	모든 형태의 폭력, 차별, 과도한 노동, 부당한 대우, 약물, 유해환경으로부터 보호	모든 형태의 차별, 학대, 방임, 폭력, 고문, 징집, 부당한 형사처벌, 과도한 노동, 약품과 성폭력으로부터 보호받을 권리
발달권	교육, 여가와 문화생활, 생각과 양심의 자유 등	아동이 잠재력을 최대한 발휘하는 데 필요한 권리
참여권	의사표현의 자유, 아동의 의견 존중, 자유 등	자신의 의견을 자유롭게 표현하고 자신의 삶에 영향을 주는 문제에 대해 발언할 수 있는 권리

출처: 국가인권위원회(2015). 영유아 인권길라잡이. p. 85.

보육교사는 이러한 아동의 권리를 보육 일과를 운영하는 가운데 직면할 수 있다. 영유아의 생존권과 보호권을 존중하기 위한 것으로 안전한 환경을 조성하고 균형 잡힌 식사를 제공하며 깨끗한 물을 마실 수 있게 하는 것이다. 발달권은 영유아와 적절한 방법으로 대화를 나누거나 다양한 문제를 스스로 생각할 수 있도록 돕는 것이다.

참여권은 영유아의 사생활을 보장해주고 가능한 일이라면 식사, 바깥놀이 등을 할 때 영유아에게 의사를 물어본다. 이처럼 교사는 영유아의 돌봄에서 아동의 인권과 마주하게 된다. 보육교사가 보육현장에서 영유아의 권리를 존중하며 지도하는 가운데는 갈등상황이 발생할 수 있으며 교사는 이러한 상황에서 선택을 해야 한다. 즉 서로의 인권이 상충되는 가운에 최우선적으로 고려되어야 할 사항은 아동 최선 이익을 준수하는 것이다.

보육교사가 어떤 일을 결정함에 있어서 내가 하는 결정이 누구에게 도움이 되는가를 생각해야 한다. 같은 결정이라도 누구를 위한 것인가에 따라 의미가 달라지기 때문이다. 교사가 아동 최선 이익을 보육현장에 실현하기 위해서는 개별 영유아에 대한 상황을 사정하고 평가할 수 있어야 한다. 또한 영유아가 필요한 것과 원하는 것을 파악할 수 있어야 한다. 이를 위해 보육교사는 영유아의 발달에 대한 이해와 개인차를 파악할 수 있는 지식이 필요하다.

유엔아동권리 협약은 아동의 권리를 생각할 때 무엇을 고려해야 할지에 대한 기본원칙을 제시하고 있으며 다음과 같다.

표 7-8 아동권리협약의 기본원칙

기본원칙	내용
비차별	성별, 나이, 종교, 인종, 국적, 재산, 능력, 사회적 신분 등 어떠한 이유에서든 차별이 없어야 한다.
아동최선의 이익	아동에 관한 모든 활동에 있어 아동의 이익이 최우선으로 고려되어야 한다. 아동에게 미치는 이익이 무엇인지 상세분석이 선행되어야 한다.
생명 · 생존과 발달	아동은 특별히 생존과 발달을 위해 다양한 보호와 지원을 받아야 한다.
참여 · 의견존중의 원칙	아동은 자신의 능력에 맞게 적절한 사회활동에 참여할 기회를 가져야 한다. 자신의 생활에 영향을 주는 일에 대하여 의견을 말할 수 있어야 하며 그 의견을 존중받아야 한다.

(2) 영유아 인권실현을 위한 보육교직원 자질

보육교사가 보육현장에서 영유아 인권을 실현하기 위해서는 다음과 같은 자질이 필요하다(국가인권위원회, 2015).

① 자신의 인권에 대해 이해해야 한다.
보육교사가 자신의 인권에 대한 이해가 없다면 영유아의 인권을 존중하기가 어렵다.

② 영유아를 독립된 인격체로 바라보고 존중하는 자세를 가져야 한다.
보육교사는 자신이 영유아를 보육하면서 내린 의도나 결정, 태도나 가치관을 살펴보아야 한다.

③ 보육교사는 영유아 권리 실현을 위한 지식, 기술, 태도를 가져야 한다.
보육교사는 영유아의 권리실현을 위한 지도 및 지원요건이 무엇인지 이해하고 이를 일상적인 보육활동에서 구체화하기 위한 지식, 기술, 태도를 갖추어야 한다.

④ 영유아가 하는 모든 경험을 인권의 관점에서 성찰한다.

보육교사는 자신이 미리 계획하여 운영한 보육활동과 함께 일상적으로 반복되는 일과나 우연히 일어나 영유아의 모든 경험을 인권의 관점에서 성찰해야 한다.

보육교사는 의무이행자로 영유아의 존엄성과 권리를 존중하는 방식으로 보육현장에서 실천하고 있는지 성찰해야 한다. 즉 영유아가 어린이집에서 갖는 모든 경험이 이들의 생존권, 보호권, 발달권, 참여권을 실현하는지, 보육활동의 계획이나 실행에 있어 영유아의 이익을 우선적으로 고려했는지 검토해야 한다.

표 7-9 영유아 권리 존중을 위한 자가 진단표

구분	내용	확인
1	어린이집 일과에서 영유아의 권리존중을 실천하고 있습니까?	
	• 낮잠 및 휴식에 대한 영유아의 개별적 욕구를 반영할 수 있는 적절한 환경(시간 · 공간)을 조성해주고 있다.	
	• 대 · 소집단활도에 참여하지 않거나 계속해서 놀이하려는 영유아의 욕구를 존중해주고 있다.	
	• 급 · 간식에 대한 영유아의 기호, 먹는 속도와 양을 존중해주고 있다.	
	• 배변, 배뇨 등 영유아의 기본적인 생리적 욕구를 존중해주고 있다.	
	• 보육교직원은 일관성 있는 태도로 영유아의 욕구를 존중해주고 있다.	
2	영유아가 보육과정의 계획과 운영에 참여할 수 있는 구조가 있습니까?	
	• 영유아가 만든 결과(작품, 사진, 노래, 블록, 구조물 등)에 대해 존중하며 적절히 게시되어 있다.	
	• 영유아의 의견이 잘 표현될 수 있는 분위기를 조성하며 영유아의 의견을 반영한 보육과정을 운영한다.	
	• 규칙을 정할 때는 영유아의 의견을 반영하거나 동의를 구하고 있다.	
3	자유선택활동 시간에 영유아를 존중하는 상호작용을 하고 있습니까?	
	• 영유아의 개인차를 인정하고 놀이에서 자율성과 주도성을 지지하는 상호작용을 한다.	
	• 영유아의 흥미, 관심, 기분 및 건강상태를 전반적인 맥락으로 파악하고 있다.	
	• 영유아 간의 관계를 살피며 상호 역동성을 파악하여 상호작용한다.	
4	영유아 권리 실천을 위해 어린이집을 다양한 방법으로 개방하고 있습니까?	
	• 어린이집 운영위원회를 운영하고 있다.	
	• 열린 어린이집 운영 등의 다양한 방식으로 양육자의 참여가 이루어지고 있다.	
	• 양육자의 보육실 참관(절차 및 방법, 안내)이 이루어지고 있다.	
5	보육교직원은 영유아 권리 존중을 위해 양육자와 소통하고 있습니까?	
	• 보육교직원은 양육자와의 소통을 위해 영유아의 전반적 상태(기분, 건강, 배변 등)와 가정 내 주요한 정보를 파악하고 있다.	
	• 양육자에게 규칙적인 등 · 하원 시간 등 안정된 생활습관의 중요성을 전달하고 있다.	
	• 보육교직원은 영유아에 대하여 양육자와 서로 협의하고 책임을 공유하는 적극적인 노력을 하고 있다.	

구분	내용	확인
6	영유아 권리 존중의 이해와 실천을 위한 보육교직원의 교육이 이루어지고 있습니까?	
	• 영유아 권리 존중을 위한 보육교직원의 교육이 실행되고 있다.	
	• 아동학대 신고의무자에 대한 교육, 양성평등교육 등을 이수하였다.	
	• 영유아 권리의 기초가 되는 'UN아동권리협약'의 내용을 이해하고 있다.	
7	영유아의 권리 보호를 위해 보육교직원의 적절한 근무환경이 이루어져 있습니까?	
	• 보육교직원의 적절한 근무환경에 대한 노력이 이루어지고 있다.	
	• 보육교직원의 업무 스트레스 해소를 위한 구체적인 노력이 이루어지고 있다.	
8	영유아 권리 존중을 위해 보육교직원 간 협의 · 지원이 이루어지고 있습니까?	
	• 어린이집 운영(보육과정, 특별활동, 견학, 행사 등)의 계획과 평가에 보육교직원의 의견이 수렴되고 있다.	
	• 반 운영의 어려움이 있을 때 자체 회의를 통해 협력 및 해결하는 구조가 있다.	

출처: 국가인권위원회(2015). 영유아 인권갈라잡이. pp. 76-77.

2) 교사의 권리와 존중

어린이집에서의 인권이 실현되기 위해서는 보육현장의 구조적 지원과 보육교사의 인권상황이 개선되어야 한다. 영유아의 인권이 중요한 만큼 교사의 인권도 중요하다. 교사는 아동의 권리를 충족 · 보호 · 존중하는 의무이행자인 동시에 자신의 권리를 주장하는 권리의 주체자임을 인식해야 한다. 또한 보육교사가 의무이행자의 역할을 잘 수행하기 위해서는 개인적인 능력과 자질뿐만 아니라 구조적인 측면의 지원도 필요하다.

교사의 권리 보장은 영유아의 양육과 교육활동의 기초가 되며 교육의 성과에 직접적인 영향을 준다. 보육교사의 권리가 보장되지 않는 근로환경은 교사에게만 영향을 주는 것이 아니라 영유아에게도 영향을 미친다. 즉 보육교사가 경험하는 열악한 근무환경은 교사에게 스트레스를 유발하고 이것은 영유아의 요구에 적절한 반응과 지원을 어렵게 한다. 또한 교사가 영유아와 상호작용 가운데 느끼는 정서는 영유아에게도 전달된다.

보육교사의 권리보장으로는 자율권 보장, 경제적 · 사회적 신분보장, 근로권이 있으며 내용은 다음과 같다(홍길회 외, 2023).

(1) 자율권

보육교사의 보육과정 결정 및 교재의 선택, 교육내용 및 교육평가권, 영유아 지도권에 대한 자율성을 보장해야 한다. 교사의 자율성을 전문성을 실현하고 보장하기 위한 가장 근본적인 권리이다. 영유아의 보육과정은 영유아중심의 교육과정으로 기본원칙은 있으나 내용은 고정되어 있지 않기 때문에 교사가 자신이 맡고 있는 영유아의 상황에 따른 교육방법이나 교재 선택에 대한 자율성이 보장되어야 한다.

(2) 경제적 지위 및 사회적 신분 보장권

보육교사는 안정된 직무수행을 위해 부당한 해고나 불이익을 당하지 않도록 보장되어야 한다. 보육교사가 신분 불안정이나 경제적 지위를 보장받지 못하면 이로 인한 문제가 야기될 수 있으며 이는 사회적 손실을 가져오게 된다. 따라서 교사의 경제적 지위나 사회적 신분이 보장되어야 하며 처우개선이 이루어져야 한다. 보육교사에게 이와 같은 보장이 제공될 때 교사는 안정된 생활 기반 위에서 영유아의 양육 · 교육하는 일에 몰두할 수 있게 된다.

(3) 근로권

보육교사의 근로권은 근무조건의 개선, 복지후생제도의 확충 등이 있다. 교사의 근무조건 정비에 있어서는 교사가 본연의 임무인 영유아를 돌보고 교육하는 일에 집중할 수 있도록 정량의 근무가 주어져야 한다. 본연의 임무 외에 부가적인 업무

부담이 많아지면 교육활동에 집중하는 것을 어렵게 한다. 또한 교사 대 영유아 비율에 있어서도 적정수준을 지켜 정원보다 많은 영유아를 돌보지 않도록 해야 한다. 교사가 정원보다 많은 영유아를 돌보게 될 경우 안전사고나 교사의 소진이 발행할 수 있다. 또한 근무시간과 휴게시간, 점심시간의 확보도 교사의 근무조건의 하나이다. 또한 4대보험이나 안전공제와 같은 복지후생제도는 보육교사의 생활안정과 업무 가운데 발생하는 안전사고에 대한 보장을 함으로써 교사가 교육활동에 전념할 수 있도록 한다.

3) 보육 관련 기관

(1) 육아종합지원센터

중앙육아종합지원센터는 보건복지부장관이 설치 · 운영하며, 지방육아종합지원센터는 특별시장 · 도지사 · 시장 · 군수 등이 설치 운영한다. 육아종합지원센터는 어린이집의 지원 및 관리와 보호자의 가정양육지원을 위한 육아지원서비스를 제공한다. 어린이집 지원으로는 어린이집 운영보육컨설팅, 대체교사지원, 아동학대 예방, 안전관리지원 등을 지원한다. 가정양육지원 부모양육상담, 부모와 자녀 관계 증진, 부모교육, 장난감 및 도서대여 서비스를 지원한다.

그림 7-1 육아종합지원센터 홈페이지

출처: 중앙육아종합지원센터 http://seoul.childcare.go.kr/ccef/main.jsp.

(2) 한국보육진흥원

한국보육진흥원은 보육 관련 공공기관으로 미래세대를 책임지는 효과적인 보육 관련 사업수행을 통해 보육의 질을 향상하고자 하는 목적을 가지고 있다. 주요사업으로는 어린이집 평가지원, 보육교직원 자격관리(보육교직원 자격검정 및 자격증 교부), 보육교직원 역량강화, 국공립어린이집 확충지원, 시간제보육지원, 공공형 품질관리를 하고 있다.

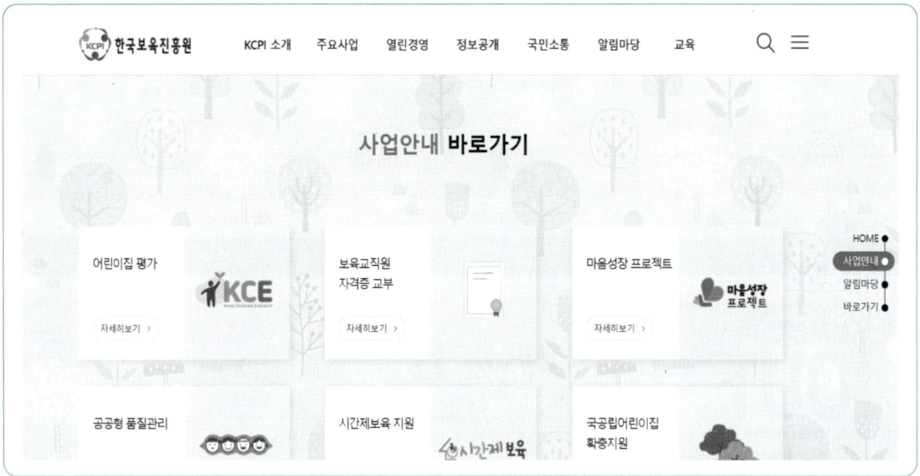

그림 7-2 보육진흥원 홈페이지

출처: 한국보육진흥원. https://www.kcpi.or.kr/.

(3) 육아정책연구소

육아정책연구소는 국가 인적자원 육성을 위한 육아정책연구를 종합적 · 체계적으로 수행하고 유아교육의 발전을 위한 합리적 정책방안을 제시하여 우리나라가 선진국으로 도약하는 데 기여하는 것을 목적으로 하고 있다. 육아정책연구소의 주요업무는 육아와 관련된 현안 및 정책방안의 연구와 육아지원프로그램의 교재 개발, 육아 관련 국내외 정보의 공유 및 관리 등을 하고 있다.

그림 7-3 육아정책연구소 홈페이지

출처: 육아정책연구소. https://kicce.re.kr/main/index.do.

생각 나누기

1. 보육교사에게 필요한 자질에 대해 각자의 생각을 나누어봅시다.

2. 영유아교사의 윤리적인 측면에서 가장 중요한 것이 무엇인가 의견을 피력해봅시다.

3. 영유아의 권리존중을 위한 보육교사의 역할에 대해 토의해봅시다.

Chapter 08

부모 및 지역 사회 연계

1 부모와의 연계

1) 부모 협력의 필요성

부모는 영유아가 태어나서 처음으로 직접 대면하는 사회환경이며 부모와의 상호작용은 영유아의 건강한 성장과 발달에 영향을 미친다. 영유아 교육의 효율성을 극대화하기 위해서는 어린이집과 가정의 긴밀한 연계성이 반드시 필요하다.

어린이집과 부모의 긴밀한 협력을 유지하는 것은 영유아의 바람직한 교육과 발달에 필요한 지식, 기술 및 태도를 부모가 습득하도록 도와주어 영유아 발달과 교육에 긍정적인 영향을 준다. 따라서 어린이집과 부모의 공동 목표를 가지는 동반자적 관계는 중요하다.

이는 부모가 영유아 어린이집 생활 모습과 발달 및 교육에 대한 정보를 공유함으로 자녀를 위한 바람직한 지도 방향을 이해하도록 하기 때문이다. 보육교사도 부모와의 협력으로 영유아의 가정 내 환경과 성장배경, 부모 · 자녀 관계의 정보를 알게 되면서 좀 더 영유아를 잘 이해하게 된다. 어린이집과 부모의 연계는 부모의 참여를 통해 보육의 목표를 달성하고 어린이집과 가족의 협력적 관계를 유지하여 서로의 책임을 같이 하는 것이다.

어린이집과 부모의 연계가 영유아, 교사, 부모에 미치는 영향은 다음과 같다.

첫째, 영유아에 대한 지식, 생각, 구체적인 사건의 공유는 교사가 영유아의 행동에 적절한 반응을 할 수 있게 한다.

예를 들어 영유아가 어떤 문제를 보이는 행동을 할 때 부모와 교사가 그 행동을 무시하고 관심을 다른 것에 돌리는 방식의 반응을 일관되게 보이면 영유아의 문제

행동은 줄어들 수 있다(문혁준 외, 2021).

둘째, 부모의 참여수준이 높은 영유아들은 사회적 기술이 더 발달하여 유아교육기관에 성공적으로 적응할 수 있다.

셋째, 부모와 교사가 영유아에 대한 정보를 공유함으로써 영유아를 좀 더 이해하고 다양한 측면의 발달을 이끌 수 있다.

넷째, 교사와 부모의 협력은 양육에 대한 불안을 감소시켜 부모로서 자신감을 가지고 가정에서 자녀들을 교육하고 양육할 수 있도록 한다.

다섯째, 부모의 교육과정에 참여는 영유아보육에 대한 새로운 시각 및 지식, 경험 등에 관한 부가적인 자원을 얻게 한다.

여섯째, 부모 참여를 통해 자신의 자녀와 비슷한 또래 영유아들을 관찰할 기회를 가짐으로써 부모들은 자기 자녀에 대해 현실적인 시각을 갖게 되고, 어린이집에서 이루어지는 프로그램에 대해 좀 더 협력적인 자세를 가지게 된다.

일곱째, 학부모들이 교사가 수행하는 역할을 보조함으로써 영유아에게 더 많은 배려와 안전한 활동을 제공할 수 있으며, 어린이집의 업무나 교육과정을 더 잘 이해하게 되어 교사에 대한 긍정적인 태도를 가지게 된다.

2) 부모 연계 유형

(1) 부모역할 수행을 위한 연계

부모의 기본적인 역할 수행과 관련된 다양한 활동을 통해 부모로서의 기본적인 의무와 역할을 수행하도록 돕는 것이다. 가족역할 수행을 위한 연계로는 원아모집 설명회, 신학기 오리엔테이션과 같은 행사나 부모교육 관련 강연회, 가정통신문과 같은 것을 활용해 지식을 전달하는 것이다. 가족역할 수행을 위한 연계로 어린이집 오리엔테이션이 있다. 신입 오리엔테이션은 영유아가 어린이집에 들어오기 위한 과정으로 부모에게 어린이집의 올바른 이해와 긍정적인 관심을 갖게 한다.

① 오리엔테이션

신입원아 학부모를 대상으로 하는 오리엔테이션 내용으로는 어린이집의 설립배경과 소개, 보육철학 및 목표, 학급운영, 어린이집 연혁, 연령별 운영계획, 부모 및 지역 사회 연계활동, 영아와 유아 안전교육 및 소방대피훈련, 장애통합프로그램, 학사일정, 공지사항, 교직원소개로 구성된다(조혜경 외, 2021).

부모는 오리엔테이션을 통해 어린이집 적응과 생활에 대한 궁금증을 해소하게 되고, 보육교사는 새로 들어오는 영유아에 대한 정보를 얻게 된다. 어린이집의 오리엔테이션을 통해 영유아가 어린이집 적응하는 것에 대한 부모의 도움을 얻을 수 있다.

② 부모교육

부모교육은 부모교육 전문가나 각 분야의 전문가를 통해 영유아 발달 및 영유아교육, 영유아교육기관의 교육방향과 운영에 관한 정보와 지식을 부모에게 전달하는 것이다. 부모교육의 방법으로 강연회, 설명회, 워크숍, 세미나 등이 있다. 이외에도 어린이집에서 다루고 있는 주제와 관련된 활동을 영유아들과 함께 참여하는 부모참여수업이 있다. 부모를 대상으로 부모교육을 실시할 때는 부모교육 프로그램이나 워크숍에 관한 정보를 안내하여 참여할 수 있도록 한다. 이러한 부모교육은 영유아발달에 관한 지식, 또래관계, 문제행동 등을 부모가 이해하는 것에 도움을 제공한다. 학부모가 어린이집을 방문하게 되면 기관에 대한 이미지를 형성하기 때문에 환경과 보육교직원의 태도는 매우 중요하다. 어린이집의 부모교육 유형에 따른 구체적 내용은 다음과 같다(홍길회 외, 2020).

- 강연회: 강연회는 매월 1회 또는 매년 1~2회 정도 영유아교육 관련 전문가, 원장, 지역 사회 인사 등을 강사로 초빙하여 개최한다. 강연회의 주제는 사전에 부모의 요구조사를 통해 선정할 수 있으며 강사선정도 부모들이 참여하면 더욱 효과적으로 운영될 수 있다.
  강연회는 약 1시간 정도가 바람직하며, 부모들이 자녀를 동반할 경우 돌봐주는 서비스가 제공되어야 한다. 강의 내용에 따라 좌석은 일렬이나 원형, 반원으로 앉을 수 있다.

- 워크숍: 워크숍은 부모들이 영유아교육과 관련된 실제적인 활동에 참여하여 배우는 교육 프로그램이다. 부모들은 유아교육에 유용한 학습자료를 직접 제작해 보는 경험을 가질 수 있으며 영유아지도에 필요한 노래, 율동, 게임, 놀이 활동 등을 직접 경험해 보는 기회를 가질 수 있다. 이러한 경험은 자녀를 양육하는 데 큰 도움이 된다.

(2) 의사소통을 위한 연계

어린이집의 보육과정을 적절하게 수행하고 영유아 발달과 교육을 성취하기 위해서는 가족과의 의사소통이 필요하다. 가족에게 보이는 영유아의 행동은 어린이집에도 연계된다. 그러므로 어린이집과 부모의 지도방침이 일관성 있게 유지될 때 영유아의 행동은 긍정적으로 강화될 수 있다.

어린이집과 부모의 의사소통을 위한 연계로는 부모상담이 있으며 부모상담은 교사와 부모가 서로 대면하여 바람직한 방법으로 영유아를 도울 수 있는 방안을 모색하는 활동이다. 부모상담의 효과를 높이기 위해서는 부모가 모두 참여하는 것이 바람직하다.

부모상담의 유형에는 개별상담, 집단상담, 전화상담, 인터넷을 이용한 상담이 있다. 그 밖에 기타 상담으로 등원이나 하원 시의 대화나 전화통화 등이 있다. 어린이집과 가족의 의사소통을 위한 구체적 내용은 다음과 같다.

① 개별상담

개별상담은 교사와 부모가 일대일로 만나서 자녀에 대한 서로의 의견을 나누는 활동이다. 부모-교사 상담은 부모와 교사 간에 상호 친밀감을 형성하게 하며 영유아를 이해하는 것에 도움을 준다. 영유아의 문제행동이 발생할 경우 해결방법을 부모와 교사가 함께 연구할 수 있으며, 어린이집의 교육목적이나 프로그램에 대해 부모가 알 수 있는 기회를 제공한다.

부모상담을 진행하기 위해서는 학기 초부터 체계적으로 미리 계획하고 준비하는 것이 필요하다. 즉, 상담을 위한 자료 준비와 사전 지식, 상담 진행 절차, 상담 후 상담 평가하기, 상담일지 작성 등이다.

부모상담은 대부분 1~2회 정도 개별상담을 실시하며 상담 시기에 따라 상담내용이나 시간의 차이가 발생할 수 있다. 학기 초에는 주로 부모의 질문에 관한 대답을 해주면서 부모 이야기를 듣는 것이 바람직하다. 학기 중 학기 말 개별상담에서는 그동안 영유아가 활동한 자료를 보여주며 영유아가 학기 초에 비해 어떻게 달라졌는지, 배운 것을 어떻게 적용하는지에 관한 이야기를 한다. 그 밖에 부모님이 궁금해하는 모든 사항은 개별상담의 내용이 될 수 있다.

표 8-1 개별상담

구분	1학기	2학기
목적	• 교사: 초기 적응 안내 및 부모의 정보 제공으로 영유아에 대한 이해를 높이고 부모 요구에 대한 파악 가능 • 부모: 자녀의 어린이집 생활의 적응여부 및 기관에 대한 정보획득	• 영유아의 발달 변화에 대해 안내 • 어린이집과 가정 간의 협조 사항 점검
시기	• 4~5월 초	• 10월~11월
상담 시간	• 20분~30분	
방법	• 상담안내문을 가정으로 배부 • 상담이 가능한 요일과 시간을 정하고 진행	
효과	• 성공적인 면담: 기관과 교사에 대한 부모의 신뢰증대 • 부모와 상담이 잘 이루어지지 않을 경우 기관에 대한 부정적인 시각과 의심 증대	• 영유아의 지도 방향에 대한 점검 및 수정할 기회 마련 • 부모에게 자녀 발달과정을 객관적으로 인식시킬 기회 제공
준비	• 입학원서, 부모상담조사서, 재원 영유아의 생활기록부, 질문목록 등	• 영유아의 관찰기록, 발달체크리스트, 활동작품(미술, 언어 등) 포트폴리오 등
유의 사항	• 상담 초 자녀의 장점에 관한 이야기를 먼저 하여 부모에게 심리적 안정감을 제공 • 그동안 관찰한 영유아의 적응 상태 및 또래 관계 등에 대한 안내 • 학기 초 상담에서는 부모로부터 영유아에 대한 정보를 최대한 얻도록 노력 • 담임교사의 전문성을 확인하려는 부모에 대비해 전문가로서의 철저한 준비 필요 • 부모의 의견에 경청하려는 마음가짐	• 해당 영유아의 긍정적인 면(발달의 변화 등)을 먼저 안내하고 상반기 이후의 변화된 사항 안내 • 영유아의 장점 혹은 강점을 확인할 수 있는 자료를 함께 제시하여 부모의 신뢰감 증진 • 문제점은 장점을 이야기한 후 준비자료를 가지고 함께 대화를 나눔 • 교사의 전문적 역량을 인식시킴
평가	• 교사 자율 평가나 교직원 회의를 통해 부모상담 평가간담회 실시	

출처: 홍길회 외(2022). 영유아교육기관 부모상담. p. 94.

② 집단상담

집단상담은 한 반의 교사와 다수의 부모가 함께 모여 자녀에 관한 의견을 나누며 정보를 교환하는 형태로, 적게는 4명에서 많게는 8명 정도의 부모가 함께 모임을 하게 된다. 집단상담을 통해 교사와의 개별상담으로 인한 긴장도 줄일 수 있으며 부모들은 서로의 경험담과 공통된 관심사를 이야기하며 스스로 문제해결방법을 찾을 수도 있다.

교사는 어린이집의 교육목표와 목표를 달성하기 위한 방법을 부모와 상의하면서 부모의 공통적인 기대와 정보를 확인할 수 있다. 그러므로 어린이집의 집단상담 내용은 학부모들의 공통된 관심사를 토대로 잘 선정해야 한다.

어린이집의 집단상담 내용으로는 기관에서의 영유아 적응문제, 놀이 지도법, 또래 형성 및 관계, 기본생활 습관, 문제행동 지도법, 대화기법, 긍정적 자아개념 등이 있다. 집단상담의 주제를 잘 선정하면 함께 고민을 나누고 해결하고자 하는 동기가 높아지게 된다. 교사는 집단상담 시간을 이용해 학부모에게 학급의 운영방침이나 교육철학, 주요 행사, 하루 일과 전달을 통해 부모의 협력을 구할 수 있다.

③ 전화상담

전화상담은 전화로 유아에 대한 정보를 나누거나 긴급한 의사소통이 필요할 경우, 부모가 정기상담에 참여하기 어려울 때 대체수단으로써 사용된다. 전화상담은 많은 장점이 있으며 부모와 긴밀한 관계를 유지하는 것에 있어서도 효과적인 방법이다.

교사가 가정으로 전화를 하는 경우는 기관에서 영유아가 생활하면서 일어난 이야기들, 즉 친구관계나 향상된 발달 부분 또는 크고 작은 영유아사고 및 문제행동에 대한 내용 등이다.

전화상담 시 주의해야 할 부분은 한 달에 한 번이라도 영유아와 부모에 대한 안부, 감사 인사, 영유아에 관한 정보를 전화상담을 이용해 전달함으로써 부모가 어린이집의 전화가 올 때 당황하지 않도록 해야 한다.

교사가 생각하기에는 아주 사소한 사항도 부모에게는 큰 의미일 수 있기 때문에 기관에서 일과 중 일어난 사소한 부분도 전화나 메모를 통하여 부모에게 사건의 경위에 대해서 알려주는 것이 바람직하다. 특히 자녀의 문제행동에 대한 해결방안을 모색할 때는 수시로 전화 통화를 하여 상황을 공유함으로써 서로 협력관계를 가질 수 있다.

④ 인터넷 상담

인터넷 상담은 시간과 노력을 최소화하면서 부모의 관심사에 일대일 답변이 가능한 방법으로, 부모 입장에는 시간과 장소에 제약 없이 궁금한 것을 물어보며 정보를 얻고 의논할 수 있다는 장점이 있다. 반면 답변을 하기 위해서 교사가 근무시간 이외에 업무를 해야 하는 경우가 있고, 충분한 의사소통 없이 일방적으로 정보나 의견을 제공할 수 있다는 단점이 있다(홍길회 외, 2016).

인터넷 상담의 유형으로는 영유아교육기관 홈페이지를 활용한 홈페이지 상담과 포털 사이트 내의 무료 카페나 클럽을 이용한 상담, 개인 이메일을 이용하는 상담이다. 포털 사이트 내의 무료 카페나 클럽을 이용하는 방법은 교사가 운영자가 되고 부모들이 회원으로 참여하여 서로 소통하며 정보를 공유하는 것이다. 홈페이지를 통한 상담은 공개와 비공개의 형태가 있으며 공지사항 안내나 별도의 상담을 할 수 있다.

최근에는 인터넷 활용의 일반화로 어린이집의 현장에서도 스마트폰을 활용한 소통이 이루어지고 있다. 스마트폰을 이용한 부모연계는 메신저, SNS와 커뮤니케이션 앱 등을 통하여 시간과 장소에 구애받지 않아 부모들이 편리한 시간에 이용할 수 있고 맞벌이 부모도 쉽고 편리하게 이용할 수 있는 방법이다. 또한 부모들이 직접 원에 오지 않고도 기관에서 이루어지고 있는 여러 가지 행사, 교육 프로그램, 부모교육자료, 유아들의 활동사진이나 자료 등을 볼 수 있다. 커뮤니케이션 앱의 기능을 활용하면 유아에 대한 상담과 자녀에 대한 세세한 이야기를 충분히 나눌 수 있고 개인의 사생활 침해와 불필요한 정보 제공을 막을 수 있다(백은영, 2022).

현재 다양한 종류의 스마트알림장 앱 중에서 키즈노트, 키디스, 맘파파 등이 있으나 키즈노트가 국내에서 가장 먼저 개발되어 가장 많이 사용되고 있다. 키즈노트 앱은 알림장과, 공지사항, 사진 및 동영상을 볼 수 있는 앨범, 식단표, 투약의뢰서, 귀가 동의서, 전자출결시스템을 통한 출결 상황을 확인할 수 있다. 또한, 키즈노트는 번역기능이 있어 다문화가정에서도 쉽게 소통할 수 있다(유구종, 2020).

⑤ 부모상담 시 주의할 점

첫째, 부모에 대해 평가 · 비판하는 태도

부모의 양육 방법에 대해 잘못이라고 지적하는 말은 교사와 부모의 관계를 긴장시키고 단절시킬 수 있다. 교사는 부모와의 협력적 관계 유지를 위해서 자신의 지나친 소신에 따른 평가와 비판하는 자세를 지양하고 부모와 서로 협력하고 해결하는 방향으로 방안을 제시하는 것이 필요하다.

둘째, 부모에 대해 편견을 갖는 태도

부모에 관한 사전 정보를 듣고 편견을 가지는 태도는 부모를 공감적으로 이해하고 경청하는 것에 방해가 될 수 있다. 이러한 편견은 부모에 대한 자신의 주관적 이미지로 부모의 말을 경청하지 않고 섣부르게 판단을 내리게 할 수 있다.

셋째, 지나친 감정이입 태도

부모의 감정과 말에 대해 공감하고 이해하는 것은 중요하다. 그러나 부모의 감정에 대해 지나친 감정이입으로 자신에 주관적인 감정을 표현하는 것은 바람직하지 않다.

넷째, 중간에 말을 끊는 태도

부모와의 상담 시 부모가 적절한 말이 떠오르지 않거나 대화를 잘 이끌어가지 못하는 경우, 부모의 말을 끝까지 듣지 않고 중간에 끊어버리는 태도는 바람직하지 않다.

표 8-2 부모상담 시 교사의 효과적인 문장구성 전환 사례

언어표현	효과적인 언어표현의 예
'~적'이라는 표현을 찾아보기	잘 뛰어서 놀아요 → 매우 활동적입니다.
'~화'라는 표현을 찾아보기	매일 매일 잘해요 → 생활화되었습니다.
'~감'이라는 표현을 찾아보기	조용히 놀이해요 → 안정감이 있습니다.
'~성'이라는 표현을 찾아보기	얌전해요. → 내향성을 가지고 있습니다.
'~력'이라는 표현을 찾아보기	그림이 남달라요. → 표현력이 아주 좋습니다.

출처: 박근주 외(2008); 홍길회 외(2022). 영유아교육기관 부모상담 재인용. p. 143.

⑥ 가정통신문

어린이집에서 가장 많이 사용하는 의사소통 방법으로 어린이집의 행사나 보육과정을 매 주마다 정기적으로 가정으로 발송한다. 가정통신문은 영유아의 교육계획, 학습활동에 필요한 준비물이나 행사 안내, 가정에서 할 수 있는 유아를 위한 활동을 부모에게 전달하는 것이므로 내용이 간결하고 읽기 쉬워야 한다.

표 8-3 가정통신문 예시

가정통신문

'가족 사랑 철쭉나무' 심기 안내

4월 5일(금)에 가정과의 연계로 '철쭉 모종'과 주말놀이 '철쭉 관찰하기'를 가정으로 보내드립니다.
철쭉나무에 우리 가족만의 이름도 함께 지어주시고, 가족들과 함께 철쭉을 심고 가꾸며 변화를 아이들과 함께 관찰하며 가정에서 예쁘게 키워주세요.☺

부모교육 안내 "아이의 마음 근육을 키우는 감정코칭"

4월 9일(화) 오후 5시 30분에 '아이의 마음 근육을 키우는 감정코칭'을 주제로 부모교육 시간이 준비되어있습니다. 꼭! 참석하셔서 유익한 시간 되시길 바랍니다.

○○자연학교 – '자연 생태 학습'

4월 11일(목)은 ○○ 어린이들이 〈○○ 자연학교〉로 "자연생태학습"을 갑니다.
숲에는 무엇이 있는지 알아보고 봄에 피는 꽃과 여러 종류의 식물들 곤충들을 찾아보고 감자도 심어 보면서 봄을 맘껏 느끼고 돌아오겠습니다.

※ 준비물: 체육복을 입고 운동화를 신고 옵니다.
물, 수저통, 간식(간식은 어린이가 먹을 만큼의 양을 뚜껑 있는 통에 담아 보내주세요. 유아가 가지고 오는 모든 물건에는 꼭! 가정에서 이름을 써서 보내 주세요.) 점심은 유치원에서 쇠고기 야채 볶음밥으로 준비합니다.

※ 등하원: 걸어서 등원하는 어린이들은 9시 00분까지 등원시켜 주시고 걸어서 귀가하는 어린이의 귀가 시간은 오후 4시 00분입니다.
시간 맞춰 유치원 앞으로 마중 나와 주세요.

@ 차 타는 ________어린이는 _____시_____분에 ____________________에서 내립니다.

@ 비가 올 경우 정상 수업합니다 @

출처: 홍길희 외(2020). 유아교육기관 운영관리. p. 322.

3) 프로그램 참여를 통한 연계

보육프로그램 참여를 통한 부모연계는 부모가 학급 교육활동에 직접 참여하거나 자원봉사자로 봉사하는 형태이다. 즉 부모가 가지고 있는 특기를 자원으로 보육활동에 활용하는 것과 보육과정에서 필요한 직업을 가진 부모의 인적자원을 활용하는 것, 자원봉사자로의 참여가 있다.

부모는 소풍, 물놀이 활동, 산타행사, 민속놀이, 송편 빚기와 같은 계절행사 프로그램과 음악발표회, 생일잔치, 어린이날 행사의 보조교사 역할로 도움을 줄 수 있다. 또한 보육환경구성, 각종 행사, 간식, 휴식, 신체검사, 안전지도, 귀가지도, 놀이지도와 같은 학급 내의 일상적 과정을 보조하는 일을 통한 참여를 할 수 있다.

부모의 특기를 활용한 부모참여의 예로 기술을 가진 부모가 보육프로그램에 사용하는 교구나 설비를 만들어 주거나 수선하는 것이다. 보육과정에 필요한 인적자원의 부모참여는, 예를 들어 안전에 관한 주제로 이야기할 때 소방서에서 일하시는 부모가 있다면 초대하여 소방서에서 하는 일과 안전의 중요성에 대해 직접 들을 수 있다. 이처럼 부모의 참여는 부모가 가지고 있는 능력을 활용함으로써 교사에게 시간적 여유와 영유아 지도에 도움을 받을 수 있게 한다. 그러나 부모참여의 성공적인 수행을 위해서는 부모와 교사 양측이 서로를 개방적으로 받아들이는 마음과 자세가 필요하다. 다음은 어린이집의 연간 행사계획안의 예시이다.

표 8-4 연간 행사계획안

월	행 사
3	입학식 및 진급식, 신체발육측정 1차, 뮤지컬관람, 숲 체험 활동, 부모교육, 학부모 상담
4	봄 소풍, 생일파티(3. 4월), 자연체험활동(식목일 행사), 농사체험(감자심기), 숲 체험 활동
5	어린이날 축제, 어버이날, 스승의 날, 농사체험(고구마심기), 어머니 참여수업, 우체국 견학
6	생일파티(5, 6월), 동물원 견학, 화재 안전교육, 숲 체험 활동, 가족운동회
7	여름캠프, 신나는 물놀이, 보건소 견학, 여름방학

월	행 사
8	바닷속 보물찾기, 체험활동, 생일파티(7, 8월), 졸업생동창회, 캐니빌리지 견학
9	전통문화체험(전통예절), 유아체험교육원, 7세 졸업여행, 5·6세 가을 소풍, 숲 체험 활동, 뮤지컬 발표
10	생일잔치(9, 10월), 농사체험(고구마 캐기), 핼러윈 파티, 숲 체험 활동
11	학부모상담, 부모참여수업, 신입원아모집, 농작물 수확(고구마, 배추, 무 수확), 다문화거리 견학
12	생일잔치(11, 12월), 김장하기, 싼타 행사, 겨울방학식
1	눈썰매장체험, 신입원아 1차 예비소집, 신체발육측정 2차, 7세 초등학교 견학
2	생일잔치(1, 2월), 전통문화체험(세배드리기), 신년음악회, 졸업식 및 수료식, 신입원아 2차 예비소집

출처: 홍길회 외(2020). 유아교육기관운영관리. p. 314.

4) 운영과 관련된 연계

교사가 부모의 권한을 최대로 인정함으로써 유아교육기관의 운영에 직접 참여하려는 부모의 요구를 존중하는 가장 진보적인 부모참여 형태이다. 부모들이 교육과정의 운영이나 교육목표 선정, 유아교육기관의 재정 및 설비에 대한 여러 가지 문제를 결정하는 데 참여하는 형태이다.

(1) 부모 모니터링

부모 모니터링은 부모가 믿고 맡길 수 있는 보육환경을 조성하기 위해 부모와 보육·보건 전문가가 직접 어린이집의 급식, 위생, 건강 및 안전관리 등 운영상황을 모니터링하는 것이다. 이는 수요자인 부모의 어린이집 운영 참여를 도모하고, 어린이집에 대해서는 컨설팅을 제공함으로써 보육서비스의 질을 향상시킬 수 있다.

부모 모니터링은 10명 이내의 부모 및 보육·보건전문가를 구성하여 관할 지역 내 모든 어린이집을 모니터링함으로써 어린이집 운영에 참여하게 된다. 부모 모니터링 활동기간은 3~12월의 10개월간이며 모니터링단 대상으로 모니터링 및 컨설팅에 필요한 현장 및 이론교육을 반드시 1회 이상 실시 후 참여해야 한다. 사업 시행한 후에는 연 2회 이상 교육을 받아야 하며 1회 이상 보수교육을 실시해야 한다.

모니터링단은 대상 어린이집 원장과 방문 일정을 사전 협의하고, 방문 시 모니터링 승인서와 신분증을 어린이집 원장에게 제시한다. 모니터링의 결과는 그 내용을 어린이집 부모에게 공지하고 아동학대 등 법 위반 행위가 의심될 경우에는 즉시 지자체에 통보한다. 그 외의 경우는 컨설팅을 위한 기초자료로 결과를 활용한다. 부모 모니터링의 주요 분야는 표 8-5와 같다

표 8-5 주요 모니터링 분야

• 건강관리: 감염병 예방, 응급조치 체계
• 안전관리: 물리적 · 인적 환경 안전관리, 차량 안전관리, 아동권리존중 실천
• 급식관리: 식단 및 영양 관리, 조리 관리, 식재료 관리
• 위생관리: 급식 위생관리, 조리실 청결, 시설 · 비품 위생

출처: 보건복지부(2023). 2023년 보육사업 안내. p. 143.

(2) 열린어린이집

열린어린이집은 어린이집은 개방적이고 부모의 일상적 참여가 이루어지는 어린이집으로 지방자치단체의 장이 선정한 어린이집으로 부모가 믿고 맡길 수 있는 보육환경 조성을 위한 것이다. 열린어린이집은 공간 개방성(참관실, 창문, 투명 창, 부모 공용공간, 정보공개 등), 참여성(신입원아 부모오리엔테이션, 부모 개별상담, 운영위원회, 부모교육, 부모참여프로그램, 부모만족도조사, 부모 참관 등), 지속가능성(부모참여활동 수요조사, 부모참여활동 정기안내 및 공지 등), 다양성(부모참여 활동의 균형적 운영, 지역 사회와의 연계 및 협력 활동 등)의 선정조건으로 지자체의 심의를 거쳐

지정되며 육아종합지원센터에서 모든 과정을 담당하고 있다(보건복지부, 2023).

열린어린이집은 어린이집 부모참여와 관련한 부모의 희망사항을 파악하고 연간 운영계획을 수립하여 부모에게 안내한다. 이는 부모의 어린이집 참여의 기회를 제공하는 계기가 되며, 부모는 부모교육, 부모상담, 부모참여행사, 봉사활동, 의사결정자, 평가자 등 다양한 방법으로 참여하게 된다. 열린어린이집의 부모 참여는 부모로 하여금 어린이집에 대한 신뢰를 갖게 하며, 활동 참여를 통해 자신의 자녀가 좋아하는 놀이나 활동, 친구 등을 알 수 있게 한다.

표 8-6은 열린어린이집 부모활동의 예시를 잘 보여준다.

표 8-6 열린어린이집 부모활동 예시

구분		예시
일반적 부모참여	부모교육	• 신입 부모교육: 애착, 기질, 양육태도 • 부모-자녀 대화법: 감정코칭과 부모 양육태도 • 영아의 이해: 까꿍놀잇감/베이비마사지 워크숍
	부모상담	• 신학기 개별상담 • 반별 집단상담 • 전화상담 및 수시 상담
	부모참여 행사	• 가족운동회, 김장, 가족잔치 등의 행사 • 부모참여수업, 책 읽어주기 등 참여형 교육행사
적극적 부모참여	봉사활동	• 재능기부: 외국어, 예술, 요리, 과학, 전문작업 등 부모의 전문성을 활용한 일일교사 • 보육일과 지원: 급식, 산책, 교구제작 등 영유아에게 직접 도움이 되는 활동 지원 • 운영지원: 텃밭 가꾸기, 바느질, 청소, 아나바다 등 간접 활동 지원
	의사결정자	• 어린이집 운영위원회 위원으로 의사결정 • 특별활동 선별 시 의사결정
	평가자	• 자체 평가인증 시 '부모 위원'으로 참여 • 부모만족도 평가

출처: 강남구청 홈페이지. [육아꿀팁] 열린어린이집을 아시나요?

2 어린이집과 지역 사회와의 연계

어린이집은 지역 사회와의 협력을 통해 지역 사회의 기관이나 인적자원의 도움을 받을 수 있으며, 마찬가지로 어린이집도 지역 사회에 도움을 제공할 수 있다. 어린이집과 지역 사회는 서로 상호협력적인 관계이며 영유아의 발달과 교육에 도움을 줄 수 있다. 지역 사회의 다양한 자원은 영유아에게 새로운 경험을 제공하며 자신의 주변에 대한 호기심을 갖게 하고 사회구성으로서의 자신을 인식하게 한다.

1) 지역 사회 자원의 활용

어린이집과 지역 사회 자원의 연계활동은 개별 어린이집을 중심으로 할 수 있다. 지역 사회의 경찰서, 소방서, 우체국, 보건소와 같은 물적 자원과 의사, 변호사, 검사, 소방대원과 같은 인적자원을 통해 영유아 시기에 꼭 필요한 교육을 지역 사회 기관과 협력하여 할 수 있다. 어린이집과 지역 사회 연계는 지역 사회 물적자원에 대한 보육교사의 기본정보와 인적자원에 대한 네트워크의 형성이 되어야 실행이 가능하다.

(1) 지역 사회 물적자원

지역 사회의 물적자원은 대학, 경찰서, 보건소, 병원, 우체국, 소방서, 지하철과 같은 공공기관과 전시관, 미술관, 공연장, 도서관과 같은 문화적 공간이 있다. 그리고 지역의 자연에서 얻을 수 있는 물적자원이 있다. 지역 사회의 물적자원의 연계는 기관을 방문하거나 기관의 프로그램에 참여하는 것이 있다. 또한 지역 사회의 전문가를 초빙하여 궁금한 것을 물어보는 것이 있다(홍길회 외, 2020).

① 기관방문

어린이집의 보육과정을 운영하는 과정에서 이루어지는 행사로, 생활주제에 따라 우리 동네 견학하기, 시장놀이, 김장하기, 경찰서 우체국 등 각종 기관 견학 등으로 이루어진다. 견학은 그 기관이 하는 역할, 기관의 시설, 자원을 활용함으로써 유아들에게 구체적인 경험을 줄 수 있다. 영유아들이 방문할 수 있는 지역 사회 견학에는 우체국, 보건소, 은행, 병원 등이 있다.

그림 8-1 기관견학

출처: 홍길회 외(2020). 유아교육기관 운영관리. p. 329.

② 기관의 프로그램에 참여

기관이나 단체들이 시행하는 교육프로그램에 영유아들이 참여하는 것이다. 어린이집이 지역 사회의 기관이나 단체와 협력하는 프로그램은 방문하여 참여하는 형태이다.

그림 8-2 소방서 프로그램 참여

출처: 박재옥 · 홍길회(2012). 보육운영기관의 실제. p. 137.

③ 전문가 초빙

유아교육기관으로 전문가를 초청하여 교육활동에서 궁금한 전문적인 지식을 물어보고, 문제해결의 과정에서 전문가의 도움을 받을 수 있다.

그림 8-3 전문가 초빙

출처: 홍길회 외(2020). 유아교육기관 운영관리. p. 330.

(2) 인적자원

다양한 문화적 지원을 해줄 수 있는 지역 사회의 인적자원이 어린이집을 방문하여 지원을 하는 것이다. 예를 들어, 안과 의사가 어린이집에 직접 방문하여 영유아의 진료활동에 참여하며 연계가 이루어지는 것이다.

2) 다양한 가족과 지역 사회 자원의 연계

다양한 가족과 지역 사회 자원의 연계는 중요하다. 정부에서는 시 · 군 · 구센터의 관할 지역의 어린이집과 영유아 · 보호자에 대하여 지역 특성에 기초한 서비스를 제공하기 위한 기관으로 육아정보지원센터를 설치 · 운영하고 있다. 육아종합지원센터 주요사업 중 하나인 가정양육사업의 내용은 다음과 같다.

- 부모교육 및 상담
- 부모–자녀 체험프로그램 운영
- 육아콘텐츠 개발 및 지원
- 영유아 체험프로그램 및 놀이공간 제공
- 도서 · 장난감 등 제공 또는 대여
- 일시보육서비스 제공
- 부모 소모임 등 교류 공간 제공
- 영유아 발달에 관한 검사
- 부모에 대한 영유아학대예방 교육 및 상담
- 그 밖에 가정양육지원 등에 관하여 필요한 사항

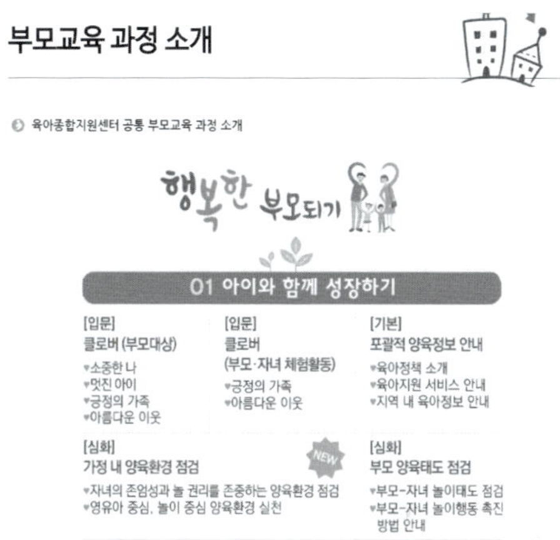

출처: 중앙육아종합지원센터. http://central.childcare.go.kr

육아종합지원센터는 어린이집과 가정, 지역 사회가 서로 협력할 수 있는 허브 역할을 하고 있으며 제4차 중장기보육기본계획안에서도 육아종합지원센터 역할을 추진하고 있다.

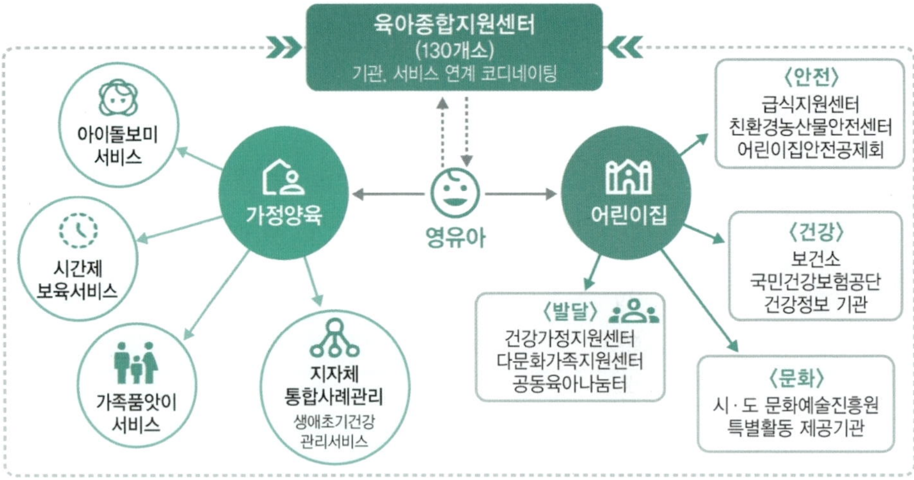

그림 8-4 영유아 포괄 케어

출처: 보건복지부(2022). 제4차 중장기 보육기본계획안. p. 13.

최근 한국 사회에서 가족은 급격히 변화하고 있다. 가족의 개념과 인식이 확장되어감에 따라 다양한 특징을 가진 가족이 부모의 특성에 따라 영유아를 양육하는 태도가 다르며 양육하는 것에서도 어려움을 느낀다. 따라서 부모가 자녀를 잘 양육할 수 있도록 지역 사회의 자원을 연결해 지원을 받도록 안내하는 것이 필요하다.

가족센터는 여성가족부가 시행하는 가족정책의 주요 전달 체계로서 다양한 가족지원(맞벌이, 한부모, 다문화, 조손가족)정책을 제안 및 실행하기 위해 설립된 기관이다. 가족센터에서 실시하는 사업으로는 가족교육, 가족상담, 가족돌봄나눔, 공동육아나눔터, 아이돌봄지원사업을 시행하고 있다. 특히 가족센터에서는 다문화 영유아의 언어발달치료를 받을 수 있다.

그림 8-5 가족센터

출처: 한국건강가족진흥원. https://www.familynet.or.kr/web/lay1/S1T296C297/contents.do

(1) 다문화가족과 지역 사회 연계

다문화가족이 증가하면서 이에 따른 어려움이 어린이집에서도 나타나고 있다. 2021년 전국다문화가족 실태조사에 의하면 배우자와 결혼이민자·귀화자의 만 5세 이하 자녀 양육에 어려움으로 자녀에게 '한국어 가르치기 어려움(26.8%)', '자녀를 돌봐줄 사람이 없는 것(20.5%)'이 가장 많은 것으로 나타났고 다음으로는 '양육에 대한 배우자·가족과 의견 차이(15.8%)'였다.

한국 생활의 어려움은 거주 기간 장기화에도 불구하고 언어 문제와 친구·이웃 사귀기의 어려움이 감소하기보다는 오히려 증가하였다. 국제결혼을 하는 한국인에 배우자들은 언어 소통의 어려움과 문화가 다름에서 오는 고충, 차별과 편견을 경험하는 사람이 적지 않다.

자녀의 주 양육자인 어머니의 사용언어가 적합하지 않으면 자녀는 정상적인 언어습득과 상호작용, 의사소통에 어려움이 발생한다. 이러한 현상은 심각한 가정폭력이나 부정적인 자녀 양육 태도로 연결되기도 한다.

다문화가족의 부모는 한국어가 서툴러 보육교사와 소통하는 데 어려움이 있으며 보육시설에서 전달하는 내용을 부모가 잘 이해하지 못하는 경우가 있다. 이러한 부분에 있어 어린이집은 지역자원인 가족센터와 연계해 가정에 도움을 줄 수 있다. 예로써 서울시의 가족센터에서는 다문화보육도우미를 모집하여 어린이집에서 다문화 부모와 상담 시 통역서비스를 지원하거나 가정통신문을 번역해주는 등 다문화 학부모를 위한 지원서비스를 실시하고 있다.

또한 지역별로 다문화 자녀에 대한 지원을 하고 있다. 예를 들어 경기도에서는 도내 외국인 자녀에게 어린이집에 다니는 외국인 자녀의 보육료를 1인당 월 10만원을 지급할 예정이다.

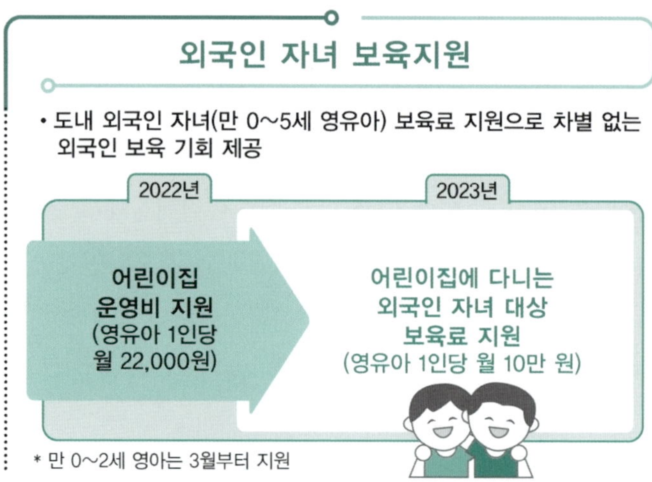

그림 8-6 경기도 외국인 자녀 보육지원

출처: 경기도여성가족재단(2023.1.26.). [경기WiFi 322호] 2023년 달라지는 여성가족정책(경기도) https://www.gwff.kr.

(2) 장애아가족과 지역 사회 연계

어린이집의 영유아 중 발달에 지연을 보이거나 경계선 장애를 보이는 영유아를 지원할 수 있는 지역사회기관으로는 장애인복지관이 있다. 장애인복지관은 지역의 시 · 군 · 구에 설치 · 운영되고 있으며 기관에 따라 영유아의 언어발달치료, 감각치료 등의 사업을 하고 있다.

서천군장애인종합복지관, 영유아발달 선별·추적검사 실시

서천군장애인종합복지관이 지난 4월부터 6월까지 3개월 동안 지역 내 어린이집 22개소를 대상으로 '영유아발달 선별검사 및 추적검사'를 실시했다고 밝혔다.

영유아발달 선별검사 및 추적검사는 발달의 골든타임을 놓치지 않도록 지원하기 위해 장애 위험군 영유아를 조기에 발견하고, 일상생활 관찰과 코칭 서비스를 연계하고 있다.

복지관은 2018년부터 충남어린이집연합회 서천군지회와 함께 지역 내 어린이집을 이용 중인 15~36개월 영유아를 대상으로 지속적으로 검사를 시행하고 있으며, 현재까지 총 809명의 영유아에게 발달 선별검사를 실시했다.

또한, 2020년부터 검사 결과에서 발달 지연, 발달 경계, 소항목 지연을 보인 영유아를 대상으로 추적검사를 실시하여 지속적인 모니터링을 진행하고, 36개월 이상 장애 또는 장애 위험군 아동의 경우 진단 서비스(운동발달, 작업 활동, 언어활동, 인지발달, 심리활동)를 연계하고 있다.

김완기 서천군장애인종합복지관장은 "재활서비스의 적기를 놓치지 않도록 장애 위험군에 놓인 영유아에게 적절한 조기개입이 중요하다"며 "지역 내 아동들의 건강한 성장을 위해 적극적인 조기 발견과 서비스 지원에 노력할 것"이라고 전했다.

출처: 뉴스21통신(2022.6.10.). 서천군장애인종합복지관, 영유아발달 선별 · 추적검사 실시.

어린이집에서는 이러한 요구를 가진 영유아의 가족이 건강하고 심리적으로 안정된 생활을 할 수 있도록 도움을 주어야 한다. 어린이집 교사는 영유아 가족의 특정 문제를 도와줄 전문기관에 대한 실질적인 정보를 가지고 있어야 가족이 전문가를 찾아가 도움을 구하도록 연계할 수 있다(조혜경, 2021).

(3) 한부모가족과 지역 사회 연계

한부모인 이혼과 사별로 인한 한부모, 조손가족, 미혼모, 청소년 부모 등은 다른 가족보다도 지역 사회의 도움을 필요로 한다. 따라서 지역 사회의 다양한 복지를 이용할 수 있도록 안내하는 것이 필요하다. 한부모가족이 도움을 받을 수 있는 지역 사회의 자원은 '한부모가족 복지서비스 안내' 책자나 리플릿을 통해 자세히 알 수 있다.

표 8-7 한부모가족 복지서비스 안내

1. 미혼모 · 부 등 가족이 상담 창구를 쉽게 찾을 수 있도록 표시해주세요.
2. 별도의 상담실로 안내해서 상담해주세요.
   - 상담실이 없을 경우 사생활 보호를 위해 목소리를 낮춰서 응대해주세요.
3. 업무와 직접적인 관련이 없는 질문은 삼가주세요.
   - "아이 아빠는 없어요?", "어쩌다 혼자가 됐어요?" 등의 질문은 하지 말아주세요.
4. 나이가 어리다고 해서 반말을 사용하지 말고 존중하는 언어를 사용해주세요.
   - "네가 엄마야?", "낳을지 말지 잘 생각 했었어야지." 등의 표현은 하지 말아주세요.
5. "안 돼요, 모르겠는데요."보다는 긍정적인 답변을 해 주세요.
6. 개인정보 보호에 주의를 기울여주세요.
   - 후원물품 수령 등 타인에게 개인정보가 노출되지 않도록 해주세요.
7. 가족관계증명서 발급 시에는 일반증명서와 상세증명서를 선택할 수 있다는 것을 안내해주세요.
8. 임신 · 출산부터 양육까지 전 과정에 걸쳐 지원받을 수 있다는 것을 알려주세요.
   - 지자체의 자녀 양육지원 제도, 한부모가족 상담전화(1644-6621), 아동양육비 및 미혼모부자가족복지시설 등에 대해 안내해주세요.
   - 출생신고가 안 된 자녀를 둔 미혼부에게는 자녀의 출생신고 완료 전에도 받을 수 있는 지원(한부모가족 아동양육비, 아동수당, 보육료, 가정양육수당, 건강보험 등)에 대해 꼭 알려주세요.
9. 임신, 출산, 양육상 생계의 어려움을 이유로 긴급복지지원 등 신청할 수 있는 서비스들을 알려주세요.
10. 〈한부모가족 복지서비스 안내〉를 교부해주세요.
    - 실물 책자 · 리플릿이 없는 경우, 여성가족부 누리집(www.mogef.go.kr)에서 다운받을 수 있다고 알려주세요.

출처: 여성가족부 · 복권위원회(2023). 한부모가족 복지서비스 안내. p. 2.

다양하고 풍부한 지역 사회의 자원을 어린이집이 적극적으로 활용하는 것은 영유아의 보육을 함에 있어 효과적이며 영유아의 건강과 발달에 있어 도움을 줄 수 있다. 또한 지역 사회의 자원을 부모가 연계해 이용함으로 자녀의 교육과 가족의 어려움에 대한 도움을 받을 수 있다. 어린이집 교사는 부모와 지역 사회 자원의 연계를 위해 다양한 지역 사회의 기관의 정보를 습득하고 부모에게 안내할 수 있어야 한다.

다문화 통합어린이집 대폭 확대… 총 120개소 지원

서울시는 6월부터 다문화 통합어린이집 34개소를 신규 지정해 올해 총 120개소를 지원할 예정이다. 사회·경제적 약자인 다문화가정 아동에 양질의 보육을 제공하기 위해 다문화 아동 보육실적이 높은 어린이집을 다문화 통합어린이집으로 우선 지정하고 운영비와 기자재비를 지원한다.

다문화 통합어린이집 지원사업은 「서울시 보육 중장기 마스터플랜」의 일환으로, 다문화·외국인·새터민 가정과 동행할 수 있도록 매년 추가 지정에 나설 계획이다. 다문화 통합어린이집에서는 자칫 사회적으로 소외될 수 있는 다문화가정의 아동과 일반아동이 서로의 문화를 이해하고 건강한 사회구성원으로 성장할 수 있도록 어린이집별 다양한 프로그램을 운영하고 있다.

다문화 아동과 일반아동이 함께 다문화 요리, 전통의상, 전통 놀이와 같은 체험 활동을 진행하고 다문화 아동의 한글 교육을 지원하거나, 다문화 부모 대상의 교육을 실시하는 등 내실 있는 프로그램을 운영 중이다.

일부 어린이집에서는 다문화 보육교사 대상으로 외국어 강좌를 개설하거나, 가정통신문을 외국어로 작성해 배포하는 등 가정과의 의사소통에 적극 대처하고 있다.

올해부터는 다문화 통합어린이집과 25개 자치구 가족센터의 다문화가정 지원사업을 적극 연계해 운영할 예정으로, 그간 어린이집과의 언어 소통으로 어려움이 많았던 다문화가정에 실질적 도움이 될 것으로 기대한다.

다문화 통합어린이집 아동에게 다문화 인식개선 교육을 실시하고, 다문화 초등입학설명회 등 다양한 다문화가족 지원사업에 참여할 수 있도록 안내할 예정이다.

김선순 서울시 여성가족정책실장은 "보육현장의 의견을 반영해 당초 14개소에서 34개소로 다문화 통합어린이집 지정 규모를 대폭 늘려 총 120개소를 지원할 예정"이라며, "다문화가정의 아동이 사회의 건강한 구성원으로 자라날 수 있도록 올해부터 가족센터와 다문화 통합어린이집의 연계를 강화할 계획"이라고 말했다.

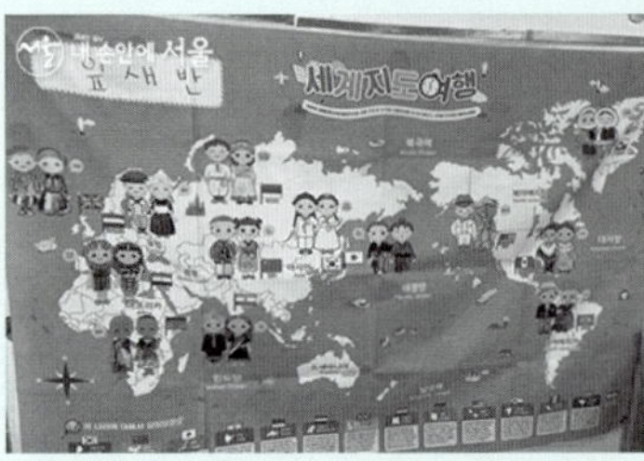

출처: 내 손안에 서울뉴스(2022.6.19.). 다문화 통합어린이집 대폭 확대… 총 120개소 지원.

생각 나누기

1. 부모 및 가족과의 연계가 필요한 이유를 생각해봅시다.

2. 부모 또는 지역 사회와 연계할 수 있는 프로그램의 실제 사례를 찾아봅시다.

Chapter 09

보육과정

1 제4차 표준보육과정

표준보육과정은 2004년 영유아보육법이 개정되면서 근거가 마련되었고 2007년에는 보육시설에서 사용할 수 있는 국가수준의 보육과정인 '표준보육과정의 구체적 보육내용 및 교사지침'이 고시되었다. 이후 보건복지부에서 준비 중이었던 표준보육과정 개정안을 기초로 2012년에 0~4세를 대상으로 하는 '제2차 표준보육과정'이 고시되었다.

누리과정이 만 3세와 4세로 확대되면서 표준보육과정도 연령에 따른 연계와 연속적 경험 측면의 목표와 내용을 고려하여 개정한 '3차 표준보육과정'이 2013년에 고시되어 보육시설에 적용되었다.

2019년 아동 · 놀이중심의 교육과정으로 누리과정이 개정되면서 표준보육과정도 같은 맥락 속에서 아동중심 · 놀이중심의 교육과정으로 개정하게 되었다. 2020년 개정된 '제4차 표준보육과정'은 누리과정과의 연계를 통해 영유아의 경험 및 발달의 연계를 하고 영유아를 중심으로 하는 자율적인 놀이를 교육과정에 기본방향으로 하고 있다.

1) 표준보육과정의 특성

제4차 표준보육과정은 3~5세 누리과정의 개정 방향과 취지를 수용하면서 영아보육의 특성 및 보육의 정체성을 반영하였다. 표준보육과정의 구성은 0~1세 보육과정, 2세 보육과정, 3~5세 보육과정(누리과정)으로 나누었고 전체적으로 내용을 간략화하였다.

즉 0~2세 보육과정을 기존의 6개 영역의 내용범주와 체계는 그대로 유지하고

0~1세의 4수준, 2세의 2수준으로 나누었던 세부내용을 통합하였다. 표준보육과정은 영유아의 기본권리 개별보장을 중시하며 영유아중심, 놀이중심을 추구한다.

(1) 표준보육과정의 성격

어린이집 표준보육과정은 만 0세부터 만 5세까지의 영유아들에게 국가수준에서 제공하는 보편적이고 공통적인 보육의 목표와 내용을 제시한 것으로, 0~1세 보육과정, 2세 보육과정, 3~5세 보육과정(누리과정)으로 구성되어 있다. 표준보육과정은 영유아의 전인발달과 우리 문화에 적합한 내용을 일관성 있게 시행함으로써 사회에서 추구하는 인간상을 구현하고, 어린이집의 질적 수준을 높이는 데 기여하고자 제정되었다. 표준보육과정의 성격은 다음과 같다(보건복지부, 2020).

① 국가수준의 공통성과 지역, 기관 및 개인 수준의 다양성을 동시에 추구한다.

- 국가수준의 공통성: 어린이집에서 보육과정을 구성하고 운영할 때 고려해야 할 공통적이고 일반적인 기준을 의미한다.
- 지역수준의 다양성: 국가수준의 보육과정을 바탕으로 각 지역 사회의 상황과 여건을 고려하여 보육과정을 특색 있게 운영하는 것을 의미한다.
- 기관수준의 다양성: 어린이집이 국가수준의 보육과정과 지역수준의 보육과정의 특성을 반영하며, 각 기관의 철학, 담당 반 및 부모의 특성에 따라 보육과정을 자율적으로 운영하는 것을 의미한다.
- 개인수준의 다양성: 교사가 담당 영유아의 연령 및 개별 특성, 발달 수중 등 개인차를 보육과정에 반영하여 운영하는 것을 의미한다.

② 영유아의 전인적 발달과 행복을 추구한다.

표준보육과정은 영유아가 전인적 발달과 행복을 추구할 권리를 존중한다. 영유아가 전인적으로 발달한다는 것은 몸과 마음이 건강하고 자주적이고 창의적이며,

감성이 풍부하고, 더불어 사는 사람으로 성장한다는 것을 의미한다.

③ 영유아 중심과 놀이중심을 추구한다.

'영유아 중심'을 추구한다는 것은 보육과정을 운영하는 과정에서 영유아의 건강과 행복, 놀이를 통한 배움의 가치를 최대한 존중하여 반영하는 것을 의미한다. '놀이중심'을 추구한다는 것은 영유아가 주도하는 놀이를 중심으로 보육과정을 구성하고 운영한다는 것을 의미한다. 표준보육과정은 교사가 계획하여 주도하는 보육과정에서 영유아가 주도적으로 놀이하며 배우는 보육과정으로의 변화를 추구한다.

④ 영유아의 자율성과 창의성 신장을 추구한다.

영유아는 스스로 할 수 있는 일을 하고, 하고 싶은 일을 선택하여 자신의 선택과 결정에 대해 책임지는 경험을 하면서 자율성을 기른다. 영유아는 호기심을 가지고 주변 세계를 탐색하고 탐구하며 자신만의 방식으로 놀이를 변형하고 창조하면서 창의성을 기른다.

⑤ 영유아, 교사, 원장, 부모 및 지역 사회가 함께 실현하는 것을 추구한다.

- 표준보육과정은 영유아, 교사, 어린이집, 각 어린이집이 속한 지역 사회와 가정의 협력 및 참여를 통해 함께 실현해 가는 보육과정이다.
- 교사와 원장은 영유아의 관심과 흥미 및 놀이에 대한 이해를 바탕으로 영유아의 놀이를 지원하는 보육과정의 주체로서 부모가 영유아 · 놀이중심 보육과정의 의미를 이해하고 협력할 수 있도록 지원한다.
- 학부모는 영유아 · 놀이중심 보육과정의 의미를 이해하고 영유아가 가정과 기관에서 주도적으로 충분히 놀이할 수 있도록 기관과 협력하고 지원한다.
- 어린이집은 지역 사회의 공공기관이나 단체와 협력하여 지역 사회의 인적 · 환경적 · 문화적 자원을 통해 영유아가 풍부한 경험을 할 수 있도록 보육과정 운영을 지원한다.

(2) 표준보육과정의 목표

표준보육과정의 목적은 영유아의 전인적 발달을 도와 행복을 도모하며, 민주시민의 기초를 형성하는 데 있다. 보육과정을 통해 추구하는 인간상은 다음과 같다.

① 건강한 사람

건강한 사람은 몸과 마음이 고루 발달하고 스스로 건강함을 유지하며 안정적이고 안전한 생활을 하는 사람을 의미한다. 표준보육과정은 영유아가 튼튼한 몸과 안정된 정서를 바탕으로 자신을 소중히 여기며 위험한 상황에서 자신을 보호하는 건강한 사람으로 성장할 수 있도록 돕는다.

② 자주적인 사람

자주적인 사람은 자신을 잘 알고 존중하며 자신감을 가지고 스스로 할 수 있는 일을 주도적으로 해 나가는 사람을 의미한다. 표준보육과정은 영유아가 자신에 대한 이해를 바탕으로 자신을 긍정적인 존재로 인식하고 자신의 능력을 확장하기 위해 스스로 노력하는 사람으로 성장해 갈 수 있도록 돕는다.

③ 창의적인 사람

창의적인 사람은 주변 세계에 열려 있고, 호기심이 많으며, 자기만의 방식으로 상상하고 느끼고 표현하고 탐구하는 가운데 새롭고 독창적인 생각을 하는 사람을 의미한다. 표준보육과정은 영유아가 자신의 흥미와 관심에 따라 적극적으로 참여하는 사람으로 성장해 갈 수 있도록 돕는다.

④ 감성이 풍부한 사람

감성이 풍부한 사람은 예술을 사랑하고 존중하며 자신을 둘러싼 주변 세계에 경이감과 아름다움을 느끼고 즐길 수 있는 풍부한 문화적 감수성을 지닌 사람을 의미한다. 표준보육과정은 영유아가 일상과 놀이 속에서 아름다움을 발견하고 공감하며, 이를 다양한 예술로 표현하면서 문화를 향유하는 사람으로 성장해 갈 수 있도록 돕는다

⑤ 더불어 사는 사람

더불어 사는 사람은 자신이 속해 있는 사회에 소속감을 느끼고, 다른 사람과 생명을 존중하고 자연과 더불어 살아가며 보다 나은 사회를 만들기 위해 사회문제에 관심을 갖고 협력하는 민주 시민을 의미한다. 표준보육과정은 영유아가 가족, 이웃, 동식물과 주변 환경에 관심을 가지고 소중히 여기며, 서로 배려하는 마음과 태도, 책임 의식을 가진 사람으로 성장해갈 수 있도록 돕는다.

표준보육과정의 목표는 영유아가 추구하는 인간상으로 성장하기 위해 필요한 사항을 중심으로 영유아가 놀이를 통해 심신의 건강과 조화로운 발달을 이루고 바른 인성과 민주 시민의 기초를 형성하는 데에 있다. 이를 실현하기 위한 목표는 다음 표 9-1과 같다.

표 9-1 표준보육과정 목표

0~2세 보육과정 목표	3~5세 보육과정(누리과정) 목표
• 자신의 소중함을 알고, 건강하고 안전한 환경에서 즐겁게 생활한다. • 자신의 일을 스스로 하고자 한다 • 호기심을 가지고 탐색하며 상상력을 기른다. • 일상에서 아름다움에 관심을 가지고 감성을 기른다. • 사람과 자연을 존중하고 소통하는 데 관심을 가진다.	• 자신의 소중함을 알고, 건강하고 안전한 생활습관을 기른다. • 자신의 일을 스스로 해결하는 기초능력을 기른다. • 호기심과 탐구심을 가지고 상상력과 창의력을 기른다 • 일상에서 아름다움을 느끼고 문화적 감수성을 기른다. • 사람과 자연을 존중하고 배려하며 소통하는 태도를 기른다.

(3) 표준보육과정의 편성과 운영

① 어린이집의 운영 시간에 맞추어 편성한다.

표준보육과정의 편성은 개별 어린이집의 특성과 운영시간에 맞추되 각 영역의 내용을 균형 있게 통합적으로 편성한다.

② 표준보육과정을 바탕으로 각 기관의 실정에 적합한 계획을 수립하여 운영한다.

어린이집은 각 기관의 보육철학, 가정과 지역 사회의 특성, 영유아의 요구등을 반영하여 자율적으로 계획을 수립할 수 있다. 교사는 기존에 활용하였던 연간, 월간, 주간, 일일 계획안을 어린이집 및 반의 특성에 적합하게 변경하여 사용할 수 있다

③ 하루 일과에서 바깥 놀이를 포함하여 영유아의 놀이가 충분히 이루어지도록 편성하여 운영한다.

영유아의 흥미와 관심에 따라 놀이를 충분히 즐길 수 있도록 탄력적으로 편성 · 운영하는 것이 중요하다.

④ 성, 신체적 특성, 장애, 종교, 가족 및 문화적 배경 등에 따른 차별이 없도록 편성하여 운영한다.

영유아의 발달 특성 및 개인차와 경험을 고려하여 놀이중심으로 편성하며, 영유아의 일과 중 일상생활을 포함하여 편성한다. 또한 성별, 종교, 신체적 특성, 가족 및 민족 배경 등으로 인한 차별이 없도록 편성한다.

⑤ 영유아의 발달과 장애 정도에 따라 조정하여 운영한다.

영유아의 능력과 장애 정도에 따라 차이가 있으므로, 교사는 영유아가 자신에게 적합한 방식으로 놀이할 수 있도록 보육과정을 조정하여 운영한다.

⑥ 가정과 지역 사회와의 협력과 참여에 기반하여 운영한다.

표준보육과정을 운영할 때는 연간, 월간, 주간, 일일 계획에 의거하여 운영하되 실내 · 외 환경을 다양한 흥미영역으로 구성하며 가정과 지역 사회의 협력과 참여에 기반하여 운영한다.

⑦ 교사 연수를 통해 표준보육과정의 운영을 개선할 수 있도록 한다.
어린이집을 지원하는 국가 및 지역 기관에서는 다양한 형태의 교사 연수를 마련하고, 교사가 자율적으로 참여할 수 있는 기회를 제공해야 한다.

2) 표준교육과정의 내용

(1) 기본생활 영역

기본생활 영역은 영아가 편안하고 자연스럽게 건강하고 안전한 일상생활을 경험하는 것을 목표로 한다. 기본생활 영역의 '건강하게 생활하기'는 몸을 깨끗이 할 때의 기분 좋음과 위생과 청결에 대한 기본적인 감각을 기르는 것이다. '안전하게 생활하기'는 안전한 상황에서 놀이하고 생활하도록 하는 내용이다.

영아의 신체의 청결과 위생, 즐거운 식사, 배변 습관의 경험, 안전한 놀이와 생활, 위험한 상황에서의 대처 등은 건강하고 안전한 생활습관의 기초를 형성할 수 있다(보건복지부, 2020).

범주	연령	내용
건강하게 생활하기	0~1세	도움을 받아 몸을 깨끗이 한다 음식을 즐겁게 먹는다. 하루 일과를 편안하게 경험한다. 배변 의사를 표현한다
	2세	자신의 몸을 깨끗이 해 본다. 음식에 관심을 가지고 즐겁게 먹는다. 하루 일과를 즐겁게 경험한다
안전하게 생활하기	0~1세	안전한 상황에서 놀이하고 생활한다. 안전한 상황에서 교통수단을 이용해 본다. 위험하다는 말에 주의한다.
	2세	일상에서 안전하게 놀이하고 생활한다. 교통수단을 안전하게 이용해 본다. 위험한 상황에 대처하는 방법을 경험한다.

(2) 신체운동 영역

신체운동 영역은 영아가 주변 자극에 반응하고 자신의 신체를 인식하며, 실내외 신체활동을 즐기도록 하는 것에 목표를 두고 있다. 신체운동 영역의 '감각과 신체 인식하기'는 감각으로 주변의 사물과 환경을 인식하며, 자신의 신체를 즐겁게 탐색해 보며 인식하는 것이다. '신체활동 즐기기'는 대소근육을 이용한 기본운동을 시도하고 신체를 이용해 실내외 신체활동을 즐기는 것이다(보건복지부, 2020).

범주	연령	내용
감각과 신체 인식하기	0~1세	감각적 자극에 반응한다. 감각으로 주변 환경을 탐색한다. 신체를 탐색한다.
	2세	감각 능력을 활용한다. 신체를 인식하고 움직인다.
신체활동 즐기기	0~1세	대소근육을 조절한다. 기본운동을 시도한다. 실내외 신체활동을 즐긴다.
	2세	대소근육을 조절한다. 기본운동을 시도한다. 실내외 신체활동을 즐긴다.

(3) 의사소통 영역

의사소통 영역은 의사소통 능력의 기초를 형성하는 것으로 영아가 일상생활에서 다른 사람의 말이나 이야기를 듣고 말하는 것을 즐기며, 다양한 책과 이야기를 접하며 상대방의 표현을 이해하고 자신의 의사를 표현하는 과정을 통해 의사소통에 관심을 가지는 것을 목표로 한다. 의사소통 영역의 '듣기와 말하기', '읽기와 쓰기에 관심 가지기'는 영아가 듣기, 말하기, 읽기, 쓰기의 의사소통 방식에 관심을 가지고 활용하는 것이다. '책과 이야기 즐기기'는 책과 이야기에서 상상하는 즐거움을 경험하는 것이다(보건복지부, 2020).

범주	연령	내용
듣기와 말하기	0~1세	표정, 몸짓, 말과 주변의 소리에 관심을 갖고 듣는다. 상대방의 이야기를 들으면서 말소리를 낸다. 표정, 몸짓, 말소리로 의사 표현을 한다.
	2세	표정, 몸짓, 말에 관심을 갖고 듣는다. 상대방의 이야기를 듣고 말한다. 표정, 몸짓, 단어 또는 문장으로 말한다.
읽기와 쓰기에 관심 가지기	0~1세	표정, 몸짓, 말과 주변의 소리에 관심을 갖고 듣는다. 상대방의 이야기를 들으면서 말소리를 낸다. 표정, 몸짓, 말소리로 의사표현을 한다.
	2세	주변의 그림과 상징, 글자에 관심을 가진다. 끼적이며 표현하기를 즐긴다.
책과 이야기 즐기기	0~1세	책에 관심을 가진다. 이야기에 관심을 가진다.
	2세	책에 관심을 가지고 상상한다. 말놀이와 이야기에 재미를 느낀다.

(4) 사회관계 영역

사회관계 영역은 영아가 다른 사람의 말을 듣고 표정을 보며 상호작용하는 것을 통해 나를 알고 친숙한 성인과 안정적인 애착을 형성하여 어린이집에서 또래, 교사와 편안하게 지내는 것을 목표로 한다. 사회관계 영역의 '나를 알고 존중하기'는 자신이 다른 사람과 다르다는 것을 알고 자신을 긍정적으로 인식하기 위한 태도를 기르는 것이다.

'더불어 생활하기'에서는 0~1세는 친숙한 사람과 안정적인 애착을 형성하며 기관 안에서 편안하게 지내는 것을 중점을 두고 있으며, 2세는 다른 사람과 더불어 생활하는 경험 속에서 다른 사람의 감정과 행동에 주의를 기울이며 약속과 규칙을 지키는 것에 중점을 두고 있다(보건복지부, 2020).

범주	연령	내용
나를 알고 존중하기	0~1세	나를 인식한다. 나와 요구와 감정을 나타낸다. 나와 친숙한 것을 안다.
	2세	나와 다른 사람을 구별한다. 나의 감정을 표현한다. 내가 좋아하는 것을 한다.
더불어 생활하기	0~1세	안정적인 애착을 형성한다. 또래에게 관심을 가진다. 다른 사람의 감정과 행동에 주의를 기울인다. 반에서 편안하게 지낸다.
	2세	가족에게 관심을 가진다. 또래와 함께 놀이한다. 다른 사람의 감정과 행동에 반응을 보인다. 반에서 규칙과 약속을 알고 지킨다.

(5) 예술경험 영역

예술경험 영역은 영아가 아름다움에 관심을 갖고 자연과 주변 사물에서 아름다움을 느끼고 즐기면서 자신이 경험한 느낌과 생각을 다양하게 표현하는 것을 목표에 두고 있다. 예술경험 영역의 '아름다움 찾아보기'는 영아가 자연과 생활에서 아름다움을 느끼며 아름다움에 관심을 갖는 것이다. '창의적으로 표현하기'는 0~1세는 영아가 자연과 실생활 속에서 느끼는 경험에 반응하고 모방행동을 즐기는 것에 중점을 두고 있다. 2세는 아름다움에 대한 자신의 생각과 느낌을 노래나 미술, 상상놀이와 같은 다양한 방법으로 표현하고 즐기는 것에 중점을 두고 있다(보건복지부, 2020).

범주	연령	내용
아름다움 찾아보기	0~1세	자연과 생활에서 아름다움을 느낀다. 아름다움에 관심을 가진다.
	2세	소리와 리듬 노래에 반응한다. 감각적으로 미술경험을 한다. 모방행동을 즐긴다.
창의적으로 표현하기	0~1세	자연과 생활에서 아름다움을 느낀다. 아름다움에 관심을 가진다.
	2세	익숙한 노래와 리듬을 표현한다. 움직임과 춤으로 자유롭게 표현한다. 미술 재료와 도구로 표현해 본다. 일상생활 경험을 상상놀이로 표현한다.

(6) 자연탐구 영역

자연탐구 영역은 영아가 자신을 둘러싸고 있는 주변 세계와 자연에 호기심을 가지고 일상에서 탐색하기를 즐기며, 주변의 동식물과 날씨의 변화에 관심을 가지는 것을 목표로 한다. 자연탐구 영역의 '탐구과정 즐기기' 주변 환경과 자연을 탐색하는 과정을 관심을 갖고 즐기는 것이다. '생활 속에서 탐구하기'는 생활 속에서 친숙한 물체의 특성과 변화를 감각적으로 탐색하며 관심을 갖고 즐기는 것이다. '자연과 더불어 살기'는 주변의 동식물에 관심을 갖고 날씨와 계절의 변화를 감각으로 느끼는 것이다(보건복지부, 2020).

범주	연령	내용
탐구과정 즐기기	0~1세	주변 세계와 자연에 대해 호기심을 가진다. 사물과 자연을 탐색하기를 즐긴다.
	2세	주변 세계와 자연에 대해 호기심을 가진다. 사물과 자연을 탐색하기를 즐긴다.
생활 속에서 탐구하기	0~1세	친숙한 물체를 감각으로 탐색한다. 물체의 수량에 관심을 가진다. 주변 공간과 모양을 탐색한다. 규칙성을 경험한다.

범주	연령	내용
생활 속에서 탐구하기	2세	친숙한 물체의 특성과 변화를 감각으로 탐색한다. 물체의 수량에 관심을 가진다. 주변 공간과 모양을 탐색한다. 규칙성에 관심을 가진다. 주변 사물을 같고 다름에 따라 구분한다. 생활도구에 관심을 가진다.
자연과 더불어 살기	0~1세	주변의 동식물에 관심을 가진다. 날씨의 변화를 감각으로 느낀다. 주변 세계와 자연에 대해 호기심을 가진다. 사물과 자연을 탐색하기를 즐긴다.
	2세	주변의 동식물에 관심을 가진다. 날씨의 변화를 감각으로 느낀다.

2 2019년 개정 누리과정

보건복지부와 교육과학기술부는 2011년 9월 5일 어린이집과 유치원으로 이원화되어 있는 보육·교육과정을 통합하여 새로운 5세 누리과정을 제정하였고, 이후 3~4세 누리과정을 제정하여 만 3세부터 5세 유아를 대상으로 하는 '3~5세 연령별 누리과정'을 고시하였다. 2012년 3월부터 만 5세 어린이는 공통의 5세 누리과정을 제공받게 되었고, 2013년부터는 3~4세 유아들도 누리과정의 혜택을 받게 되었다.

유아의 건강과 조화로운 발달을 도와 바른 인성을 갖춘 민주시민의 기초를 형성하는 것을 목적으로 하는 3~5세 연령별 누리과정은 0~2세 표준보육과정 및 초등학교 교육과정과의 연계를 강화하였다. 특히 바른 생활습관 형성을 위한 기본생활

습관을 강조하고, 남을 배려하고 존중하며, 더불어 함께하는 다양한 내용으로 구성하여 누리과정부터 인성교육을 강조하였다. 건강한 몸과 마음을 기르도록 다양한 신체활동 참여를 강화하고, 유아 단계에 맞는 인터넷·미디어 중독 예방, 녹색성장교육 및 다른 문화에 대한 이해 등의 내용도 추가하였다.

'3~5세 연령별 누리과정'은 1일 3~5시간을 기준으로, 유연하고 탄력적으로 편성·운영할 수 있도록 하여 어린이집과 유치원 모두 공통과정을 최대한 충실히 운영하도록 하고 있다.

1) 개정 누리과정의 특성

(1) 개정 누리과정의 성격

① 목적과 목표

누리과정의 목적은 유아가 놀이를 통해 심신의 건강과 조화로운 발달을 이루고 바른 인성과 민주 시민의 기초를 형성하는 데에 있다. 이를 실현하기 위한 목표는 다음과 같다.

- 자신의 소중함을 알고, 건강하고 안전한 생활습관을 기른다.
- 자신의 일을 스스로 해결하는 기초능력을 기른다.
- 호기심과 탐구심을 가지고 상상력과 창의력을 기른다.
- 일상에서 아름다움을 느끼고 문화적 감수성을 기른다.
- 사람과 자연을 존중하고 배려하며 소통하는 태도를 기른다.

② 누리과정 구성의 중점

- 3~5세 모든 유아에게 적용할 수 있도록 구성한다.

- 추구하는 인간상 구현을 위한 지식, 기능, 태도 및 가치를 반영하여 구성한다.
- 신체운동 · 건강, 의사소통, 사회관계, 예술경험, 자연탐구의 5개 영역을 중심으로 구성한다.
- 3~5세 유아가 경험해야 할 내용으로 구성한다.
- 0~2세 보육과정 및 초등학교 교육과정과의 연계성을 고려하여 구성한다.

(2) 개정 누리과정의 구성원리

① 편성 · 운영

- 1일 3~5시간을 기준으로 편성한다.
- 5개 영역의 내용을 균형 있게 통합적으로 편성한다.
- 유아의 발달 특성 및 경험을 고려하여 놀이를 중심으로 편성한다.
- 반(학급) 특성에 따라 융통성 있게 편성한다.
- 성별, 종교, 신체적 특성, 가족 및 민족 배경 등으로 인한 편견이 없도록 편성한다.
- 일과 운영 시간에 따라 심화 확장할 수 있도록 편성한다.

② 교수 · 학습방법

- 놀이를 중심으로 교수 · 학습활동이 이루어지도록 한다.
- 유아의 흥미를 중심으로 활동을 선택하고 지속할 수 있도록 한다.
- 유아의 생활 속 경험을 소재로 하여 지식, 기능, 태도 및 가치를 습득하도록 한다.
- 유아와 교사, 유아와 유아, 유아와 환경 간에 능동적인 상호작용이 이루어지도록 한다.
- 주제를 중심으로 여러 활동이 통합적으로 이루어지도록 한다.

- 실내 · 실외활동, 정적 · 동적 활동, 대 · 소집단활동 및 개별활동, 휴식 등이 균형 있게 이루어지도록 한다.
- 유아의 관심과 흥미, 발달이나 환경 특성 등을 고려하여 개별 유아에게 적합한 방식으로 학습하도록 한다.

③ 평가

- 운영 내용이 누리과정의 목표와 내용에 근거하여 편성 · 운영되었는지 평가한다.
- 운영 내용 및 활동이 유아의 발달수준과 흥미 · 요구에 적합한지를 평가한다.
- 교수 · 학습 방법이 유아의 흥미와 활동의 특성에 적합한지를 평가한다.
- 운영 환경이 유아의 발달 특성과 활동의 주제, 내용 및 효율성 등을 고려하여 구성되었는지 평가한다.
- 계획안 분석, 수업 참관 및 모니터링, 평가척도 등 다양한 방법을 활용하여 평가한다.
- 운영 평가의 결과를 반영하여 운영계획을 수정 · 보완하거나 이후 누리과정 편성 · 운영에 활용한다.

2) 영역별 목표 및 내용

유아가 경험해야 할 내용은 이전 369개에서 59개로 구성되었다. 5개 영역의 내용은 유아의 경험에서 자연스럽게 나타나는 내용으로 교사가 가르치지 않아도 유아가 놀이하며 배울 수 있으며, 실행이 먼저 일어나는 교육과정이 가능하다. 5개 영역의 내용은 다음과 같다(보건복지부, 2020).

(1) 신체운동 · 건강

신체운동 · 건강 영역은 '신체활동 즐기기', '건강하게 생활하기', '안전하게 생활하기'의 세 범주로 구성되어 있으며, 기존 누리과정의 '신체 인식하기', '신체 조절과 기본운동하기', '신체활동에 참여하기'는 '신체활동 즐기기'로 범주를 기술하였다.

신체운동 · 건강 (12개)	
내용범주	내용
신체활동 즐기기	신체를 인식하고 움직인다.
	신체움직임을 조절한다.
	기초적인 이동운동, 제자리운동, 도구를 이용한 운동을 한다.
	실내외 신체활동에 자발적으로 참여한다.
건강하게 생활하기	자신의 몸과 주변을 깨끗이 한다.
	몸에 좋은 음식에 관심을 가지고 바른 태도로 즐겁게 먹는다.
	하루 일과에서 적당한 휴식을 취한다.
	질병을 예방하는 방법을 알고 실천한다.
안전하게 생활하기	일상에서 안전하게 놀이하고 생활한다.
	TV, 컴퓨터, 스마트폰 등을 바르게 사용한다.
	교통안전 규칙을 지킨다.
	안전사고, 화재, 재난, 학대, 유괴 등에 대처하는 방법을 경험한다.

(2) 의사소통

의사소통 영역은 '듣기와 말하기', '읽기와 쓰기에 관심 가지기', 문학과의 연계성을 위한 '책과 이야기 즐기기' 세 부분으로 범주가 구성되어 있으며, 세부 내용은 다음과 같다.

의사소통 (12개)	
내용범주	내용
듣기와 말하기	말이나 이야기를 관심 있게 듣는다.
	자신의 감정, 느낌, 생각을 말한다.
	상황에 적절한 단어를 사용하여 말한다.
	상대방이 하는 이야기를 듣고 관련해서 말한다.
	바른 태도로 듣고 말한다.
	고운 말을 사용한다.
읽기와 쓰기에 관심 가지기	말과 글의 관계에 관심을 가진다.
	주변의 상징, 글자 등의 읽기에 관심을 가진다.
	자신의 생각을 글자와 비슷한 형태로 표현한다.
책과 이야기 즐기기	책에 관심을 가지고 상상하기를 즐긴다.
	동화, 동시에서 말의 재미를 느낀다.
	말놀이와 이야기 짓기를 즐긴다.

(3) 사회관계

사회관계 영역은 '나를 알고 존중하기', '더불어 생활하기', '사회에 관심을 가지기'의 세 부분으로 범주가 구성되어 있다. '나를 알고 존중하기'는 자신 스스로를 존중하는 것에 관한 내용이며, '더불어 생활하기'와 '사회에 관심을 가지기'는 유아의 주변 사람과 우리나라를 비롯한 다른 문화까지 관심을 가지고 폭넓게 이해하고 편견 없이 바라볼 수 있는 내용이다.

이처럼 사회관계는 유아기 사회생활에서 직면하는 문제해결 능력을 중심으로, 유아가 자신의 생활 속에서 여러 사람을 이해하고 또한 집단 안에서 일어나는 문제에 대해 지혜롭게 대처하고, 신중한 태도를 발달시키는 것이며, 바람직한 민주시민으로 성장하기 위해 요구되는 사회적 지식, 태도, 가치, 기술을 발달시키는 것이라 할 수 있다(홍길회 외, 2019).

사회관계 (12개)	
내용범주	내용
나를 알고 존중하기	나를 알고 소중히 여긴다.
	나의 감정을 알고 상황에 맞게 표현한다.
	내가 알 수 있는 것을 스스로 한다.
더불어 생활하기	가족의 의미를 알고 화목하게 지낸다.
	친구와 서로 도우며 사이좋게 지낸다.
	친구와의 갈등을 긍정적인 방법으로 해결한다.
	서로 다른 감정, 생각, 행동을 존중한다.
	친구와 어른께 예의 바르게 행동한다.
	약속과 규칙의 필요성을 알고 지킨다.
사회에 관심 가지기	내가 살고 있는 곳에 대해 궁금한 것을 알아본다.
	우리나라에 대해 자부심을 가진다.
	다양한 문화에 관심을 가진다.

(4) 예술경험

예술경험 영역은 유아가 자연과 주변의 다양한 경험을 통해 발견한 아름다움을 느끼고, 느낀 것을 창의적으로 표현하고 즐기는 것에 중요성을 가지고 있다. 따라서 예술경험 영역의 목적은 유아가 자연과 생활에서 느낀 아름다움을 자유롭게 표현하고, 다양한 예술 감상을 하면서 상상하기를 즐기는 역량을 기르는 것에 있다.

예술경험 (10개)	
내용범주	내용
아름다움 찾아보기	자연과 생활에서 아름다움을 느끼고 즐긴다.
	예술적 요소에 관심을 갖고 찾아본다.

창의적으로 표현하기	노래를 즐겨 부른다.
	신체, 사물, 악기로 간단한 소리와 리듬을 만들어 본다.
	신체나 도구를 활용하여 움직임과 춤으로 자유롭게 표현한다.
	다양한 미술재료와 도구로 자신의 생각과 느낌을 표현한다.
	극놀이로 경험이나 이야기를 표현한다.
예술 감상하기	다양한 예술을 감상하며 상상하기를 즐긴다.
	서로 다른 예술 표현을 존중한다.
	우리나라 전통 예술에 관심을 갖고 친숙해진다.

(5) 자연탐구

자연탐구 영역은 유아가 일상생활에서 발견하는 궁금증이나 문제를 다양한 방법으로 해결하면서 과학적 · 수학적 개념과 태도를 기르는 것이다. 유아의 자발성을 기초로 현상에 대한 상상력과 창의력을 길러 주며, 상황에 대한 예측과 추론을 통해 과학적 · 수학적 기초능력을 확장시킬 수 있다.

자연탐구 (13개)	
내용범주	내용
탐구과정 즐기기	주변 세계와 자연에 대해 지속적으로 호기심을 가진다.
	궁금한 것을 탐구하는 과정에 즐겁게 참여한다.
	탐구과정에서 서로 다른 생각에 관심을 가진다.
생활 속에서 탐구하기	물체의 특성과 변화를 여러 가지 방법으로 탐색한다.
	물체를 세어 수량을 알아본다.
	물체의 위치와 방향, 모양을 알고 구별한다.
	일상에서 길이, 무게 등의 속성을 비교한다.
	주변에서 반복되는 규칙을 찾는다.
	일상에서 모은 자료를 기준에 따라 분류한다.
	도구와 기계에 대해 관심을 가진다.
자연과 더불어 살기	주변의 동식물에 관심을 가진다.
	생명과 자연환경을 소중히 여긴다.
	날씨와 계절의 변화를 생활과 관련짓는다.

3 보육과정의 적용

1) 보육계획 수립을 위한 기본사항

영유아가 어린이집에서 건강하고 안전하게 보호되며 의미 있는 교육경험을 하기 위해 일련의 계획을 하는 것을 보육계획이라 한다. 보육교사가 보육계획을 수립하기 위해서는 국가수준의 교육과정인 표준보육과정과 개정 누리과정의 대한 이해를 가지고 있어야 한다.

교사는 이러한 국가수준의 교육과정을 바탕으로 해당 어린이집의 보육철학, 보육목표, 영유아의 발달수준과 특성, 지역 사회의 특성을 고려해서 보육계획을 수립해야 한다. 어린이집의 보육계획은 대부분 연간보육계획, 월간보육계획, 주간보육계획으로 나누어 수립한 후 일과 운영을 통해 실행하게 된다.

(1) 영아의 보육계획 수립

영아의 보육계획을 수립하기 위해서는 영아의 흥미와 경험이 반영된 것을 주제로 한다. 또한 표준보육과정의 영역별 내용이 주제에 포함되었는지, 발달의 연령과 개인차를 고려하여 융통성 있게 선정하였는지를 살펴보아야 한다.

영아반 보육계획 수립을 위한 원리와 고려사항은 다음과 같다(강혜경 외, 2021).

① 0세반 보육계획 수립 시 고려사항

- 영아의 발달수준과 흥미에 기초하여 가장 친숙하고 구체적이며 자주 경험하는 것을 주제로 선정해야 한다.
- 개별 영아의 발달수준과 흥미에 따라 주제가 진행되는 순서와 기간을 융통성 있게 계획하고 운영해야 한다.

- 1세 연령과의 연계를 고려한 주제를 포함하되 개념과 목표 및 활동의 선정에 있어서는 수준의 차이를 둔다.

② 1세반 보육계획 수립 시 고려사항

- 영유아의 발달적 특성과 발달과업을 우선하여 계획하고 실행하며 0세와 2세의 연계성을 고려하여 선정한다.
- 일상생활 활동이 놀이처럼 흥미로우며 의미 있는 경험이 되도록 계획하고 실행한다(예: 이 닦기, 배변훈련 놀이).
- 주변의 친근한 환경 변화에 대한 관심을 가질 수 있는 놀이나 활동이 반복되는 것이 중요하며 지속적으로 흥미를 유지할 수 있기 때문에 특정 주제로 제한하지 않는다.

③ 2세반 보육계획 수립 시 고려사항

- 2세가 보편적으로 관심 있는 주제를 선정하여 표준보육과정 전 영역이 반영되도록 한다.
- 2세는 외부환경에 대한 관심과 탐색이 더 적극적이며 관심영역이 확장되는 경향이 있다. 그러므로 주변의 친근한 환경변화에 대한 관심을 통해 자연스럽게 계절의 변화를 인식할 수 있도록 주제를 선정해 통합적으로 운영한다.
- 2세가 흥미를 느낄 수 있는 도움, 색깔, 모양 등의 주제를 개별 혹은 다른 주제와 연결시켜 통합적으로 진행한다.
- 주제의 특성에 따라 소요되는 주차를 조절하여 2세아가 주제에 대해 반복, 확정, 심화를 긍정적이고 편안하게 이해할 수 있도록 계획한다.

표 9-2 영아반 월간(주간) 보육계획의 활동구성 예시

영아반 보육계획안의 구성			
활동명	0세	1세	2세
등원 및 맞이하기	등원 및 맞이하기	등원 및 맞이하기	등원 및 맞이하기
기본생활 및 안전	기본생활 및 안전	기본생활 및 안전	기본생활 및 안전
일상생활	수유 및 낮잠 (선생님께 안겨서 먹어요)	점심 및 간식 (즐겁게 먹어요)	점심 및 간식 (바르게 앉아서 먹어요)
	낮잠	낮잠	낮잠
	기저귀 갈이	기저귀 갈이 · 배변활동	배변활동
실내자유놀이	신체 (영차영차 엄마에게 가요)	신체 (둥근 고리 끼우기)	신체 (낙엽 비가 내려요)
	언어 (누구 목소리일까)	언어 (내 이름을 부르면 대답해요)	언어 (과일 · 열매 카드)
	감각 · 탐색 (까꿍 우리 가족들)	감각 · 탐색 (로션을 발라요)	감각 · 탐색 (과일 반쪽 찾기)
		역할 · 쌓기 (그릇에 밀가루를 담아요)	역할 · 쌓기 (낙엽을 청소해요)
			미술 (가을 나무 꾸미기)
			음률 (열매 마라카스 흔들기)
실외놀이	실외놀이	실외놀이	실외놀이
귀가 및 가정과의 연계	귀가 및 가정과의 연계 (엄마를 반갑게 만나요)	귀가 및 가정과의 연계 (놀이 사진을 함께 보아요)	귀가 및 가정과의 연계 (가을 날씨 이야기하며 귀가하기)

출처: 보건복지부(2013). 어린이집 표준보육과정에 기초한 영아보육프로그램 운영의 이해. pp. 129, 154, 180-181.

(2) 유아의 보육계획 수립

- 유아의 흥미와 놀이의 관찰을 통해 적합한 계획을 수립하며 유아 스스로 자

유롭게 탐색할 수 있는 주제를 선정하여 포괄적으로 계획한다.

- 유아의 관심에 따라 동일한 주제를 반복해서 진행할 수 있으므로 일정하게 선형적으로 계획하던 주제에서 벗어나 유연하게 운영계획을 수립해야 한다.
- 유아가 놀이의 경험에 의한 또래와 교사와의 상호작용을 통해 기초적인 문해력, 타인의 정서표현 이해, 자신의 느낌이나 생각을 언어로 표현할 수 있는 능력을 키울 수 있도록 계획한다.
- 하루 일과 중 1시간 이상의 실외 놀이가 반드시 포함되도록 하며 부득이하게 실행하지 못할 경우에는 대체활동을 계획한다.
- 선정한 활동을 기초로 활동의 난이도와 활동 간의 연계, 유아의 개별적 욕구와 흥미를 고려하여 계획을 수립한다.

표 9-3 보육계획 수립 및 실행 관련 평가지표 항목

구분	보육계획 수립 및 실행
1	표준보육과정을 바탕으로 어린이집의 철학을 반영한 보육계획을 수립한다.
평가내용	① 표준보육과정과 어린이집의 철학을 반영하여 연간보육계획을 수립한다. ② 영유아의 흥미와 요구를 반영한 월간 또는 주간 또는 일일보육계획을 반별로 수립한다.
2	영유아가 편안한 분위기에서 일상경험을 할 수 있도록 운영한다.
평가내용	① 등원 시영유아를 반갑게 맞이하고, 하원 시 안정된 분위기에서 귀가하도록 지도한다. ② 식사와 간식 시간에 서두르지 않고 먹을 수 있도록 지도한다. ③ 영유아의 연령(월령)과 준비 정도, 개인차를 고려하여 배변경험이 개별적으로 일관되게 이루어지도록 한다. ④ 영유아의 개별적 특성에 맞게 편안하게 잠들 수 있는 환경과 분위기를 마련해준다.
3	하루 일과에서 영유아의 놀이가 충분히 이루어지도록 한다.
평가내용	① 매일 실내놀이를 기준시간 이상으로 배정하여 운영한다. – 6시간 이하 이용(맞춤반 영아): 매일 1시간 이상 – 6시간 초과 이용(종일반 영아, 유아): 매일 2시간 이상 ② 일과를 시간 단위를 분절하여 교과목 형태의 활동을 진행하지 않는다.

구분	보육계획 수립 및 실행
4	바깥놀이 시간을 매일 충분히 배정하여 운영한다.
평가내용	① 매일 일과를 기준시간 이상으로 배정하여 운영한다. (영아) 만 0세는 주 3회, 30분 이상/만 1, 2세는 매일 30분 이상 (유아) 매일 1시간 이상
5	특별활동 등은 운영지침에 따라 운영한다.
평가내용	① 특별활동은 24개월 이상 영유아를 대상으로 부모 동의서를 받은 영유아에 한해서만 별도로 제공하고 있다. ② 특별활동에 참여하지 않은 영유아를 대상으로 표준보육과정에 기초한 자유놀이 등을 운영하고 있다. ③ 특별활동은 오후에 운영된다.
6	장애영유아를 위한 관련 서비스(치료지원 포함)를 일과 중에 통합적으로 제공한다.
평가내용	① 장애영유아를 위한 관련 서비스(치료지원 포함)를 계획, 제공하고 있다. ② 장애영유아를 위한 관련 서비스(치료지원 포함)를 장애 영유아가 속해 있는 반의 일과와 연계하거나 일과 내에서 제공하고 있다.

출처: 강혜경 외(2021). 어린이집 장기 미종사자 직무교육. p. 258.

2) 보육과정 변화에 따른 교사의 역할

4차 표준교육과정과 개정 누리과정의 가장 두드러진 변화 중 하나는 교사의 자율성을 지원하고 현장에서 놀이가 살아날 수 있도록 교육과정을 간략화한 것이다. 교사는 간략화된 교육과정 내용을 기반으로 '유아와 교사가 동시에 주체'가 되는 교육과정을 실현하는 데 초점을 두어야 한다.

기존 교육과정이 '미리 계획한 계획안에 기반한 실행과 평가'에 주력하였다면 개정 누리과정에서는 '지속적인 놀이지원 계획을 수립하는 것'이다. 국가수준의 교육과정 변화에 맞도록 잘 운영하기 위해 교사가 수행해야 하는 역할은 다음의 네 가지로 요약할 수 있다(보건복지부, 2019).

(1) 유아 · 놀이 중심 교육과정을 이해하고 실천하는 역할

① 교사는 누리과정 총론 및 5개 영역의 내용을 숙지하고 유아의 놀이, 일상생활, 활동과 연계하여 교육과정을 운영하는데, 특별히 놀이하며 배우는 유능한 유아에 대한 이해가 우선되어야 한다.

② 일과에서 놀이시간을 충분히 제공하고 유아들의 흥미와 무관한 활동을 교사가 계획해서 실시하지 않는다.

③ 유아 및 놀이 중심이 강조된다고 하더라도 교사가 계획한 활동이나 법적으로 요구되는 활동(예: 안전교육)을 실시하되 유아가 주도적으로 즐겁게 참여하는 활동으로 진행하는 것이 중요하다. 이를 위해서는 유아의 놀이나 일상생활을 잘 관찰하고 이와 연계할 수 있는 활동을 실시하는 것이 필요하다.

(2) 놀이를 통한 영유아의 배움을 지원하는 역할

① 유아의 놀이를 잘 관찰하기 위해서 교사는 유아를 이해하려는 민감성을 갖추려고 노력하는 동시에 유아가 놀이를 통해 경험하는 것, 스스로 배우는 것이 무엇인지 이해하려고 노력할 필요가 있다. 이때 유아들이 구성하고 만들어내는 총체적 의미를 충분히 읽어내기 위해 노력해야 한다.

② 유아의 놀이를 지원하기 위해 교사는 놀이에 직접 참여하지 않고도 격려, 미소, 공감의 표정을 보이거나 칭찬과 격려의 말을 건네는 정서적 지원을 제공할 수 있다. 또한, 놀이를 관찰하다가 배움이 일어나도록 질문이나 제안을 건네 보는 등의 상호작용에 기반한 언어적 지원, 공간구성을 바꾸어주거나 새로운 자료를 제공하는 등의 환경적 지원을 할 수 있다.

③ 환경적 지원을 할 때는 심미적 · 창의적 감수성을 키워줄 수 있도록 다양한 공간과 자료를 제공해주는 것이 중요하다.

표 9-4 영유아 교육과정 운영 시 고려해야 할 점

- 교육 철학: 유아 · 놀이 중심 교육과정의 철학을 이해하는가?
- 교육과정 지식 및 이해: 개정 누리과정에 대한 지식 및 이해를 갖추고 있는가?
- 일과 구성 및 실행 역량: 교사는 놀이, 일상생활, 활동을 연계하여 영유아의 배움과 성장을 지원할 역량을 갖추고 있는가?
- 관찰, 기록 및 평가 역량: 놀이, 일상생활, 활동을 관찰 · 기록하며 종합적으로 평가할 역량을 갖추고 있는가?
- 운영 및 실제:
  (관계) 영유아를 존중하며 민주적인 관계를 형성하고 유지하는가?
  동료 교원 및 학부모, 지역 사회 구성원과 협력적인 관계를 유지하는가?
  (문서) 영유아 · 놀이 중심 교육과정 운영에 적절한 문서를 사용하는가?
  (주제) 교육과정 운영에 유아의 놀이에서 발현된 주제를 충분히 반영하는가?
  (시간) 영유아에게 충분한 놀이시간을 허용하는가?
  (공간) 다양한 공간을 활용하는가?
  영유아의 심미성과 창의성을 함양하는 환경을 제공하는가?
  (자료) 영유아의 놀이를 지원하는 자료를 제공하고 자유롭게 사용하도록 허용하는가?
  영유아의 심미성과 창의성을 함양하는 자료를 제공하는가?

출처: 보건복지부(2019). 놀이실행자료. p. 20.

(3) 놀이와 배움을 기록하고 평가하는 역할

① 교사는 유아의 놀이, 일상생활, 활동을 잘 관찰하고 기록하다가 유아의 배움을 지원하기 위한 계획을 수립하는 것이 좋다. 유아의 배움을 잘 기록하고 평가하기 위해서 교사는 결과가 아닌 과정에 주목해야 한다.

② 개정 누리과정은 과도한 부담이 되는 평가의 형식을 탈피하고자 하였으므로 기록 및 평가에 있어서 틀에 맞춘 과도한 문서화를 요구하지 않으며 형식과 분량에 있어 기관별 · 학급별로 자율성을 부여한다.

③ 진행된 주제 및 놀이나 활동에 따라 누리과정 5개 영역 중 일부 영역이나 인간상이 두드러질 수 있으므로 평가를 함에 있어서 단편적인 놀이 에피소

드나 활동보다는 전개된 놀이와 일상생활, 활동에 대한 누적된 기록을 총체적으로 고려해야 한다.

(4) 함께 배우며 성장하는 역할

유아·놀이 중심 교육과정을 실행하기 위해 교사는 자신과 유아의 역량을 신뢰하고, 유아의 자율성을 보장하는 학급의 문화를 만들어야 한다. 이를 위해서 교사는 주기적으로 자신의 교육철학과 개정 누리과정에 대한 이해를 점검하고 배움을 이어가야 한다.

그림 9-1 교사주도적 놀이운영 시 나타나는 영유아의 반응

출처: 보건복지부(2019). 놀이실행자료. p. 14.

교사가 영유아의 주도적인 놀이에 지나치게 개입하면 영유아의 놀이는 침해를 당하게 된다. 교사는 영유아의 놀이에 성급하게 개입하거나 통제하지 않으면서 영유아의 놀이를 관찰하고 기다리는 것이 우선적이다.

영유아의 놀이 흐름에 따른 교사의 인지적 질문이나 놀이의 참여하는 것은 영유아의 놀이를 확장시켜준다. 교사는 관찰하기, 제안하기, 놀이 참여하기, 질문하기,

정서적 지원하기 등의 방법으로 상호작용하며 영유아의 활동이나 놀이를 지원할 수 있다. 영유아의 놀이에 따른 교사 상호작용의 사례는 표 9-5에 잘 나타난다.

표 9-5 영유아의 상호작용 지원 예시

놀이지원	예시	
• 교사는 놀이와 활동이 영유아의 자발적 선택에 의해 주도적으로 이루어지도록 격려한다.	영아	긍정적 신호: 미소, 끄덕임, 부드러운 시선 주기, 공감하기, ○○를 해 보고 싶구나. ~를 ○○ 해 보니 재미있구나 등의 언어적 표현하기
	유아	유아의 놀이 과정을 언어로 표현하여 유아의 놀이 선택과 시도를 인정하고 격려한다. 예: "호랑이가 서 있게 하려고 다리를 튼튼하게 만들고 있구나."
• 교사는 영유아의 놀이상황을 관찰하면서 놀이와 관련된 상호작용을 한다.	영아	교사는 영아 스스로 놀이와 활동을 주도적으로 이끌어 나갈 수 있도록 세심하게 관찰하며, 적절하게 반응하고 격려한다. 예: "○○이가 종이 벽돌로 아기 침대를 만들어 주었구나. 아기가 편안하게 잘 수 있겠다."
	유아	교사가 일방적인 설명이나 통제, 지시로 일관하며, 유아의 호기심과 동기유발을 방해하지 않는다. 예: 유아가 모래놀이터에서 물웅덩이를 만들고 싶어 하지만, 물이 자꾸 없어진다며 화를 내는 경우 "물이 모래 속으로 들어가지 않게 할 수 있는 방법이나 재료가 있을까?"
• 놀이에 참여하지 못하고 배회하거나 방관하는 영유아가 있는 경우, 영유아가 놀이에 자발적인 흥미를 가질 수 있도록 지원한다.	영아	흥미를 가질 만한 놀잇감이나 다양한 자료를 탐색해볼 수 있도록 권유한다 예: (촉감놀이판) "이거 만져보니까 부드럽네. ○○도 만져보고 싶니?"
	유아	교사는 놀이에 참여하지 못하는 유아에게 또래가 하고 있는 놀이에 자연스럽게 참여할 수 있도록 필요한 역할을 권유한다. 예: (놀이를 찾지 못하고 있는 유아에게) "친구들이 주유소를 찾고 있대. ○○가 주유소에서 기름을 넣어줄 수 있겠니?"

출처: 한국보육진흥원(2022). 2022 어린이집평가 매뉴얼(어린이집용). pp. 95-97. 용도에 맞게 재구성.

어린이집에 장애아 통합학급이 있는 경우, 교사는 영유아에게 어떻게 배움을 지원하며 어떠한 방향으로 할 수 있는지에 대한 고민이 필요하다. 통합학급 내에서의 놀이를 통한 배움의 지원은 다음과 같다(보건복지부, 2020).

① 장애 유아가 함께 놀 수 있는 기회를 최대한 확보한다. 교사는 장애영유아가 선택한 놀이방법으로 놀이를 허용해주고 일반 영유아들도 함께 참여할 수 있는 부분이 있는지 관찰하여 함께 놀이할 수 있도록 한다.

② 놀이를 위한 공간 구성에 있어서 놀이에 따른 공간 변형이 필요한 경우, 장애 영유아의 특성을 고려하여 불편함이 없도록 한다.

③ 일반교사와 특수교사는 각자가 맡고 있는 영유아를 관찰하고 정보를 고유하며, 수시로 협의하면서 교육을 계획하고 문제를 해결해 나간다.

생각 나누기

1. 제4차 표준보육과정의 특징적인 변화는 무엇인지 살펴봅시다.

2. 영유아교육과정 운영 시 유의점 및 교사의 역할을 살펴봅시다.

Chapter 10

어린이집 환경

1 어린이집 환경

1) 어린이집 환경의 중요성

영유아를 위한 어린이집 공간은 단순한 물리적 공간을 의미하지 않는다. 교사와 영유아가 함께 생활하는 공간이며 영유아의 배움과 성장이 일어나는 공간이다. 영유아가 자유롭고 안전한 공간에서 흥미와 호기심을 가지고 즐겁게 놀이할 때 새로운 것을 경험하는 의미 있는 곳이 된다. 따라서 영유아에게 있어 어린이집의 물리적 환경은 새로운 경험과 도전을 하는 공간이며 또래, 교사와의 상호작용을 통해 의미와 배움을 발견할 수 있는 공간이다.

이러한 영유아의 보육환경이 되기 위해서는 보육환경은 발달에 적합하고 안전하며 다양하고 즐거운 경험을 할 수 있는 물리적 환경으로 제공되어야 한다.

좋은 물리적 환경이란 다양한 놀이자료가 제공되며 영유아의 상상력을 자극할 수 있는 공간이다. 그리고 영유아의 놀이맥락에 의해 자유롭게 영역구성을 하거나 구조를 변화시킬 수 있는 안전하고 자유로운 공간이어야 한다. 즉 영유아가 편안하게 보고 듣고 만지며 자유롭게 표현할 수 있는 공간으로 아늑하고 쾌적해야 한다.

영유아는 주변의 환경에 민감한 특성을 가지며 자신을 둘러싼 환경의 사물들과 상호작용을 하게 된다. 어린이집의 적절한 크기에 따른 공간의 크기, 공간의 배치, 공간의 밀도 등의 요인은 유아들의 상호작용을 촉진하여 놀이 집중시간을 길게 하고, 창의성을 더 높이며 문해 발달에 영향을 주어서 인지적 측면에 발달을 촉진한다(장상옥, 2015).

영유아의 어린이집 환경으로는 보육실과 유희실과 같은 실내공간과 놀이기구가 있는 실외놀이, 세면장, 식당, 화장실, 복도 등과 같은 시설이 있다. 이러한 시설들은 영유아 발달이 조화롭게 이루어지는 환경으로 구성되어야 한다.

이를 통해 영유아들은 안전하고 건강하게 발달하게 되고 융통성, 문제해결력, 창의적 능력 등이 발달하게 된다. 따라서 양질의 어린이집 환경은 영유아의 발달과 학습을 촉진하는 기초가 되기 때문에 좋은 물리적 환경 제공은 매우 중요하다.

2) 어린이집 환경의 구성원리

좋은 물리적 환경은 영유아의 기본적인 욕구를 충족하며 스스로 활동에 집중할 수 있는 편안하고 쾌적한 공간이어야 한다. 어린이집에서 오랜 시간을 보내는 영유아에게 어린이집 환경은 안전하며 집처럼 편안함을 느낄 수 있어야 한다.

양질의 어린이집 환경을 위해 지향해야 할 구성원리는 다음과 같다.

첫째, 안전하고 위생적이어야 한다.

영유아에게 안전하고 위생적인 환경은 안전사고, 건강과 직접 연결되기 때문에 중요하다. 따라서 비위생적이고 위험 가능성이 있는 요소는 철저히 차단되어야 한다. 특히 영아의 경우 물건을 입에 넣는 시기이므로 이를 위한 위생과 안전장치가 필요하다. 이를 위해 어린이집은 적절한 실내 온도와 습도를 유지하고 주기적으로 실내 청소와 환기, 정기적인 소독 등에 주의를 기울여야 한다(조성연 외, 2022).

둘째, 영유아가 편리하게 이용할 수 있어야 한다.

어린이집의 모든 공간은 영유아가 편리하게 이용할 수 있어야 한다. 보육실 가구의 배치나 높이, 화장실 세면대의 높이, 수도꼭지, 거울, 수건 걸이, 개별장 등이 영유아의 신체 크기에 적절해야 한다(조혜경 외, 2021). 어린이집 환경이 영유아의 신체에 적합하게 맞추어 제공되면 집과 같은 편안함을 느껴 교사의 도움을 덜 요청하게 된다. 또한 영유아 혼자 충분히 탐색하며 자유롭게 활동을 선택하여 활발한 놀이가 이루어진다.

셋째, 영유아의 발달 수준을 고려해야 한다.

영아와 유아의 보육환경을 살펴보면 영아는 유아보다 기저귀 갈이와 수유 같은 양육이 더 필요하므로 이에 대한 욕구가 충분히 반영되어야 한다. 유아는 발달 특성상 교육적인 욕구가 더 요구되므로 호기심과 선택을 존중할 수 있는 다양한 놀잇감이 제공되어야 한다.

발달을 지원하는 환경은 영유아에게 자신감 있게 활동하게 하며 독립심이 발달하게 한다.

넷째, 연계성을 고려한 환경이어야 한다.

어린이집 환경은 정적인 것과 동적인 활동의 조정이 가능하고, 활동 간에 연계성을 고려한 균형 잡힌 환경이어야 한다. 균형 잡힌 보육환경은 영유아가 다양한 활동에 집중하게 한다.

다섯째, 융통성 있는 공간이어야 한다.

영유아에 놀이공간은 다양한 놀이로 채워질 수 있는 공간이어야 한다. 한 가지 시설이 여러 목적과 용도에 맞게 사용될 수 있어야 한다. 따라서 실내공간의 설비들은 고정된 것이 아닌 놀이에 따라 융통성 있게 움직일 수 있는 이동성이 있어야 한다. 영유아의 놀이에 따라 위치나 규모가 언제든지 변형될 수 있어야 한다(Kostelnik, 1997; 유구종 외, 2021 재인용).

2 환경의 구성

1) 실내 환경

실내놀이 환경은 씻고, 먹고 자는 등 기본적인 욕구를 충족시키는 일상생활 공간과 자연스럽게 오감을 이용하여 주변 탐색하고 놀이할 수 있는 놀이 공간으로 나눌 수 있다. 영아와 유아는 발달과정, 흥미와 요구가 서로 달라 어린이집 환경의 구성이나 공간배치도 다르다. 따라서 영아와 유아로 나누어 실내 환경을 살펴보고자 한다.

(1) 영아 실내 환경

교실을 포함한 실내공간은 영유아에게 가장 친숙한 놀이 환경 공간이다. 교실의 흥미영역은 영유아들이 가장 좋아하는 놀이를 중심으로 구성하는 것이 좋으며 다른 영역과 통합하여 재구성하거나 다른 영역으로 대체하는 것도 가능하다. 또한 영유아의 관심과 흥미, 요구에 따라 새로운 영역을 구성할 수 있으며, 영아의 경우 신체를 충분히 움직일 수 있는 공간을 구성해 주는 것이 필요하다(보건복지부, 2020).

① 일상생활 영역

영유아의 일상생활 영역은 기저귀 갈이 및 수유, 배변 등이 이루어지는 공간으로 가정과 유사한 편안하고 안락한 공간이어야 한다. 영유아의 일상적인 활동이 반복되는 공간이므로 즐겁고 쾌적하며 안전한 환경이어야 한다.

영아는 위험에 대한 인식이 어려우므로 안전에 대한 성인의 주의와 점검이 필수적이다. 기본생활을 경험할 수 있는 일상생활 공간은 영아가 편안하게 사용할 수 있도록 영아의 눈높이에 맞는 시설물이 설치되어 있어야 한다.

- 기저귀 갈이 영역

기저귀 갈이 영역은 환기가 잘 되고 기저귀를 벗긴 후 바로 닦기 편리한 장소에 배치한다. 기저귀 갈이 영역 주변에는 거울을 비치하거나 작은 인형이나 모빌을 달아 두어 영아가 자신에 모습을 관찰할 수 있도록 하는 것이 좋다.

기저귀 갈이대는 소독액, 물티슈, 일회용 장갑, 로션 등을 비치하여 청결함을 유지한다. 기저귀를 간 후 신속한 처리를 위해서 더러워진 기저귀를 넣을 수 있도록 뚜껑이 있는 통을 마련한다.

- 화장실

영아의 눈높이에 맞는 세면대와 변기가 설치되어 있어야 하며 바닥이 미끄럽지 않아야 한다. 영유아의 배변 훈련을 도울 수 있도록 보육실 내 이동식 변기를 마련하거나 보육실 가까이 화장실을 설치한다.

영유아가 화장실을 편안하게 이용할 수 있도록 환경구성을 하고 안전사고 예방을 위해 바닥이 미끄럽지 않도록 깔개를 놓거나 미끄럼 방지 장치를 한다. 변기는 공동으로 사용할 수 있는 것을 설치하고 남아가 이용할 수 있는 보조 변기를 부착한다. 영아가 편안하고 즐겁게 양치를 경험할 수 있도록 화장실에 의자를 비치하는 것도 좋다.

세면대 주변에는 물기가 없도록 하고 깨끗한 수건과 비누를 항상 비치해 놓는다. 영유아들의 화장실 문에 손이 끼이지 않도록 손 끼임 방지 장치와 고정장치도 설치한다. 영아는 아직 배변 훈련하는 과정이 있어 바지에 실수하는 경우가 있으므로 깨끗이 씻길 수 있는 샤워 장치와 온수기도 설치해야 한다. 교사는 영아의 배변 의사 표현을 민감하게 알아차리고 영아가 변기에 배변할 수 있는 기회를 마련하고 변기에 배변을 시도하려는 것을 격려한다.

기저귀 갈이대　　　영아용 변기　　　영아용 세면대

그림 10-1 영아 기저귀 갈이대와 화장실 변기, 세면대

출처: 오연주 · 최정화 · 조연실(2021) 아동관찰 및 행동연구. p. 75, 78.

• 수유 및 이유영역

영아의 수유 및 휴식 공간은 햇볕이 잘 들고 조용하며 편안하며 안정적인 분위기로 구성한다. 영아의 수유를 위해서는 수유 후 세척 할 수 있는 싱크대와 소독기, 냉장고, 전자레인지 등이 마련되어 있어야 한다. 영아의 우유나 이유식은 바뀌지 않도록 이름을 적어놓아야 하며 이유식을 하는 유아들이 앉을 수 있는 식탁의자나 낮은 탁자를 준비한다.

• 낮잠이나 휴식영역

영아가 놀이 도중 쉬거나 혼자 있을 수 있는 개인적 공간이 필요하다. 영아가 쉴 수 있는 휴식 공간은 편안하고 안락하게 지낼 수 있는 곳으로 구성해야 하며 교사의 시선이 미칠 수 있어야 한다. 개별 영아의 컨디션, 생활 리듬, 피곤할 때 보이는 행동을 잘 관찰하여 언제든지 쉴 수 있도록 배려한다.

휴식영역은 영아가 편안하게 누울 수 있는 넓은 깔개와 푹신한 쿠션 등을 마련하고 작은 소품이나 인형을 준비한다. 또한 휴식영역에 영아들의 언어를 자극하고 격려할 수 있도록 벽면에 가족사진이나 흥미를 보이는 사물의 사진 등을 비치하는 것도 좋다. 이때 영유아의 안전을 위해 너무 푹신한 매트나 쿠션을 피해야 한다.

영아들은 하루 일과에서 편안하게 낮잠을 자는 시간이 필요하므로 영아의 취침을 위한 낮잠 공간을 마련해야 한다. 낮잠 공간은 0세의 영아들은 침대와 같이 설치할 수 있으며 바닥에 매트나 개별적 침구를 준비하여 공간을 마련한다.

낮잠을 자기 전 영아들의 기저귀를 갈아주거나 화장실에 다녀올 수 있도록 한다. 영아들이 편안하게 잘 수 있도록 커튼이나 불빛으로 채광을 조절해 준다.

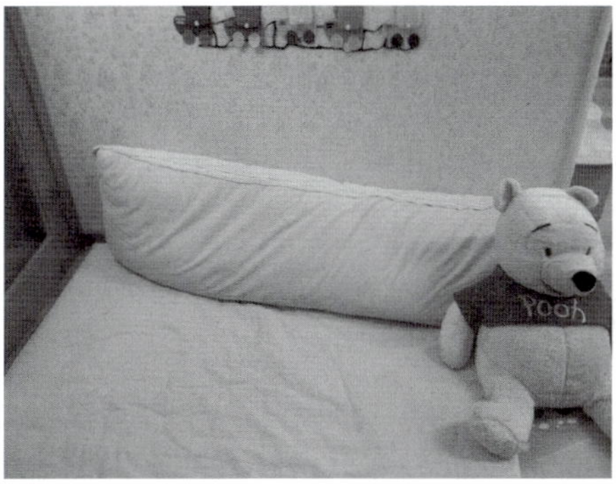

휴식영역

낮잠 공간

그림 10-2 영아 휴식 및 낮잠 공간

출처: 박재옥 · 홍길회(2012). 보육기관 운영의 실제 p. 50, 58.

② 놀이 공간

영아들의 놀이 공간으로 자유롭게 몸을 움직이며 안전하게 기고, 스스로 일으키고 오를 수 있는 대근육 영역이 있다. 또한 호기심에 따라 직접 탐색하고 조작할 수 있는 감각 · 조작영역과 역할영역, 끼적이기를 할 수 있는 언어영역, 쌓기영역, 미술이나 음률 영역으로 구성할 수 있다.

각 놀이 공간은 영역에 따라 구분되는 것이 아니라 영유아 놀이에 따라 서로 합쳐지거나 다른 놀이를 하는 공간으로 변화될 수 있다. 따라서 교사는 영아들이 다양한 놀이를 할 수 있도록 영역에 따른 공간을 구성하되 영아의 놀이에 따라 변화할 수 있는 융통성을 가질 수 있도록 구성해야 한다.

모든 놀이자료의 위치는 영아의 눈높이에 위치하는 것이 좋으며 무거운 것은 아래쪽에 놓는다. 놀이자료는 가볍고 튼튼하며 영아의 안전을 위하여 무독성의 재질로 2.5㎝ 이상의 크기로 삼킬 수 없는 것을 준비해야 한다. 영아는 주로 입으로 놀이자료를 탐색하기에 입으로 빠는 놀이자료는 매일 닦고 소독하여 청결을 유지해야 한다.

- 대근육 영역은 영아의 대근육 발달을 고려하여 안전하게 활동할 수 있는 공간으로 구성한다. 대근육 영역 구성은 영아가 몸을 자유롭게 움직이면서 대근육 활동이 활발하게 일어날 수 있도록 넓고 개방적인 공간이 필요하다. 영아는 유아와 달리 자신에 신체 조절이 부족하기 때문에 안전을 위해서 바닥에 매트나 카펫을 깔아주어야 한다. 주변에 위험한 물건이 없는지 점검하고 안전한 상황이 유지될 수 있도록 지원하며 부딪힘, 끼임, 넘어짐의 사고가 발생하지 않도록 세심하게 관찰해야 한다.
- 감각 · 조작 영역은 영아들이 자연스럽게 오감을 이용해 주변 탐색을 할 수 있는 다양한 재질의 종류의 놀이자료를 비치한다. 즉 다양한 모양이나 색깔, 감촉, 크기를 탐색할 수 있는 사물이나 감각 · 탐색-감각판을 비치해 영유아의 통합적인 경험이 이루어지도록 구성한다.
- 역할영역은 상상놀이와 모방놀이가 활발하게 이루어질 수 있도록 가정과 유사한 안락한 공간으로 구성하고, 영아 주변의 친숙한 물건이나 자동차, 전화기, 동물 모자, 유모차, 아기 띠, 다양한 인형, 의상이나 소품을 준비해 둔다.
- 쌓기영역은 안전과 소음이 발생하지 않도록 바닥에 매트를 깔아주며 블록은 사이즈가 크고 가벼운 재질의 다양한 블록 블록을 준비해 준다. 영아기 블록의 특징은 쌓고 부수고 늘어놓는 과정의 반복임을 고려하여 영아들 간에 갈등이 생기지 않도록 사전에 충분한 공간을 확보한다.
- 언어영역은 영아들이 자유롭게 끼적이거나 표현할 수 있도록 벽면이나 바닥에 큰 종이를 붙여주어 활동할 수 있게 해준다. 0~1세의 끼적이기 공간에는 영아가 끼적일 수 있는 다양한 크기의 질감의 종이, 쓰기 도구(크레용, 볼펜),

대근육영역

미술영역

쌓기영역

언어영역

역할영역

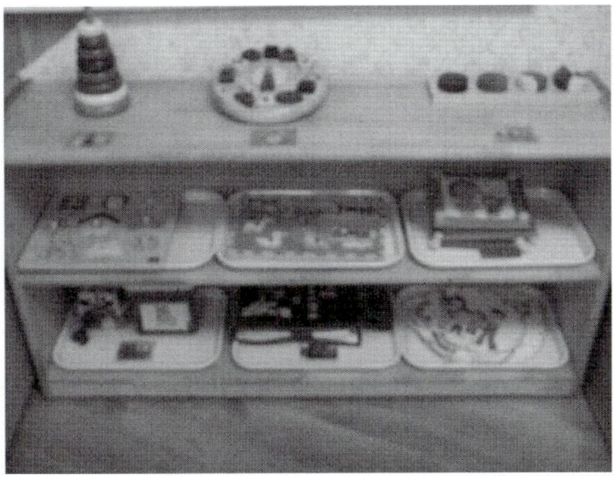

탐색 · 조작영역

그림 10-3 영아 놀이 공간

출처: 박재옥 · 홍길회(2012). 보육기관 운영의 실제 pp. 50-53, 175.

유리용 마커펜, 영아용 크레파스, 수성 마커, 전지를 비치한다.

2세의 경우는 그림책에 관심을 보이는 시기이므로 다양한 그림책과 자료를 언어영역에 비치해주는 것이 좋다.

- 미술 · 음률영역은 영아가 만들기나 그림 그리기, 글자를 쓸 수 있도록 다양한 쓰기 도구와 종이, 꾸미기 자료 등을 마련해 준다. 음률영역에는 영아가 다양한 소리를 경험할 수 있는 딸랑이, 실로폰과 같은 악기나 교구를 마련해 준다.

영아의 놀이를 촉진할 수 있는 놀이자료는 한꺼번에 제공하지 않아야 한다. 비구조적인 놀잇감과 다양한 종류에 놀잇감을 함께 제공함으로써 영아의 흥미를 분산한 놀이 활동을 하게 한다. 영아의 놀이 환경은 보살핌에 기초한 상호작용과 영아의 자율성 존중을 기초로 해야 한다.

영아의 안전을 위해서 교사는 놀이를 지켜볼 수 있는 곳에 항상 있어야 하며, 발달의 개인차는 똑같은 상황에서도 전혀 다른 상호작용 차이를 나타내기에 영아 놀이 행동에 따라 지원해야 한다.

영아의 실내 환경을 적절하게 구성하고 이에 따른 유지와 보수가 잘 되고 있는지 보육환경 관찰 체크리스트를 만들어 확인하는 것도 좋다.

(2) 유아반 실내환경

보육실의 흥미영역은 유아들이 가장 좋아하는 놀이를 중심으로 구성하는 것이 좋으며 다른 영역과 통합하여 재구성하거나 다른 영역으로 대체하는 것도 가능하다. 또한 영유아의 관심과 흥미, 요구에 따라 새로운 영역을 구성할 수도 있다.

① 일상생활 영역

- 낮잠 및 휴식영역

유아는 놀이 도중에 쉬거나 혼자 있고 싶을 때 쉴 수 있는 개인공간을 마련해

주어야 한다. 따라서 오랜 시간 어린이집에서 지내며 피곤하지 않도록 유아가 휴식하거나 낮잠을 잘 수 있는 공간이 필요하다. 어린이집은 낮잠을 자는 공간이 별도로 있지 않기 때문에 보육실 한쪽에 공간을 만들어 쉴 수 있게 해준다. 낮잠을 자는 공간은 가정과 유사한 편안하고 안락한 분위기로 구성하며 이를 위해 커튼이나 블라인드를 설치한다. 또한 실내의 공기가 쾌적하도록 창문을 열어 환기하거나 공기정화장치를 사용한다.

② 놀이 공간

유아의 놀이 공간구성은 유아가 중심되어야 한다. 유아의 놀이를 관찰하면서 놀이의 맥락에 따라 구성하고 지원하는 것이 바람직하다. 유아의 놀이자료도 영역별로 교실에 모두 배치하기보다는 유아의 놀이에 따라 기본적인 구성으로 배치하는 것이 더 효과적이다. 한정된 공간에 너무 많은 놀이자료는 놀이를 확장하는 것에 방해가 될 수 있다. 따라서 놀이 활동에 따라 유아들이 잘 가지고 놀지 않는 놀잇감이나 놀이자료는 별도의 자료 공간을 만들어 정리한다.

유아는 놀이 공간은 기본적인 영역에 따른 구분은 있지만, 이것은 고정된 것이 아닌 유연성을 가진 통합적인 영역으로서 이해해야 한다. 이러한 놀이 공간의 의미를 제시하면 다음과 같다(오연주 외, 2021).

- **다양한 놀이공간의 활용**

  유아의 흥미에 따른 놀이는 공간의 제약을 받지 않고 다양한 공간들을 연결해 사용한다. 즉 자신이 만든 것들을 더 확장하기 위해 교실을 벗어나 복도나 계단도 활용한다. 따라서 다양한 공간을 연결한 놀이를 안전하게 할 수 있도록 공간을 지원해야 한다.

• **교실 영역 경계 허물기**

영역으로 구분된 놀이영역은 유아의 자유로운 놀이를 통해 통합되거나 새로운 공간으로 활용할 수 있다. 유아는 놀이하면서 영역을 자연스럽게 이어가며 활동하기도 하고 다양한 놀이에 따라 영역을 새롭게 구성하기도 한다.

• **유아의 흥미에 따른 놀이 공간 활용**

유아들은 놀이에 따라 둘 이상의 영역의 내용을 통합하거나 구성하면서 새로운 놀이방법을 만들어 간다. 따라서 교사는 유아의 흥미에 따른 놀이가 확장될 수 있도록 다양한 놀이를 수용하고 영역의 통합을 허용해야 한다.

• **함께 놀이하는 공간**

유아들은 교사의 도움 없이 스스로 놀이를 하면서 필요한 놀잇감을 만들고 서로 의견을 나누며 함께 놀이하는 공간으로 영역을 활용한다.

③ 놀이영역

유아의 놀이 공간은 심리적 안정, 신체적 안전, 발달적 적합성, 다양성을 고려하여 구성하는 것이 바람직하다. 유아 놀이영역은 쌓기, 역할, 언어, 음률, 미술, 수·조작, 과학영역으로 구분할 수 있다.

• **쌓기영역**

이 영역은 여러 가지 크기와 모양의 블록과 소품을 이용해 어떤 사물을 구성하거나 구조물을 쌓아보거나 꾸며보는 놀이영역이다. 정적인 영역과 비교해 볼 때 상대적으로 조금 시끄럽고 소음이 나는 동적인 영역이다. 소음을 줄이기 위해 바닥에 카펫이나 자리를 깔아주어 인접 영역에 방해를 최소화한다. 쌓기영역에서 갖추어야 할 놀이자료는 다음과 같다.

– 공간 블록, 스펀지 블록, 우레탄 블록, 종이 벽돌 블록, 큰 블록, 레고 블록, 자석 블록
– 다양한 종류의 자동차, 끌차, 끌 수 있는 놀잇감
– 여러 가지 동물 모형, 다양한 식물 모형, 각종 직업을 가진 사람의 모형
– 건물, 표시판, 기계류, 집기류, 여러 가지 직업의 모자, 교통표지판류, 활동 카드 등

• 역할영역

역할놀이는 실생활과 연계한 다양한 상황 놀이를 통해 상호작용의 기회를 가지며 다른 사람과의 관계를 인지하게 된다. 역할영역은 유아가 흥미를 가지고 많이 참여하는 영역이므로 충분히 넓은 공간을 확보해야 한다. 유아가 다양한 직업 놀이, 상상 놀이, 극놀이를 경험할 수 있도록 교사는 다양한 소품을 비치한다.

– 역할영역에는 소꿉놀이, 가족 놀이, 방송국 놀이, 병원 놀이, 우체국 놀이, 미용실 놀이, 은행 놀이, 마트 놀이, 음식점 놀이, 교통기관 놀이, 방송국 놀이를 할 수 있는 놀잇감을 마련한다.

• 언어영역

언어영역은 햇볕이 잘 들거나 부분 조명을 이용해 유아가 안정감을 가지고 집중할 수 있도록 해야 한다. 또한 언어 발달을 촉진하고, 즐겁게 언어 놀이에 참여할 수 있도록 한다. 언어영역은 말하기와 읽기, 쓰기, 듣기 활동 등 네 가지 활동이 모두 이루어질 수 있도록 구성되어야 한다.

– 듣기와 말하기 영역에서 말하기는 인형(손, 막대, 자석, 손가락 인형), 그림 순서 카드, 전화기가 필요하며 듣기에서는 녹음된 테이프, CD 카세트나, 헤드폰, 마이크를 비치한다.

- 읽기와 쓰기에는 다양한 동화책, 어린이용 월간 잡지, 동요·동시집, 등을 준비하며 읽기 영역에는 작은 책 만들 수 있는 모양종이, 단어카드 및 필순카드를 준비한다.
- 쓰기 영역은 쓰기와 표시판 만들기 자료를 준비하고 필기도구, 지우개, 화이트보드 등을 책상 옆에 비치한다.

• **음률영역**

음률영역 공간은 유아가 탐구하며 신체 표현도 병행할 수 있도록 넓은 공간을 확보해야 한다. 또한 유아가 뛰고, 눕고, 구르는 등의 활동에 도움을 줄 수 있는 바닥 재료를 사용해야 한다. 음률영역의 교구는 유아들이 사용하기에 튼튼하고 넉넉한 수량이 구비되어야 하고 위험성이 없어야 한다. 음률영역은 다른 영역과 인접하게 배치하여 두 영역의 놀이가 통합될 수 있도록 하는 것이 효과적이다.

- 음률영역에는 큰북, 작은북, 심벌즈, 탬버린, 캐스터네츠와 같은 리듬악기와 피아노, 실로폰, 멜로디언 등의 가락악기, 북, 장구, 소고 등 전통악기를 마련한다. 음악을 감상하기 위한 다양한 음악 테이프와 신체 표현을 함께 할 수 있도록 보자기, 리듬막대, 리본막대, 스카프 등도 비치한다.

• **미술영역**

유아가 새로운 시도를 하고, 다양하고 개성 있는 표현을 하기 위해서는 고정적인 재료가 아닌 생활 주변에서 얻을 수 있는 다양한 재료를 제공해 주어야 한다. 유아는 재료를 가지고 의도적으로 형태를 구성하면서 인지와 창의력이 발달하게 된다.

유아가 자신의 이미지를 표현하는 과정에서 재료는 탐구적인 태도를 길러주며, 바른 재료 다루기를 통해 유아는 감수성과 통찰력을 기르게 된다.

미술영역은 자료 사용이 편리하고 물을 공급받을 수 있는 곳에 배치하며 그리기, 만들기, 꾸미기 활동에 따라 공간을 구분하는 것이 좋다.

– 그리기 활동을 위해서는 비닐작업복, 붓, 사인펜, 매직, 크레파스, 연필 등을 준비한다.
– 만들기 활동을 위해서는 안전 가위, 모양 가위, 가위 꽂이, 점토놀이 세트(밀대, 모양틀)를 비치한다.
– 꾸미기 활동을 위해서는 빨대, 수수깡, 뿅뿅이, 종이끈, 오색 끈, 철사, 눈알, 스핑클, 종이컵, 지점토, 색종이, 우유갑, 휴지심, 상자 등의 소품과 폐품을 마련한다.

• **수 · 조작영역**

수 조작은 다양한 성질을 가진 재료의 모양과 크기, 색에 따라 분류할 수 있는 놀이를 한다. 또한 눈과 손의 협응을 사용하는 퍼즐이나 끼우기 활동, 게임과 같은 협동 놀이를 할 수 있다.

– 수 · 조작영역에는 분류, 비교, 순서 짓기, 전체와 부분, 기초적 통계 활동 등 수 카드 세트와 도형놀이를 할 수 있는 도형 조각, 도형 퍼즐, 도형 카드를 마련한다. 또한 일상생활 훈련을 할 수 있는 붙이기, 단추 끼우기, 지퍼 올리기, 옮기기 등을 비치한다. 그리고 협동 놀이를 하는 카드 게임, 게임판, 주사위를 이용한 게임 등을 제공한다.

• **과학영역**

과학영역은 자연탐구 시 다양한 탐구를 할 수 있는 환경구성이 필요하다. 유아 스스로 길이나 양, 무게나 온도, 시간 등을 측정할 수 있는 실험 도구나 식물재배 도구, 동물 표본류 등을 준비한다.

– 실험 및 관찰 자료는 손거울, 확대경, 잠망경, 손전등, 막대자석, 소리 상자,

역할영역

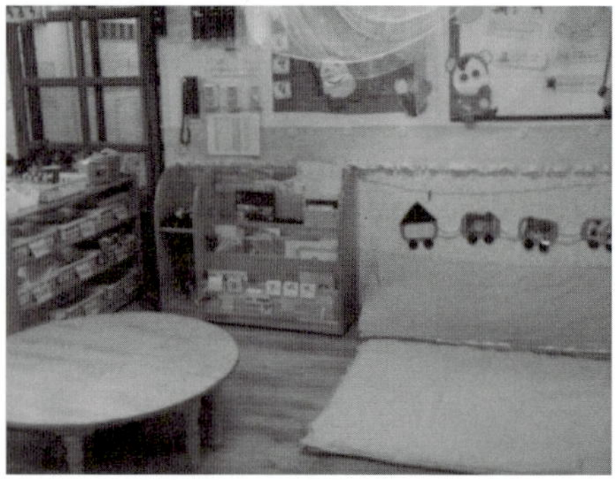

언어영역

미술영역

수 · 조작영역

과학 영역

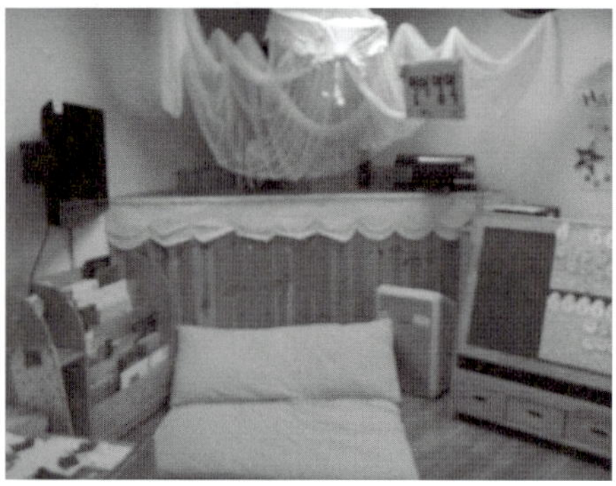

휴식영역

그림 10-4 **유아 놀이공간**

출처: 박재옥 · 홍길회(2012). 보육기관 운영의 실제 pp. 52-55.

무게상자, 깔때기, 확대경, 핀셋, 스포이트 등이 필요하다.

- 측정 도구 자료에는 길이 측정 도구, 양 측정 도구, 온도 측정용 도구 등을 비치한다.
- 동식물 관련 자료는 어항, 동물류, 식물류, 곤충류 실물 및 사진을 제공한다.

2) 실외 환경

실외 어린이집 환경은 영유아들이 건강한 몸을 유지하게 하는 중요한 공간이며 인지, 정서, 사회성 발달에 많은 영향을 미치는 공간이다. 실외 보육환경을 구성할 때 고려해야 할 점은 다음과 같다(홍길회 외, 2020).

- 건물의 남쪽 방향에 위치하는 것이 좋으며 화장실이나 세면대의 이동이 용이해야 한다.
- 정적 활동 영역과 동적 활동 영역으로 구별하여 배치되어야 한다.
- 바닥은 나무, 돌, 흙, 잔디, 모래 등의 다양한 형태로 구성되어야 하며 동식물 등 자연적인 사물이나 현상을 통한 즐거움과 심미감을 느낄 수 있도록 구성되어야 한다.
- 영유아들의 안전을 위해 관목이나 나무로 울타리를 설치하여야 하며, 바닥은 배수가 잘되어 바닥이 빨리 마르도록 처리하여야 한다.

영유아의 실외 어린이집 환경은 신체적 활동을 할 수 있는 운동 놀이자료인 고정식 놀이기구와 이동식 놀이기구가 있으며 물, 모래 영역, 동 · 식물 영역과 자연 탐구 활동이 있다.

(1) 신체놀이

신체놀이를 할 수 있는 실외놀이터에 대표적인 놀이기구로는 대근육 활동을 위한 고정식 놀이기구와 이동식 놀이기구가 있다. 신체운동을 위한 복합시설물인 놀이터는 영유아들이 뛰고, 매달리고, 미끄럼을 타는 등 다양한 대근육 활동을 할 수 있다. 놀이터는 영유아들이 안전하게 이용할 수 있는 시설물이어야 하며 「어린이놀이시설 안전관리법」에 따라 설치검사를 받도록 하고 있다. 놀이기구는 연령에 따라 난이도가 다른 영아용과 유아용이 있다.

- 고정식 놀이기구: 미끄럼틀, 그네, 정글짐, 회전놀이 기구, 오르는 기구
- 이동식 놀이기구: 삼각대, 뜀틀, 평균대, 점핑 바운서, 구르기용 매트, 이동식 농구대

그림 10-5 놀이터 사진

출처: 박재옥 · 홍길회(2012). 보육기관 운영의 실제. p. 61.

(2) 물, 모래놀이 영역

영유아는 자연물을 만지고 움직여 보며 새로운 흥미와 관심을 가지게 된다. 물과 모래, 물놀이용품 등을 가지고 매일 다른 놀이를 하며 즐긴다. 실외의 모래놀이

는 물을 이용할 수 있는 장소 근처에 공간을 조성하여 복합적인 놀이를 하도록 하는 것이 좋다. 물, 모래놀이 용품은 영유가 안전하게 사용할 수 있도록 깨지거나 망가진 것이 없는지 자주 확인해 주어야 한다.

- 물놀이 자료: 아기 목욕통이나 큰 대야, 물 조리개, 플라스틱 세제 통, 샴푸 통 등 여러 종류의 폐품
- 모래놀이 자료: 모래놀이 테이블, 크기와 색깔의 용기들, 부엌 용품들, 모종삽, 고운체

그림 10-6 모래놀이터

출처: 박재옥 · 홍길회(2012). 보육기관 운영의 실제. p. 161.

(3) 동 · 식물영역

영유아는 동 · 식물의 영역에서 동물에게 먹이를 주고 작은 화단을 가꾸면서 생명의 소중함과 아름다움을 경험할 수 있다. 어린이집에서 동물을 사육할 때는 사육하는 장소를 자주 청소하여 파리와 모기가 생기지 않도록 해야 한다. 식물영역에서는 영유아가 직접 자라는 과정을 관찰하면서 식물에 대한 변화와 개념을 형성할 수 있다.

그림 10-7 **식물자료**

출처: 박재옥 · 홍길회(2012). 보육기관 운영의 실제. p. 77.

(4) 자연탐구 활동

실외에서는 실내에서 경험할 수 없는 다양한 것을 느낄 수 있다. 실외활동에서 계절의 변화와 햇빛의 세기와 바람의 강도에 따라 변화하는 자연물의 아름다움을 느낄 수 있다. 영유아는 자연을 탐색하면서 자연과 더불어 살아가는 것을 배우게 되고 주변의 탐색을 통해 탐구하는 태도를 가지게 된다. 비와 눈을 맞으며 호기심이 자극되고 자연을 주의 깊게 관찰함으로써 창의적 사고가 발달하게 된다.

식물관찰 계절 변화

그림 10-8 **자연탐구**

출처: 박재옥 · 홍길회(2012). 보육기관 운영의 실제. p. 161, 237.

영유아의 실외놀이는 통합적으로 경험하는 활동임을 이해해야 한다. 예를 들어 모래놀이를 하면서 신체를 움직이고, 물과 모래를 합쳐 새로운 놀이를 만들어내기도 한다. 친구와 대화하면서 놀이기구를 타기도 하고 모래놀이를 하면서 그림도 그릴 수 있다.

영유아의 실외놀이는 여러 가지 영역을 통합적으로 경험하며 이러한 경험은 영역별로 이루어지지 않는다(보건복지부, 2020).

3) 기타 환경

서비스 공간으로는 양호실, 세탁실이 있으며 사무관리 공간으로는 원장실, 교사실, 비품실, 상담실, 방문자 대기실, 현관 등이 있다.

(1) 원장실과 교사실

원장실과 교사실은 교육활동을 계획하며 교사 간의 교육정보 교환이 이루어지는 곳이다. 이곳은 공간의 크기를 고려하여 책장, 책상, 컴퓨터, 의자, 복사기 등 사무용 비품을 비치해둔다. 그리고 보육교사가 휴식하는 공간으로도 활용할 수 있도록 소파 등을 마련해 두는 것도 좋다. 원장실과 교사실은 교육환경의 전반을 파악하고, 출입하는 사람을 잘 볼 수 있도록 출입문이 보이는 곳으로 위치해야 한다.

(2) 자료실

영유아용 교재 · 교구 · 학습자료를 보관하는 곳으로 보관과 탐색을 쉽게 할 수 있도록 트인 장이나 목제나 철제 앵글로 된 칸막이를 설치해 주는 것이 좋다. 자료실은 교사실과 인접한 곳에 위치하는 것이 좋으며 수업에 활용할 시청각 자료나 장치들도 이곳에 보관한다.

(3) 양호실

양호실은 영유아들이 몸이 아플 때 쉴 수 있는 곳으로 독립된 장소에 방이 있어야 한다. 그러나 기관에 별도의 장소를 마련하기 어려운 경우에는 교사실이나 원장실에 만들 수 있다. 양호실에는 응급약품인 해열제, 소화제, 감기약, 외상 연고 등과 간단한 의료기구인 붕대, 솜, 일회용 밴드, 체온계, 핀셋을 비치해둔다.

(4) 조리실 및 식당

조리실은 환기가 잘되며 밝은 곳에 위치하는 것이 좋다. 영유아 및 교사가 식사하는 곳이므로 위생적인 실내환경을 유지하도록 하고 식기를 소독해야 한다. 또한 위생적으로 조리 및 취사를 할 수 있는 설비를 갖추어야 한다.

(5) 방문자 및 부모 대기실

방문자 및 부모 대기실은 어린이집에 방문하거나 부모가 영유아를 데리러 올 때 대기하는 공간이다. 이곳의 위치는 출입문 근처에 배치하는 것이 좋으며 앉아서 기다릴 수 있는 의자나 소파를 마련한다. 부모나 방문자가 편안하게 기다릴 수 있도록 어린이집 소개 안내문이나 부모용 도서 등을 비치해둔다.

(6) 현관

현관은 기관의 첫인상을 좌우하는 곳이며 영유아가 교사나 부모와 만나고 헤어지는 장소이다. 또한 부모와 교사가 서로 정보를 주고받는 곳이기도 하다. 따라서 현관은 쾌적하고 따뜻한 분위기로 환경을 구성해야 한다. 어린이집 현관문은 안전을 위해 외부인의 출입 통제와 영유아가 밖으로 나가지 않도록 개폐장치를 설치해야 한다.

원장실 및 교사실

자료실

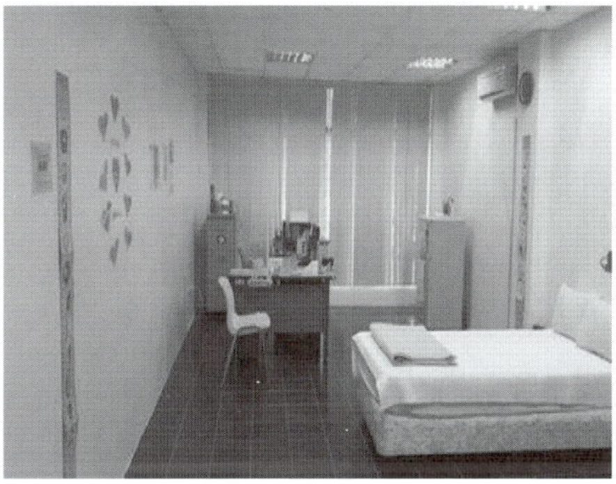

양호실

조리실

방문자 및 부모 대기실

현관

그림 10-9 **기타 환경 사진**

출처: 홍길회 · 김명연(2020). 유아교육기관 운영관리 pp. 104-108.

생각 나누기

1. 어린이집 물리적 환경의 중요성에 대해 생각해봅시다.

2. 실내 · 외 영역의 종류별 특징을 간단히 정리해봅시다.

Chapter 11

건강 · 영양 · 안전관리

1 건강관리

건강이란 '신체적 · 정신적 · 사회적으로 온전히 안녕한 상태'라고 세계보건기구(WHO)에서는 정의하고 있다. 영유아가 신체적 · 정서적으로 건강한 생활을 하는 것은 건강한 성인으로 성장하는 것에 기초가 된다. 따라서 하루의 대부분을 어린이집에서 보내는 영유아의 건강상태를 교사는 건강하게 유지할 수 있도록 살펴보고 보살핌을 제공하는 데 최선을 다해야 한다. 즉 실내환경을 위생적으로 관리하고 아픈 영유아에게 적절한 조치를 하며 규칙적인 기본생활습관을 하도록 지도해야 한다.

1) 영유아 건강관리의 필요성

영유아기는 가장 빠른 성장과 발달을 보이는 시기로, 이 시기의 질환이나 사고는 일생 동안 영향을 미치기 때문에 사고 예방을 위한 교육과 조기진단이 중요하다. 과거에는 가정에서 자연스럽게 배우거나 부모를 통해 지도되었던 생활습관이 맞벌이 가정 증가와 같은 사회적 변화로 인해 어린이집에서 다루어야 할 필요가 생겼다. 즉, 어린이집에서의 규칙적인 생활, 청결, 위생, 적절한 휴식, 올바른 식습관과 태도에 대한 내용이 요구된다.

영유아 시기에 형성된 생활습관은 일생 동안 영향을 주며 성인기까지 지속되므로 영유아의 건강한 생활을 위한 규칙적인 생활, 청결, 올바른 식습관과 태도를 지도하는 것은 중요하다.

영유아의 건강은 유전적인 요인과 환경적인 요인에 의해서 영향을 받는다. 유전적 요인은 부모로부터 전달받는 유전적 잠재력이며 건강을 결정하는 기본적인 요인을 제공한다. 환경적 요인은 유전적 잠재력이 나타나게 될 방법과 정도에 영향을 미치는 것으로 부모, 교사와 같은 인적환경과 어린이집 시설 설비, 교육적 환경과 같은 물리적 환경이 있다(조성연 외, 2022).

영유아의 건강에 영향을 미치는 인적환경인 교사는 영유아가 건강한 생활을 유지할 수 있도록 주의 깊게 관찰하고 도움이 필요할 때 즉시 반응해 주어야 한다. 교사의 이러한 태도는 영유아가 안정적이고 수용적인 환경으로 어린이집을 인식하는 것에 도움을 준다.

2) 영유아의 건강관찰과 건강검진

영유아가 건강하게 생활할 수 있도록 교사는 가정과 협조하여 영유아와 가족의 건강정보를 수집하고 매일 영유아의 건강상태를 확인해야 한다. 또한 정기적으로 영유아의 건강검진을 실시하고 기록하여 건강상태를 살펴보아야 한다.

(1) 영유아의 건강조사

어린이집에서 정보를 수집해야 할 영유아의 건강관리 조사는 생활기록부와 함께 기록된다. 이러한 정보는 영유아의 건강에 대해 사전에 파악함으로써 적절한 대응을 할 수 있도록 한다. 영유아의 건강조사는 영유아의 인적정보와 수면, 배변, 식사, 위생습관 등의 생활습관, 키, 몸무게, 영유아의 혈액형, 알레르기 유무, 가족의 건강에 관한 특이사항, 가족력의 유무도 기록한다. 또한 어린이집에 입학하기 전 앓았던 질병이나 영유아기에 반드시 실시해야 하는 예방접종 등에 대한 내용도 포함한다.

(2) 일일 건강관찰

교사는 매일 아침 영유아가 등원에서 하원할 때까지 건강 상태를 확인해야 한다. 이러한 교사의 관찰을 통해 어린이집서 생활하는 동안 영유아의 질병 여부를 확인하여 발견하고 조치를 취하여 질병의 악화나 감염을 사전에 예방할 수 있다.

영유아의 일일 건강관찰을 하는 방법으로는 영유아가 아픈 증상이 있는지 살피고 부모가 전달하는 정보나 영유아가 보내는 호소를 귀담아듣는다. 또한 영유아의 입, 몸, 소변, 대변 등에서 평범하지 않은 냄새가 나는지 확인한다. 영유아의 숨소리를 확인하여 열이 있는지, 피부를 만지면서 발진이 생겼는지 살펴보아야 한다.

영유아의 매일 점검해야 하는 건강사항은 아래와 같으며 이러한 특징을 보일 때 교사는 즉시 조치를 취하여야 한다.

표 11-1 일일 건강점검 사항

매일 건강점검 사항
• 영유아의 얼굴에 기운이 없어 보인다. • 무표정하거나 우울해 보인다. • 얼굴이 창백하거나 홍조가 있다. • 눈이 반짝이거나 혹은 충혈되어 있다. • 몸을 긁거나 피부에 발진이 있다. • 감기 증상이나 콧물을 흘린다. • 기침을 하거나 호흡곤란을 보인다. • 배가 아프다고 하거나 구토나 설사를 한다. • 입 주위에 수포가 있거나 작은 물집이나 딱지가 있다. • 귀를 자꾸 만지고 귀에서 액체가 흘러나온다. • 평소와 다르게 부모에게 매달리거나 떨어지지 않으려고 한다. • 평소보다 신경질적이고 짜증을 많이 부린다. • 평소보다 화장실에 자주 가거나 소변을 자주 본다. • 다른 친구들과 잘 어울리지 않고 무기력하다. • 평소에 비해 잠을 잘 자지 못한다.

일일 점검을 통해 특이사항이 발견될 경우 곧바로 부모에게 전화로 알린 후 부모와의 상의하에 적절한 조치를 취한다. 이때 반드시 위와 같은 내용을 기록으로

남겨 놓아야 한다. 그러나 위급하지 않은 상황일 경우는 일일 건강보고서를 작성하여 영유아가 귀가할 때 가정으로 보낸다. 일일 건강점검을 실시한 결과에 대한 기록은 학급 전체에 대한 점검과 영유아 각 개인에 대한 점검 등 두 가지 방법으로 기록할 수 있다(홍길회 외, 2020).

(3) 정기 건강검진

어린이집 원장은 영유아와 어린이집 보육교직원에 대하여 매년 1회 이상 정기적으로 건강진단을 실시하는 등 건강관리를 해야 한다. 다만, 「국민건강보험법」 제52조, 같은 법 시행령 제25조 및 「의료급여법」 제14조의 규정에 의해 차수에 맞는 영유아건강검진을 실시하거나 보호자가 별도로 건강검진을 실시하여 그 검진 결과 통보서를 제출한 영유아에 대해서는 당해 연도 건강진단을 실시한 것으로 갈음할 수 있다.

표 11-2 영유아 국가건강검진 일정표

구분	1차	2차	3차	4차	5차	6차	7차	8차
일반	생후 14~ 35일	생후 4~ 6개월	생후 9~ 12개월	생후 18~ 24개월	생후 30~ 36개월	생후 42~ 48개월	생후 54~ 60개월	생후 66~ 71개월
구강	–	–	–	생후 18~ 29개월	–	생후 42~ 53개월	생후 54~ 65개월	–

건강교육

건강교육항목	횟수	시기
전자미디어 노출	3회	2차(4~6개월), 4차(18~24개월), 7차(54개월~60개월)
정서 및 사회성	2회	3차(9~12개월), 5차(30~36개월)
취학 전 준비	2회	5차(30~36개월), 8차(66~71개월)
대소변 가리기	2회	4차(18~24개월), 5차(30~36개월)
개인위생	1회	4차(18~24개월)

※ 2021년부터 영유아 초기(생후 14~35일) 건강검진 신설

출처: 질병관리청 보도자료(2022.12.23.); 문혁준 외(2021) 재인용. p. 110.

어린이집의 원장은 영유아에 대하여 매년 정기적으로 「감염병의 예방 및 관리에 관한 법률」 제33조의4에 따른 예방접종통합관리시스템을 활용하여 영유아의 예방접종에 관한 사실을 확인해야 하며, 영유아에 대하여 최초로 보육을 실시하는 경우에는 보육을 실시한 날부터 30일 이내에 확인해야 한다.

원장은 보호자가 영유아 건강검진을 받도록 3회 이상 안내하여야 하며, 보호자가 건강검진 거부 시 원장은 3회 이상의 안내 · 요구 사실을 확인할 수 있는 서류를 보관하고 건강검진 실시 여부와 거부 사유를 생활기록부 등에 기록해야 한다.

영유아의 건강과 위급상황에 대비하기 위해 어린이집이 갖추어야 할 사항으로는 응급처치동의서, 투약의뢰서, 비상의약품이 있다.

- 응급처치동의서는 영유아가 교육기관에서 생활하는 동안 만일의 경우 발생할지 모르는 응급 상황 시에 부모님에게 긴급하게 연락하거나 긴급한 상황에 대처하기 위해 필요한 서류이다. 응급처치동의서에는 부모의 비상 연락처와 병원 정보를 기재하고 부모의 서명과 확인을 받는다.

- 투약의뢰서는 어린이집에서 영유아에게 당일 실시해야 할 투약과 관련된 사항을 상세히 기록한 것이다. 교사는 투약하는 투약의뢰서와 함께 약을 받아 보관에 관한 주의사항을 지켜 보관하여야 한다. 투약은 반드시 정시에 실시되어야 하나 부득이한 사유로 투약시간이 달라졌을 경우에는 투약보고서에 솔직하게 기록한 후 가정으로 보내야 한다. 투약을 한 후 반드시 투약한 내용과 특이사항 그리고 투약 후 영유아의 상태를 간략히 메모하여 영유아 편에 보내야 한다.

투약의뢰서

금일 본 자녀의 투약을 ______________ 선생님께 의뢰합니다.

반 이 름:

아동이름:

약의 종류: 보관상태: 실온, 냉장

투약용량:

투약시간:

20 년 월 일

의뢰자 (인)

단, 투약으로 인한 책임은 의뢰자가 집니다.

요셉 어린이집 원장 귀하

투약보고서

20 년 월 일

반	이름	약용량	투약 시간

투약자 (인)

보호자 귀하

그림 11-1 투약의뢰서 예시

출처: 홍길회 외(2020). 유아교육기관의 운영과 실제. p. 271.

비상의약품은 연고, 화상용 거즈, 소화제, 벌레 물린데 바르는 연고 등 용도별로 약품을 구입하여 구비한다. 약품은 영유아의 손에 닿지 않는 곳에 보관하여 잠금장치를 하고 보관방법에 따라 실온과 냉장을 확인하여 보관한다. 비상의약품은 양호실에 비치하고 만일 양호실이 없는 어린이집의 경우는 보육실 한쪽에 보관한다.

3) 영유아의 질병관리

영유아기는 면역체계가 약하여 주변의 물리적 환경에 영향을 많이 받으며 질병에 걸리기 쉽다. 어린이집에서 감염병에 걸린 영유아는 콧물이나 기침으로 인해 다른 영유아에게 전염하기 쉽기 때문에 교사는 몸이 아픈 영유아에 대한 세심한 관찰과 신속한 조치를 해야 한다. 즉 교사는 영유아가 감염병으로 의심되거나 격리가 필요한 경우 즉시 보호자에게 알려 의료기관의 진료를 받도록 안내해야 한다. 특히 「감염병의 예방 및 관리에 관한 법률」에 따른 감염병의 경우에는 발견 즉시 시 · 군 · 구청장에게 보고해야 하며 보건소에도 신고해야 한다.

시군구 보고 대상 감염병은 수족구병, 풍진, 유행성 결막염, 인플루엔자(유행성 독감), 장염, 홍역, 유행성이하선염(볼거리), 전염성농가진, 수두, 무균성 수막염, 결핵, 성홍열, 기타 감염병이다. 이러한 증상을 보이는 영유아는 등원을 중단하고 어린이집으로부터 격리하여야 한다. 다만 해당 감염병이 일상적인 접촉을 통해 타인에게 감염의 가능성이 없고, 격리대상 질환이 아닌 경우에는 감염병 질환자라 하더라도 등원 중단 및 격리하지 않아도 된다. 감염성 질환 영유아가 다시 어린이집 등원을 하기 위해서는 의사의 완쾌소견서나 진단서가 있을 때 가능하다.

만일 가정 내 격리 치료 시 불가피한 사유로 보호자가 직접 해당 영유아를 돌보기 곤란한 경우에는 여성가족부의 아이돌봄지원사업 중 질병 감염 아동 특별지원 서비스를 이용할 수 있다(이용문의: 1577-2514 또는 http://idolbom.go.kr).

표 11-3 휴원을 요하는 질병

병명	증상 · 격리 기간
콜레라	열, 구토, 하얀 물 설사, 탈수 증세 있음 → 완치될 때까지
백일해	열은 없고 밤에 기침이 심함. 특유의 기침이 없어질 때까지 → 발병 약 3~4주 정도
홍역	발열, 재채기, 결막염, 발진 발진이 없어질 때까지 → 발진 후 약 5일 정도
유행성이하선염(볼거리)	발열, 귀밑이 부어오름. 귀밑 부기가 다 빠질 때까지 → 발진 후 약 5일 정도
장티푸스	두통, 헛소리, 혀의 백태, 혈변, 장 출혈 발생 → 완치될 때까지
풍진	가벼운 감기 같은 증세, 발열, 발진증상이 없어질 때까지 → 대개 발진 후 5일 정도
수두	발열, 발진, 물집이 생김. 딱지가 떨어질 때까지 → 발진 후 약 7일 정도
수족구병	38℃ 정도의 고열, 1~2일간 입속, 손바닥, 발바닥에 수포가 생김 → 주요 증상이 사라질 때까지
농가진	얼굴이나 수족에 쌀알 크기부터 대두 크기의 발진 수포가 생김 → 딱지가 떨어질 때까지
뇌막염	고열, 두통, 구토, 전신에 보라색 반점, 의식에 혼돈이 옴 → 증상이 사라질 때까지
유행성 결막염	눈이 붓고 흰자위가 충혈, 눈곱이 많음 → 급성 기염 증상이 없어질 때까지
전염성 설사	설사의 횟수가 많고 변이 물 같고 열이 나며 감기 증상을 동반함 → 주요 증상이 사라질 때까지
전염성 홍반	열은 별로 없으나 때로는 37도의 열이 남, 얼굴과 뺨에 발진이 생김 → 급성 증상이 없어질 때까지

출처: 보건복지부(2012). 어린이집 건강관리 매뉴얼. p. 4.

4) 영유아의 위생관리와 건강지도

영유아는 하루 중 대부분의 시간을 교실에서 보낸다. 그러므로 어린이집을 청결하게 관리하고 위생에 신경 써야 한다. 이를 위해 교사는 영유아가 자주 접하는 설비나 용품의 표면을 위생적으로 관리하고 세균에 감염되지 않도록 해야 한다. 또한 영유아에게도 기본생활에 대한 생활 습관을 형성하도록 지도하여 건강한 생활을 유지하도록 관리하여야 한다.

어린이집에서 영유아의 위생관리와 건강지도로는 기저귀 갈이대와 장난감 등의 위생관리와 손 씻기, 배변훈련, 이 닦기, 낮잠 및 휴식과 같은 기본생활습관을 지도하는 것이다.

(1) 위생관리

교사는 영유아가 질병에 감염의 예방을 위해 실외 · 실내 환경의 청결하게 유지하고 관리해야 한다. 특히 실내는 영유아가 자주 접촉하는 공간이므로 세균에 감염되지 않도록 청결을 유지해야 한다.

① 교실

교실 창문을 수시로 열어 곰팡이가 생기지 않도록 청결을 유지한다. 교실에 배치되어있는 사물함, 교구장, 책장, 매트, 책걸상, 커튼, 교재 · 교구, 놀잇감 등 영유아가 매일 사용하는 물품과 비품들은 수시로 점검하고 세척 및 소독이 이루어져야 한다.

놀잇감, 가구, 배식대 등은 항상 비눗물로 닦은 후 원에서 만들어 사용하는 소독수를 스프레이 용기에 넣어서 뿌려 준다. 특히 영아는 장난감을 입에 넣기 때문에 매일 세척하고 소독해야 하며 영아의 침대도 하루에 한 번 살균해야 한다. 교사는 매일 퇴근 전에 교실 안에 있는 가구, 책상, 의자, 교구, 놀잇감에 소독수를 뿌려서 건조시킨다.

② 화장실

화장실은 물을 많이 사용하는 공간에서의 하루에도 2~3회 또는 수시로 세면장의 바닥이나 통로의 습기를 제거하여야 한다. 세면장에서는 수건 대신 종이타월 등 일회용을 사용하는 것이 바람직하며 물비누와 같은 액상비누를 비치해야 한다. 배변훈련용 변기는 영유아의 손에 닿지 않도록 해야 하며 내용물은 즉시 비우고 노출된 부분을 세척한다.

③ 기저귀 갈이대

기저귀 갈이대는 항상 청결한 상태를 유지하되 기저귀를 교체하기 전에 바닥에 별도의 일회용 깔개를 깔고 사용한 후에는 즉시 버린 후 그 자리를 소독수를 뿌려 소독한다. 교사는 영아의 기저귀 갈이를 할 때 영아가 더러워진 기저귀나 옷을 만지지 않도록 해야 한다. 영아의 기저귀 갈이를 할 때는 가급적 일회용 장갑을 끼고 갈아주며 기저귀 갈이가 끝난 후에 교사는 기저귀 갈이대 정리를 하고 손을 씻는다.

(2) 손 씻기

우리 주변에는 항상 병균이 존재하며 이러한 병균을 손으로 만짐으로써 병균은 옮겨지게 된다. 따라서 병균에 전파를 막고 질병을 예방하기 위한 가장 효과적인 실천 방법은 손 씻기이다. 영유아는 손을 자주 씻음으로 인해 각종 질병을 예방할 수 있다.

영유아는 음식을 먹기 전후나 화장실을 다녀온 후, 실외활동 후에는 반드시 손을 씻어야 한다. 또한 애완동물을 만지거나 코를 풀거나 재채기나 기침을 하고 난 후에도 손을 씻어야 한다.

보육교사도 손을 자주 씻어야 하는데 출근한 후에나 영유아에게 급·간식을 먹이기 전, 기저귀 갈이 할 때, 투약을 하거나 쓰레기나 영유아의 토사물이나 신체분비물을 만졌을 때 반드시 손을 씻어야 한다.

교사는 영유아에게 손을 씻어야 하는 상황과 때를 교육을 통해 알게 하고 이를 반복적으로 지도하여 습관화시켜주어야 한다. 올바른 손 씻기는 흐르는 물에 비누를 사용하여 씻는 것이다. 올바른 손 씻기 방법은 아래의 그림과 같다.

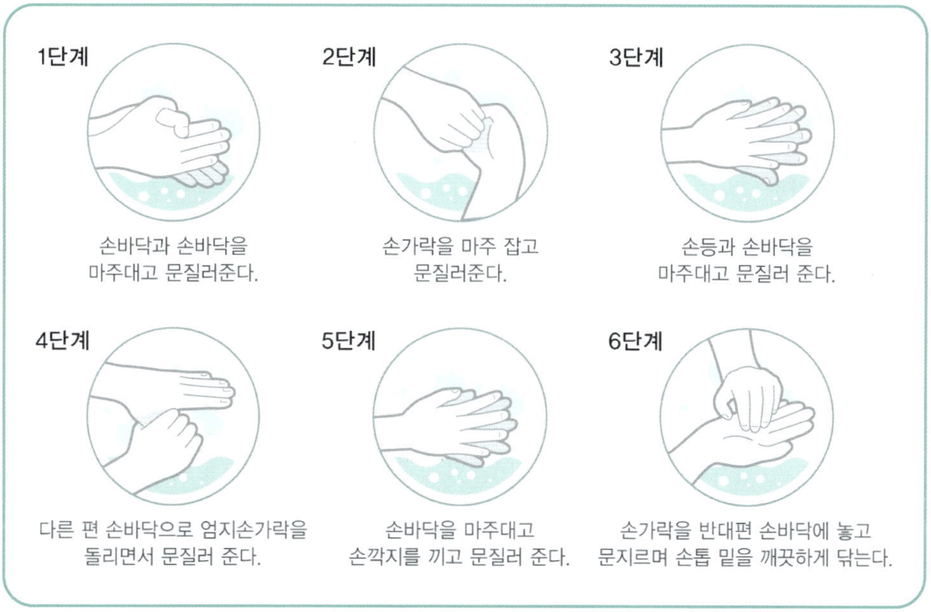

그림 11-2 손 씻는 방법

(3) 배변훈련

교사는 영유아의 배변훈련에 대한 이해를 가지고 개별 영유아가 스스로 조절능력을 가지고 화장실을 이용할 수 있도록 지도해야 한다. 영유아의 배변훈련 준비 시기는 개인차가 있으나 대부분 18~24개월 사이에 시작한다.

영유아의 배변훈련을 너무 강압적으로 하거나 준비가 되지 않은 상태에서 시작하면 심리적으로 불안해하며 거부반응을 나타낼 수 있다. 따라서 교사는 영유아가 배변훈련할 준비가 되어있는지 먼저 살펴보고 스스로 할 수 있도록 수용하고 격려하여야 한다. 영유아 배변훈련으로는 영유아에게 배변의사를 표현하는 것과 배변 시 옷을 입고 벗는 것, 배변 후 뒤처리하는 법, 배변 후 손 씻는 법을 지도해야 한다.

(4) 치아관리

교사는 영유아의 치아관리를 해주어야 하며 치아관리를 위해서는 올바르게 이 닦는 습관을 형성해 주어야 한다. 영유아의 유치를 잘 관리해주면 이후에도 치아 건강을 유지할 수 있다. 영아의 유치가 나기 시작하면 교사는 칫솔질하는 방법과 뱉는 방법, 칫솔을 관리하는 법을 알려주어야 한다. 영유아가 칫솔질을 할 때 꼼꼼하게 치아의 안쪽과 바깥쪽을 닦을 수 있도록 지도해야 한다.

(5) 낮잠 및 휴식

영유아는 신체활동과 놀이를 하면서 피곤할 수 있기 때문에 휴식을 취하거나 규칙적인 시간을 정해 낮잠을 잘 수 있도록 해야 한다. 영유아는 18개월 이후에는 1~3시간 정도 낮잠을 자며 5세가 되면 거의 낮잠을 자지 않는다. 오랜 시간을 어린이집에서 지내는 영유아가 효과적으로 활동에 참여하고 건강을 유지하기 위해서는 휴식이 필요하다. 교사는 영유아의 휴식을 위해 정해진 시간에 낮잠을 자는 습관을 지도해야 한다. 또한 영유아가 피곤함을 느낄 때 언제든지 쉴 수 있는 개별적인 공간을 마련해야 한다.

2 영양관리

영유아의 영양은 건강의 기초를 이루는 중요한 요소이다. 영유아의 시기는 신체적 발달과 성장이 가장 왕성한 시기로 충분한 영양 섭취를 위해서는 올바른 식생활습관과 태도가 필요하다. 영유아 시기의 식습관이 이후 편식이나 음식에 대한 기호, 식습관 태도에 영향을 미치기 때문이다. 따라서 교사는 영유아에게 위생적이고 균형 잡힌 식생활 환경과 식습관 지도를 하여 올바른 식습관이 형성될 수 있도록 해야 한다.

1) 영유아기 영양의 특징

영유아기는 성장과 발육이 급속도로 이루어지는 시기이며 필요로 하는 영양소가 성인의 2배이다. 따라서 영유아가 양적 · 질적으로 우수한 영양 섭취를 할 수 있도록 제공해야 한다. 또한 영유아는 저항력과 면역력이 약하므로 어린이집에서 급 · 간식을 제공할 때 식재료나 조리법의 세심한 준비가 필요하며 철저한 위생관리가 요구된다.

영유아는 장기발달이 미숙하며 소화능력이 충분하지 않으므로 소화 흡수가 잘될 수 있는 음식재료와 조리방법을 사용해야 한다. 영유아의 식품은 재료에 크기를 작게 썰어 섭취가 잘되도록 하고 간이 지나치게 강하거나 짜지 않도록 해야 한다.

영유아는 정서적 · 사회적 · 인지적으로 급속한 성장을 하면서 음식의 기호도나 선호가 분명해져 편식이나 잘못된 식습관에 영양을 줄 수 있다. 그러므로 교사는 영유아에게 일관성 있는 식습관 지도를 하여 균형 있는 영양 섭취를 할 수 있도록 지도해야 한다.

(1) 영유아의 영양소 필요량

영양소(nutrient)는 우리의 건강한 몸을 유지하는 데 필요한 구성 성분으로 탄수화물, 단백질, 지방, 비타민, 무기질 등의 5대 영양소로 구성된다. 에너지 공급원인 탄수화물, 단백질, 지방은 몸을 구성하는 역할을 하며, 신체구성 물질인 비타민, 무기질, 단백질, 수분은 생체대사를 조절하는 역할을 한다. 영유아의 영양 권장량은 연령별 체중이나 신장에 따라 다르며 발달 단계에 따라 달라진다. 연령별 영유아를 위한 에너지 영양 권장량은 다음의 표 11-4와 같다.

표 11-4 연령별 체중, 신장 및 에너지 권장량

연령	체중(kg)	신장(cm)	에너지 권장량(kcal/일)
0~5개월	6.2	60.3	550
6~11개월	8.9	72.2	700
1~2세	12.5	86.4	1,000
3~5세	17.4	105.4	1,400

출처: 한국영양학회(2015). 한국인영양섭취권장기준.

영유아에게 필요한 영양소를 섭취할 수 있도록 식품의 영양소가 골고루 포함되는 식사를 제공해야 한다. 빵, 밥, 국수 등은 탄수화물과 비타민 B의 주요 공급원이며 우유, 요구르트, 치즈 등의 유제품은 단백질 외에도 칼슘과 비타민 D를 공급한다. 쇠고기, 닭고기 등의 육류와 생선은 단백질 식품으로서 유아들이 규칙적으로 섭취해야 한다. 육류는 단백질 외에도 철분과 아연 등의 무기질을 공급하며 굴, 조개, 참치, 새우, 콩, 두부, 시금치, 통밀 등의 식품도 철분을 공급해준다. 채소와 과일은 비타민과 식이섬유의 공급원이다. 영유아의 하루 에너지 섭취를 위한 식품과 섭취량은 그림 11-3에 잘 나타나 있다.

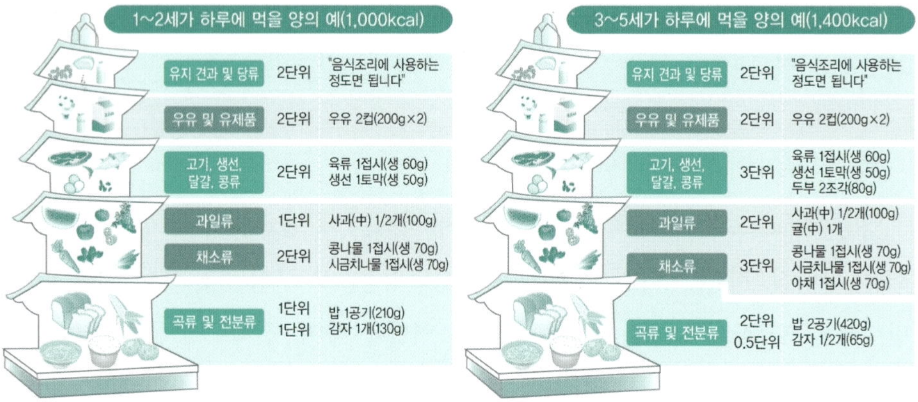

그림 11-3 영유아를 위한 식품과 섭취량

출처: 홍길회 외(2022). 영유아건강교육(제2판). p. 156.

(2) 영유아의 영양문제

① 소아비만

영유아의 비만은 소비되는 열량이 섭취한 열량보다 적어 과도한 지방이 체내에 축적되어 발생한다. 영유아의 비만 원인은 유전적, 환경적, 대사적, 정서적 요인이 복합적으로 작용한다. 영유아기의 비만은 운동기능의 저하를 가져오며 성인 비만과도 연결되기 때문에 중요하다.

영아기의 비만은 이유식을 너무 빨리 주었거나 젖병을 이용한 수유 시 양을 지나치게 많이 주었을 때 나타날 수 있다. 따라서 교사는 영아 수유 시 포만감을 느낄 때 나타나는 표정이나 행동을 통해 나타나는 포만 신호를 잘 관찰하여 양을 조절해 주어야 한다.

유아는 부모나 교사가 한꺼번에 음식의 양을 많이 주거나 달래기 위한 용도로 음식을 활용하는 등의 행동을 통해 나타날 수 있다. 특히 유아에게 치즈, 과자 등의 간식류를 많이 제공하는 경우에도 나타난다. 따라서 유아에게 식사를 제공할 때는 한꺼번에 많은 양을 주지 않고 패스트푸드나 지방이 많은 음식을 피하며 간식도 가공식품보다는 자연식품을 섭취할 수 있도록 제공해 준다. 또한 바람직한 식습관을 갖도록 지속적으로 지도해야 한다.

② 편식

영유아의 음식에 대한 기호와 특정한 음식의 선호로 인해 편식이 발생할 수 있다. 편식은 영양문제를 가져올 수 있으며 영양소가 결핍된 유아는 초조해하고, 공격적이고, 불유쾌하거나 우울하고 의기소침한 경향이 있다. 또한 영유아기에 형성된 편식습관은 성인의 식습관에도 영향을 미치기 때문에 중요하다.

영유아의 편식 원인은 체질적인 문제가 아니면 대부분 가정이나 어린이집에서 식사하는 환경으로 인해 발생한다. 즉 영아기에 이유식을 미숙하게 제공했거나 강제로 먹은 경험이 있거나 음식을 너무 달게 조리한 것을 제공할 때 나타날 수 있다. 심리적인 원인으로는 생소한 음식에 대한 낯섦이나 음식을 먹었을 때의 불쾌한 경험, 영유아 식사 시 과잉보호를 하는 경우에 발생한다.

③ 식품 알레르기

식품 알레르기는 음식물이나 식품첨가물을 섭취했을 때 신체가 이에 대응하여 과민 반응을 일으키는 증상이다. 신체증상으로는 비염, 설사, 구토, 두드러기, 피부염, 과민증 등 다양한 증상이 나타난다. 알레르기를 일으키는 식품은 달걀, 콩, 우유 등이며, 그밖에도 메밀, 땅콩, 고등어, 토마토, 복숭아 등이 있다.

이런 음식은 제공할 때는 세심한 주의와 관찰을 하면서 유아의 특성에 따라 먹이도록 한다. 음식물 알레르기는 개인에 따라 다르며, 알레르기의 원인이 되는 식품도 건강 상태에 따라 증상이 다르게 나타나기도 한다. 따라서 교사는 영유아가 알레르기를 일으키는 음식물이나 식품 첨가물을 알고 있어야 하며 급·간식 제공 시 주의를 기울여야 한다.

④ 충치

영유아의 충치는 침의 단백질과 함께 만들어진 변형 박테리아가 치아에 붙어 있는 당류를 분해하여 생기는 것이다. 충치는 영구치와 영유아의 성장과 발달, 성격에도 영향을 주기 때문에 예방하는 것이 필요하다.

유아에게 충치가 발생하면 치아로 음식을 자르거나 씹는 데 어려움을 느끼게 되고 씹기 힘든 음식물을 싫어하게 되어 편식의 원인이 될 수 있다. 젖니의 충치는 영구치에도 영향을 미쳐 영구치도 금방 썩게 만들 뿐만 아니라, 영구치가 나오는 시기나 순서에도 이상을 일으켜 제자리를 잡지 못해 부정교합을 유발하거나 불완전한 모양을 초래할 수도 있다(홍길회 외, 2022).

충치의 주요 원인은 영아의 경우에는 우유병을 물고 잠드는 습관, 이유식을 늦게 시작한 경우 등이다. 음식물이 입안에 있는 채로 잠이 들면 미생물 번식을 돕는 영양분이 계속 남아 있고 침의 분비는 줄어들어 치아가 썩기 쉽다.

유아의 경우는 잠자기 전에 음식물을 먹거나 사탕이나 과자류와 같은 단 음식을 많이 섭취하는 경우 발생한다. 충치를 예방하기 위해서는 음식을 섭취한 뒤에는 반드시 양치를 하여 세균이 번식하기 쉬운 환경을 없애고 치아를 건강하게 해주는 영양소인 무기질, 비타민, 단백질 등을 충분히 섭취하는 것이 좋다.

2) 급식관리

영유아의 신체 · 정신의 성장과 발달, 올바른 식생활습관을 형성하기 위해 어린이집에서는 균형 잡히고 위생적인 급 · 간식을 제공해야 한다. 어린이집의 급식관리는 영양사에 의해 영양 균형이 맞추어진 식단이 작성되고, 이를 기반으로 조리원에 의해 음식이 만들어지며, 음식을 영유아들에게 공급하는 것이다.

유아를 위한 식단은 전문적인 자격을 갖춘 영양사에 의해 작성되어 영양을 고루 갖춘 균형 잡힌 식단을 사용한다. 「영유아보육법」 제33조와 「영유아보육법 시행규칙」 제34조에 의해 영유아 100인 이상을 보육하는 시설에는 영양사 1인을 두고 이들로 하여금 건강과 영양, 위생을 충분히 고려한 급식관리를 하도록 명하고 있다(5개 이내의 보육시설에서 공동으로 영양사 1인을 둘 수 있음). 단, 100명 이하의 영유아 어린이집은 육아지원센터나 보건소 등에 근무하는 영양사의 지도를 받을 수 있다. 급식관리를 위한 식자재 관리와 조리, 위생 지침에 관한 사항은 다음과 같다(보건복지부, 2023).

(1) 모든 어린이집은 영유아의 건강, 안전 및 소비자의 알 권리를 위해 식단표를 원산지를 기재하여 공개해야 한다(「농수산물의 원산지 표시에 관한 법률」 제5조 제3항).

(2) 식자재 구매 시에는 식약처 권고품질관리 기준을 참고하여 시행해야 한다.

(3) 어린이집 보관식은 음식의 종류별로 각각 1인분 이상 독립하여 보관하고 스테인리스 재질로 각각의 뚜껑이 있는 전용 용기 또는 1회용 멸균 팩에 넣어 영하 18℃ 이하에서 144시간 이상 보관한다.

(4) 입소 시 보호자의 확인을 통해 영유아의 식품 알레르기 여부를 확인하여 급식·간식 제공 시 알레르기 유발 식품이 제공되지 않도록 주의한다.

(5) 급식을 조리·제공하는 보육교직원은 어린이집에서 식중독 환자가 발생하지 않도록 위생관리를 철저히 한다.

(6) 어린이집의 조리 직원인 영양사, 조리원(조리사)은 작업 전 건강상태를 확인하고 위생모, 위생복, 위생화를 착용하며 장신구의 착용은 불가하다.

(7) 식품과 소모품은 별도로 구분하여 보관하되 여건상 부득이 함께 보관할 경우에는 서로 섞이지 않도록 분리 보관하고 식품과 소모품의 품명, 용도 등을 표시한다.

(8) 조리 전후 식자재 및 음식 상태를 점검하고 정기적인 검수를 통해 식중독 예방에 철저히 기해야 한다.

(9) 급식실 및 조리기구의 위생관리를 철저히 하고 화기 및 조리기구 사용에 유의하여 안전사고가 발생하지 않도록 만전을 기해야 한다.

(10) 부패 · 변질되기 쉬운 식품의 원료는 반드시 냉동 · 냉장 보관하며 관리를 철저히 한다.

(11) 유통기한이 경과하였거나 부패한 원료의 경우 보관은 물론 조리에 사용해서는 안 된다.

(12) 급식에 제공되었던 음식물은 절대 재사용해서는 안 되며, 음식물관리로 인한 식중독 발병 시 추적을 위해 보존식을 별도의 보존식 냉장고에 보존한다.

표 11-5 위생점검표

항 목	그렇다	아니다	비고
〈개인위생〉			
1. 주방전용 위생복장(위생복, 모자, 신발을 청결하게 착용하였는가?			
2. 조리종사자의 건강상태 확인 후 적절한 조치가 되었는가?			
3. 6개월에 1회 건강진단을 실시하고 그 기록을 2년간 보관하는가?			
4. 액세서리 착용이나 매니큐어를 사용하지 않았는가?			
5. 올바른 손 씻기 및 소독으로 손에 의한 오염이 일어나지 않도록 관리하는가?			
〈식재료 공급〉			
6. 어린이 급식소의 식재료의 품질관리기준에 적합한 식품을 구입 또는 납품받는가?			
7. 식재료 검수 시 품질과 온도, 제조일 또는 유통기한 등을 확인하고 기록하는가?			
〈식품 저장〉			
8. 냉장 · 냉동고 내부의 청소 및 관리가 제대로 되어 있는가(생식품과 조리식품의 분리냉장 등)?			
9. 냉장 · 냉동고의 적정온도를 확인하는가(냉장: 5도 이하, 냉동: −18도 이하)?			

항 목	그렇다	아니다	비고
10. 조리, 가공된 식품의 제조일자 표시와 유통기한 관리(조리된 식품의 냉장 보관 시 조리일자 표시 포함)를 제대로 하고 있는가?			
11. 유통기한이 경과된 원료 또는 완제품을 조리할 목적으로 보관하거나 이를 음식물의 조리에 사용하지는 않았는가?			
12. 식품보관실 내 물품을 바닥에서 30㎝ 이상 띄워서 보관하는가?			
13. 식품과 소모품은 별도로 구분된 장소에서 보관하거나 서로 혼입되지 않도록 분리하여 보관하는가?			
〈식품 취급〉			
14. 조리된 식품을 맨손으로 취급하지 않는가?			
15. 식품 취급 등의 작업은 바닥으로부터 60㎝ 이상의 높이에서 실시하여 오염을 방지하는가?			
16. 식품을 충분히 가열조리(74℃ 이상)하는가?			
17. 채소와 과일을 깨끗이 세척하고 소독하는가?			
18. 원료나 조리과정에서 교차오염을 방지하기 위하여 칼과 도마, 고무장갑 등 조리기구 및 용기를 구분하여 사용하는가?			
〈배식〉			
19. 배식 시 음식의 적온(찬 음식 10℃, 더운 음식 7℃ 이상)이 유지되도록 관리되는가?			
20. 배식 시 위생장갑을 사용하며 위생적인 배식도구를 이용하는가?			
21. 조리한 식품은 매회 1인분 분량을 -18도 이하에서 144시간 이상 보관(보존식)하는가?			
22. 세정대 · 조리대 · 작업대 · 배수구 등을 청결하게 관리하는가?			
23. 칼, 도마, 행주를 위생적으로 관리 · 소독하는가?			
〈쓰레기 처리〉			
24. 쓰레기통은 뚜껑이 있는 페달식이며 청결하게 관리하는가?			
〈방충 구서 대책〉			
25. 벌레나 쥐 등의 침입을 방지하도록 적절한 조치 및 관리가 이루어지는가?			
26. 「전염병예방법 시행령」 제11조2에 따라 급식시설에 대하여 소독을 실시하고 소독필증을 비치하는가?			

항 목	그렇다	아니다	비고
〈시설 · 설비 · 기구 관리〉			
27. 사용이 끝난 후에 기구를 세척 · 소독하는가?			
28. 손 세척 시설이나 손 소독 시설이 구비되어 있는가(100인 이상인 경우에는 손 세척 시설과 손 소독 시설이 모두 구비되어야 함)?			
29. 조리실의 조명은 220룩스(lux) 이상인가?			
30. 조리실은 벽과 문을 이용하여 전처리실 및 세척실과 구분되어 있는가? 그렇지 않을 경우 교차오염을 방지할 수 있는 적절한 조치를 하였는가?			
31. 조리실 내의 증기, 이취 등을 신속히 배출할 수 있도록 환기시설을 설치하였는가?			
32. 시설, 설비, 바닥, 벽, 천장 등 파손된 곳은 없는가?			
33. 조리실은 온도 및 습도관리를 위하여 급배기 또는 냉 · 난방시설 등 적절한 시설을 설치하였는가?			
34. 조리작업을 하는 주위의 벽과 바닥, 천장은 내수 · 내구성 있는 재질로 설비되었으며 청소와 소독이 용이한가?			
35. 식품과 직접 접촉하는 부분은 위생적인 내수서 재질(스테인리스, 알루미늄, 에프알피로서 씻기 쉽고 열탕 · 증기 · 살균제 등으로 소독 · 살균이 가능한가?			
〈기타 준수사항〉			
36. 조리하는 사람이 아닌 외부인의 출입이 통제되는가?			
37. 급식용수로 수돗물이 아닌 지하수를 사용하는 경우 소독 또는 살균하여 사용하는가?			
38. 출입 · 검사 등 기록부를 최종기재일로부터 2년간 보관하고 있는가?			
39. 집단급식소의 설치 · 운영자 또는 그 집단급식소의 식품위생관리 책임자는 위생교육을 받았는가?			
40. 영양사, 조리사를 두고 급식관리를 하고 있는가?			

점검 일자	년 월 일 요일 (시 분 ~ 시 분)	점검자	

출처: 식품의약품안전처(2011). 어린이급식관리지원센터 세부 운영 가이드라인

본 자료는 어린이급식관리지원센터에서 유치원 급식 위생지도 업무수행시 적용하는 점검표이며, 한국 식품의약품안전처에서 제시한 기본 업무 관련 서식에 제시된 점검표이다.

출처: 홍길회 외(2022) 영유아건강교육(제2판). pp. 179-181.

3) 식생활 지도

(1) 영양교육

영유아 영양교육의 목적은 영유아가 영양에 대한 지식을 습득하고 이를 식습관에 적용, 실천하여 올바른 식습관의 태도와 건강을 유지하게 하는 것이다. 영유아 영양교육의 내용은 다음과 같다.

① 식품과 음식에 대한 지식으로 식품의 종류와 이름, 여러 가지 가공식품, 식품이 처리되어 가공되는 공정에 대해서 이해한다.
② 같은 재료의 식품도 서로 다른 음식으로 만들어질 수 있다는 점을 이해한다.
③ 식품의 기능과 음식물의 여러 가지 역할, 영양소에 관한 정보를 이해한다.
④ 식품과 신체발달 및 건강과의 관계에 대해 이해한다.

영양교육은 영유아가 자신의 몸에 대한 관심과 건강 유지에 대한 수용적인 태도를 가지고 하며 영양소에 대한 이해로 그 내용을 식습관을 통해 활용할 수 있다.

(2) 식습관 지도

영유아는 대개 출생 후 18개월 이후부터 스스로 밥을 먹을 수 있게 되며, 3~4세경이 되면 비로소 혼자서 식사를 할 수 있게 된다. 이때 부모나 교사는 음식에 대한 지나친 강요나 걱정, 간섭을 하거나 유아의 실수나 잘못을 지적하지 않는 것이 좋다.

영유아는 완전한 식사 방법에 익숙하지 않은 상태이므로 먹는 습관에 대한 지도가 필요하다. 영유아의 바른 식습관의 정립은 신체의 성장 발육 측면만이 아니라 성인 건강의 기초가 되는 개인의 식습관 확립 차원에서도 매우 중요하다. 영유아의 식습관 지도 내용은 다음과 같다.

① 음식을 먹기 전 반드시 손을 씻는다. 이때 영아들은 교사가 손을 닦아 주거나 씻겨주고, 스스로 손 씻기가 가능한 유아들은 손을 씻도록 지도한다.

② 식사하는 자리를 스스로 바르게 정리하고 깨끗이 정돈하도록 지도한다.

③ 영유아에게 순번을 미리 정하여 식사를 하는 시간에 식판 및 수저를 놓는 등의 식사 준비를 돕게 한다. 이와 같은 행동은 영유아의 식사 준비 돕는 습관을 익히게 한다.

④ 식사를 준비해 준 사람들에게 감사 인사를 할 수 있도록 지도한다. 이를 통해 영유아들은 감사 인사에 익숙하게 된다.

⑤ 식사를 할 때에는 올바른 자세로 앉아서 음식을 먹을 수 있도록 지도한다. 영아의 경우에는 본인 스스로 먹는 능력을 키워주는 것이 중요함으로 교사가 바른 자세로 먹는 시범을 보여준다.

⑥ 수저와 식기를 올바르게 사용하도록 지도한다. 젓가락 사용이 가능한 때에는 포크보다는 젓가락 사용을 권장한다.

⑦ 음식을 천천히 씹어 먹게 하고, 마시거나 씹는 등 음식을 먹을 때 소리를 내지 않도록 지도한다.

⑧ 밥과 반찬을 균형 있게 먹는 것이 건강에 도움이 된다는 것을 알려주고, 밥을 반찬에 비해 많이 먹지 않도록 한다.

⑨ 편식을 하지 않도록 지도하며 평소에 좋아하지 않던 음식을 먹었을 때 칭찬해 주고, 정해진 식사시간이 끝나면 그만 먹게 하여 편식하는 습관을 천천히 고치도록 한다.

⑩ 식사시간에는 돌아다니지 않고, 제자리에서 식사를 마치도록 지도한다.

⑪ 음식물을 입안에 넣은 채로 소리를 내거나 말을 하지 않도록 한다.

⑫ 영유아의 개별적 식사 속도를 고려하면서 너무 느리거나 빠르게 식사를 하지 않도록 지도한다.

⑬ 음식을 다 먹은 후에는 식사를 준비한 분들에게 “감사히 먹었습니다”라고

인사하도록 지도한다.

⑭ 식사 후에는 흘린 음식을 주워서 쓰레기통에 버리는 등 자신이 식사한 자리를 깨끗이 정리하고 자신이 사용한 식기는 정해진 장소에 놓도록 한다.

⑮ 식사 후에는 반드시 이를 닦는 습관을 들이도록 지도한다.

3 안전관리

어린이집은 영유아의 안전을 최우선으로 하며 안전사고가 발생하지 않도록 시설과 설비를 안전하게 관리하여야 한다. 영유아는 발달 특성상 자기중심적이고 호기심이 많아 탐색 활동을 많이 하므로 안전사고의 위험성이 높다.

교사의 돌봄만으로는 영유아의 안전을 보장하기 어렵기 때문에 영유가 스스로 안전을 지킬 수 있는 태도와 능력을 키워주어야 한다. 또한 보육교직원은 위험상황에 대한 지식을 습득하여 응급상황이나 안전사고 발생시 대처할 수 있도록 해야 한다.

1) 영유아의 발달특성과 안전사고

영유아는 발달특성 상 신체균형 유지 능력이나 운동기능이 미성숙하여 안전사고의 가능성을 가지고 있다. 대개 찰과상, 타박상과 같은 경미한 경우부터 골절, 화상, 중독, 질식으로 인한 기도폐쇄, 익수, 교통사고와 같은 중상이나 사망에 이르는 심각한 경우도 있다. 영유아 안전사고의 원인으로는 환경적 요인, 기계적 요인 그리고 인적 요인으로 분류할 수 있다(Pickle, 1989).

환경적 요인은 날씨, 가정이나 유아교육기관의 시설, 도로 상태 등이고 기계적 요인은 놀잇감의 결함이나 오작동 등이 있으며, 인적 요인으로 아동의 연령, 개인의 태도, 부모나 가정의 특성 등이 있다. 영아의 안전사고는 우연하게 발생하는 것이 아니라 반드시 사고를 발생시키는 원인이 있다. 따라서 성인인 교사나 부모의 철저한 감독에 의해 대부분의 사고를 예방할 수 있다.

영유아의 안전사고의 특성을 살펴보면 연령이 어릴수록 몸의 중심이 높아서 균형을 잃고 넘어지기가 쉽다. 또한 손에 잡히는 것은 무엇이든지 입으로 들어가려 하고 가만히 있지를 않는다. 판단 능력과 자기조절 및 상황에 대한 인식 능력이 부족하고 추상적인 말을 이해하지 못하며 환상과 실제를 구분하지 못한다. 자기의 관점과 남의 관점을 구분하지 못하며 행동이 지극히 자기중심적이어서 결과를 예측하기가 어렵다. 영유아는 호기심이 많아 성인이 생각하지 못하는 놀이나 사용방법을 만들어낸다. 연령에 따른 주된 안전사고의 유형은 다음과 같다.

(1) 영아기

이 시기에는 무엇이든지 입으로 가져가므로 이물질 흡입사고가 많이 일어나며 걷기 시작하면 시야가 확장되어 사고의 위험성도 더 커지게 된다.

① 질식사고: 유독물질, 약품, 너무 푹신한 베개나 요, 단추나 구슬 및 동전 등의 작은 물체, 크기가 큰 사탕이나 과자 비닐, 비닐봉지, 끈이나 가는 실, 목욕탕에서 익수로 인한 질식, 장롱이나 냉장고 속에서의 질식 등

② 위험물의 흡입: 약품, 화학약품, 세제, 삼킬 수 있는 작은 조각의 장난감, 독성이 있는 장난감, 화장품, 향수, 살충제, 바느질 통, 연장통 등

③ 화상: 뜨거운 물이나 음식, 뜨거운 증기, 전기 콘센트, 난로나 라디에이터, 다리미, 가스레인지 등

④ 추락 및 충동: 안전대가 없는 침대나 탁자, 소파, 의자, 보행기에서의 추락, 베란다, 창살이 없는 창문, 계단에서의 추락, 가구나 선발, 물체와 충돌 등

⑤ 놀이사고: 칼이나 가위, 단단한 공, 방망이, 실외놀이 기구(미끄럼틀, 시소, 자전거, 그네, 롤러스케이트, 회전목마 등)에 의한 사고, 날카롭거나 끝이 뾰족한 놀잇감이나 장난감에 의한 사고 등

⑥ 영아 돌연사: 사망의 원인을 밝혀내지 못함

(2) 유아기

이 시기에는 활동량이 많고 움직임이 빠르며 실외놀이가 많아짐에 따라 위험에 노출될 확률이 높다.

① 교통사고: 자동차나 버스에 의한 차량 사고, 횡단보도 사고, 자전거 및 오토바이, 등원 버스 및 학원 차량, 급정거에 의한 사고, 뛰어드는 사고 등

② 놀이사고: 매달리고 뛰어내릴 수 있는 실외놀이 기구(골절상 주의), 칼·스테이플러 등의 날카로운 기구, 칼·총 등의 공격적인 놀잇감, 장난감 총의 총알, 넘어지고 부딪히는 사고, 미끄러지는 사고, 놀이 기구에 끼이는 사고, 수영 및 물놀이에 의한 사고 등

2) 안전교육

영유아의 안전교육은 사고를 예방하고 위급한 상황에서 스스로 자신과 다른 사람의 안전을 보호할 수 있는 지식과 기술 그리고 안전에 대한 태도를 기르도록 교육하는 것이다. 영유아를 위한 안전교육의 목표는 안전교육을 통해 생활 주변에서 일어날 수 있는 사고의 종류나 사고가 일어날 수 있는 위험한 장소나 행동을 알고 이해한다. 또한 사고를 일으킬 수 있는 물체나 대상을 이해하고 사고가 일어났을 때 안전기술과 대처방법을 알고 실천할 수 있게 된다.

우리나라의 영유아를 위한 안전교육에 대한 실시는 법적으로 의무화되어 있다.

또한 어린이집 원장은 비상대응계획을 작성하고, 소방 대피, 지진 대피, 폭설 대비 훈련을 포함한 다양한 유형의 재난 대비 훈련을 월 1회 실시해야 한다.

「아동복지법 시행령」 제31조에서는 아동복지시설의 장 및 어린이집의 원장은 교육 대상 아동의 연령을 고려하여 매년 교육계획을 수립하여 교육을 실시해야 한다고 명시되어 있다. 안전교육 기준(「아동복지법」 제31조 및 같은 법 시행령 제28조)에 의한 안전교육 기준은 표 11-6과 같다.

표 11-6 영유아 안전교육기준

구분	성폭력 및 아동학대예방교육	실종 · 유괴의 예방 · 방지교육	감염병 및 약물의 오용 · 남용 예방 등 보건위생관리교육	재난 대비 안전교육	교통안전교육
실시 주기 (총시간)	6개월에 1회 이상 (연간 8시간 이상)	3개월에 1회 이상 (연간 10시간 이상)	3개월에 1회 이상 (연간 10시간 이상)	6개월에 1회 이상 (연간 6시간 이상)	2개월에 1회 이상 (연간 10시간 이상)
교육 내용	1. 내 몸의 소중함 2. 내 몸의 정확한 명칭 3. 좋은 느낌과 싫은 느낌 4. 성폭력 예방법과 대처법	1. 길을 잃을 수 있는 상황 이해하기 2. 미아 및 유괴 발생 시 대처방법 3. 유괴범에 대한 개념 4. 유인 · 유괴 행동에 대한 이해 및 유괴 예방법	1. 감염병 예방을 위한 개인위생 실천 습관 2. 예방접종의 이해 3. 몸에 해로운 약물 위험성 알기 4. 생활 주변의 해로운 약물 · 화학제품 그림으로 구별하기 5. 모르면 먼저 어른에게 물어보기 6. 가정용 화학제품 만지거나 먹지 않기 7. 어린이 약도 함부로 많이 먹지 않기	1. 화재의 원인과 예방법 2. 뜨거운 물건 이해하기 3. 옷에 불이 붙었을 때 대처법 4. 화재 시 대처법 5. 자연재난의 개념과 안전한 행동 알기	1. 차도, 보도 및 신호등의 의미 알기 2. 안전한 도로 횡단법 3. 안전한 통학버스 이용법 4. 날씨와 보행안전 5. 어른과 손잡고 걷기
교육 방법	1. 전문가 또는 담당자 강의 2. 장소 · 상황별 역할극 실시 3. 시청각 교육 4. 사례 분석	1. 전문가 또는 담당자 강의 2. 장소 · 상황별 역할극 실시 3. 시청각 교육 4. 사례 분석	1. 전문가 또는 담당자 강의 2. 시청각 교육 3. 사례 분석	1. 전문가 또는 담당자 강의 2. 시청각 교육 3. 실습교육 또는 현장학습 4. 사례 분석	1. 전문가 또는 담당자 강의 2. 시청각 교육 3. 실습교육 또는 현장학습 4. 일상생활을 통한 반복 지도 및 부모교육

출처: 「아동복지법 시행령」 제31조 및 동법 시행령 제28조.

영유아 안전교육은 영유아의 일상생활과 연관된 내용으로 연령에 따라 특성을 고려하여 이해하기 쉽고 놀이나 동화를 통해 자연스럽게 교육한다.

3) 안전관리

어린이집에서는 시설 및 교구와 그 사용에 있어서 시설 안전점검을 실시하여 사고의 원인이 될 수 있는 위험요소를 사전에 방지해야 한다. 영유아는 근본적으로 안전하고 건강한 교육환경에서 즐겁고 편안하게 지낼 수 있어야 하며 이를 위해서는 실내·외 환경의 안전관리를 해야 한다.

(1) 어린이집 안전점검

어린이집에서는 시설안전관리를 위해 자체적으로 안전점검을 실시해야 한다. 또한 실내 및 실외 환경 및 놀잇감 및 놀이기구 등은 매일 점검하고 기록·관리해야 한다. 인근 소방서, 경찰서 및 가스, 유류 등의 안전상태를 점검하는 유관기관에 의한 정기점검을 실시하고 비상연락체계를 구축해야 한다. 그리고 어린이집 자체적으로 안전점검 체크리스트에 따라 시설안전점검을 실시하고 기록·관리하여 위험발생요인을 사전에 예방해야 한다.

어린이집 안전점검 시 위험요소가 발견되거나 파손된 곳이 있을 경우에는 즉시 수리·보완한다. 어린이집의 안전점검 체크리스는 표 11-7과 같다.

표 11-7 안전점검 체크리스트

안전점검 체크리스트

1. 일별 체크리스트(점검 상태 양호○, 보통△, 불량×)

구분	점검항목	점검결과						조치 사항
		월	화	수	목	금	토	
실외 환경	• 어린이집 보호벽 및 주변의 관리 상태는 양호한가?							
	• 실외놀이 공간 주변의 돌, 유리 조각, 요철, 녹이 슨 부분, 벗겨진 페인트, 돌출된 모서리가 방치되어 있지는 않은가?							
	• 확인되지 않은 식물이나 잡초는 모두 제거하였는가?							
	• 놀이터 바닥에 오물, 방치된 물웅덩이가 없는가?							
실내 환경	• 창문 등의 추락 위험은 없는가?							
	• 다칠 수 있거나 미끄러운 곳이 없는가?							
	• 복도, 계단, 비상계단, 미끄럼대 등에 방치된 물건이 없어 피난계단, 미끄럼대 등을 사용하기에 양호한가?							
	• 보육용품과 비품이 제자리에 있는가?							
놀잇감 및 놀이 기구	• 보육용품이나 비품 유리창 등에 날카로운 모서리 등이 없는가?							
	• 망가져 날카롭고 위험한 것은 없는가?							
	• 색소가 칠해진 놀잇감은 없는가?							
	• 영유아가 삼킬 만한 작은 놀잇감이나 부품은 없는가?							
	• 놀잇감 및 놀이기구의 수납 상태가 양호한가?							
화장실 · 세면대	• 화장실 내 세제나 락스 등 위험한 물건이 영유아들의 손이 닿는 곳에 방치되어 있지 않은가?							
전기 · 화기 · 위험물	• 콘센트는 안전덮개로 보호되어 있는가?							
	• 전선이 늘어져 있지 않은가?							
	• 화기에 의한 안전사고 위험은 없는가?							
	• 위험물에 의한 안전사고 위험은 없는가?							
	• 가스밸브와 가스중간밸브 잠금은 양호한가?							
차량 안전	• 차량 내 소화기 · 비상약품 비치 여부 및 비치상태가 양호한가?							
	• 차량 내 안전벨트 등 안전장비의 상태는 양호하며 영유아의 보호자는 차량 내 안전벨트를 착용하는가?							
	• 차량에 영유아를 보호할 수 있는 사람(보육교사 등)이 탑승하는가?							
기타	• 응급전화번호 및 비상연락망 등이 잘 관리되고 있는가?							

출처: 홍길회 외(2020). 유아교육기관운영관리. p. 299.

(2) 차량 안전점검(보건복지부, 2023. 보육사업안내)

차량운행 시 보육교사 등 어린이집 보육교직원이 동승해야 하며, 36개월 미만 영아는 영아용 보호장구를 착용해야 한다. 보육교사 등 동승자는 어린이집에 통학차량이 도착하여 영유아가 하차하면 통학차량 이용 영유아의 승하차 상황을 확인하고 담임교사에게 통보해야 한다.

담임교사는 통학차량 이용 영유아 중 무단결석 영유아가 있을 시 보호자에게 유선 또는 문자, 메신저 등으로 연락하여 영유아의 소재를 확인하고, 확인이 되지 않을 시 통학차량에 영유아가 남아 있는지 재확인해야 한다.

어린이통학버스 운전자는 출결상황 확인이 종료될 때까지 통학차량을 다른 장소로 이동하지 아니하고 차량에서 대기해야 한다. 운전자는 모든 영유아의 하차 여부를 확인해야 하며 행정안전부령으로 정하는 '어린이하차 확인장치'를 작동해야 한다.

(3) 안전사고 대처방안

모든 교사는 심폐소생술(cardiopulmonary resuscitation) 등의 응급처치법과 상해 예방, 전염성 질병에 대한 훈련을 받아야 하며 구급상자는 쉽게 손닿는 곳에 있어야 한다. 영유아의 전화번호, 응급 시 도움을 요청할 수 있는 곳의 전화번호는 응급시 손쉽게 찾을 수 있는 곳에 둔다. 야외학습을 나갈 때는 휴대용 구급상자 및 비상연락망 카드를 준비하고 응급 조치에 대한 부모동의서를 보관해 둔다.

4) 아동학대

아동학대란 「아동복지법」 제3조 제7항에 의하면 보호자를 포함한 성인이 아동의 건강 또는 복지를 해치거나 정상적 발달을 저해할 수 있는 신체적 · 정신적 · 성적 폭력이나 가혹행위를 하는 것과 아동의 보호자가 아동을 유기하거나 방임하는 것이다.

보건복지부의 '아동학대 주요 통계'에 따르면 학대로 인해 사망한 아동은 2017년 38명, 2018년 28명, 2019년 42명, 2020년 43명, 2021년 40명으로 연평균 38명인 셈이다. 2021년 기준으로 학대로 인해 사망한 아동은 전체 아동학대 피해 아동 중 0.15% 수준이며 남아가 17명(42.5%), 여아가 23명(57.5%)이다. 연령대로 보면 아동학대 사망 아동 중 0세부터 만 3세까지 영유아가 26명으로, 65.0%를 차지하고 있다(KBS 뉴스, 2023.2.12).

어린이집 보육교직원은 「아동학대범죄의 처벌 등에 관한 특례법」 제10조의 규정에 의한 신고의무자로서 직무상 아동학대를 알게 된 경우 및 의심되는 경우 즉시 아동보호전문기관 또는 수사기관에 신고해야 한다.

(1) 학대의 유형

어린이학대는 학대의 행위가 다분히 고의적이냐 그렇지 않으면 고의적이지 않느냐에 구별하는 것이 어린이학대의 첫 번째 딜레마로 떠오르고 있다. 그뿐만 아니라 실제로 손상을 가져왔는가 그렇지 않은가를 파악하는 데 있다. 어린이학대는 다음과 같이 네 가지로 정의 내리고 있다.

첫째, 신체학대이다. 보호자가 어린이에게 신체적 손상을 입히거나 신체적 손상을 입도록 허용한 우발적 사고를 제외한 모든 행위를 포함한다. 신체적 손상이란 구타나 폭력에 의한 멍이나 화상, 찢김, 골절, 장기파열, 기능의 손상 등을 말하며, 충격, 관통, 열, 화학물질이나 약물과 같은 다른 방법에 의해 발생된 손상을 포함한다.

둘째, 정서적 학대이다. 어린이에게 가해진 신체적 구속, 억제 혹은 감금, 언어적 또는 정서적 위협, 기타 가학적 행위를 포함한다. 어린이의 인격, 존재, 감정이나 기분을 심하게 무시하거나 모욕하는 행위, 명백하게 어린이에게 가해진 잔혹하고 학대적인 부당한 대우를 포함하여 신체적 혹은 성적 학대에 대한 위협이나 행위, 고의적 반복으로 어린이에게 의식주를 제공하지 않는 행위, 어린이에게 부당한 노동을 강요하거나 상업적으로 어린이를 이용하는 행위를 말한다.

셋째, 성학대이다. 성기나 기타의 신체적 접촉을 포함하여 강간, 성적 행위, 성기 노출, 자위행위, 성적 유희 등 성인의 성적 충족을 목적으로 어린이에게 가해진 신체적 접촉이나 상호작용을 말한다.

넷째, 방임이다. 보호자가 고의적 반복으로 어린이에 대한 양육 및 보호를 소홀히 함으로 인해 어린이의 건강이나 복지를 해치거나 정상적인 발달을 저해할 수 있는 모든 행위를 말한다. 방임에는 의료적 처치의 거부 등 신체적 방임, 유기, 장시간 어린이를 위험한 상태에 방치하는 등의 부적절한 감독, 교육적 방임, 정서적 방임 등이 있다.

(2) 아동학대 실태

어린이학대는 꾸준히 증가하고 있으며 특히 2021년 아동학대사례는 전년 대비 21.7%로 큰 폭으로 증가하였다. 그러나 어린이 본인이 자신의 문제와 위기상황을 외부에 알리고 도움을 요청하는 비율이 매우 낮으며, 학대 피해 어린이는 재학대를 당하는 지속적이고 반복적으로 학대하는 경향이 높아 어린이학대는 단순히 개인에게만 그치는 것이 아니라 사회문제를 일으킬 수 있다.

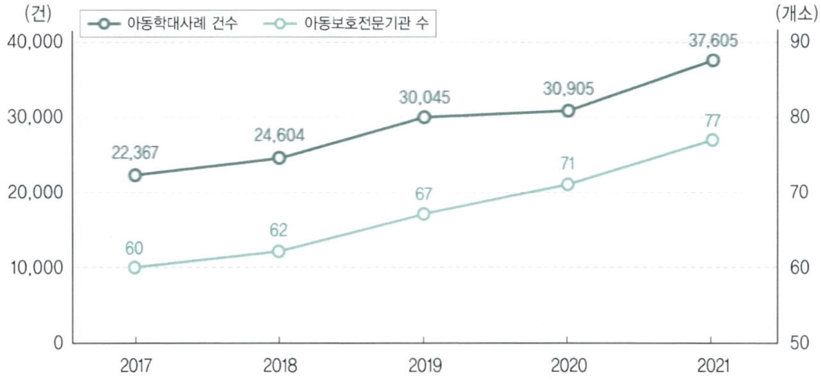

그림 11-4 연도별 아동학대사례 건수 및 아동보호전문기관 수

출처: 보건복지부(2021). 2021년 아동학대 주요통계. p. 14.

학대 피해아동의 연령의 경우에는 아동학대로 판단된 37,605건 중 만 13~15세가 8,693건(23.1%)으로 가장 큰 비중을 차지했고, 그다음으로 만 10~12세 8,657건(23.0%), 만 7~9세 7,219건(19.2%) 순으로 나타났다. 영유아에 있어서는 1세 미만이 757건(1.8%)이며 연령이 증가할수록 아동학대 비율이 증가하는 것으로 나타났다.

학대행위자와 피해아동과의 관계는 부모에 의한 발생 건수가 31,486건(83.7%)으로 가장 높았고, 대리양육자 3,609건(9.6%), 친인척 1,517건(4.0%) 순으로 나타났다. 부모에 의해 발생한 사례 중, 친부에 의해 발생한 사례가 16,944건(45.1%), 친모는 13,380건(35.6%)으로 높은 비율을 차지했다.

대리양육자 중에서는 보육교직원에 의한 발생이 1,221건(3.2%)으로 가장 높았다. 아동학대 발생 장소의 경우, 전체 아동학대사례 중 가정 내에서 발생한 사례가 32,454건(86.3%)이었고 어린이집, 유치원, 학교와 같이 아동을 돌보고 교육하는 기관에서 발생한 아동학대는 각각 1,233건(3.3%), 129건(0.3%), 1,152건(3.1%)으로 파악되었다.

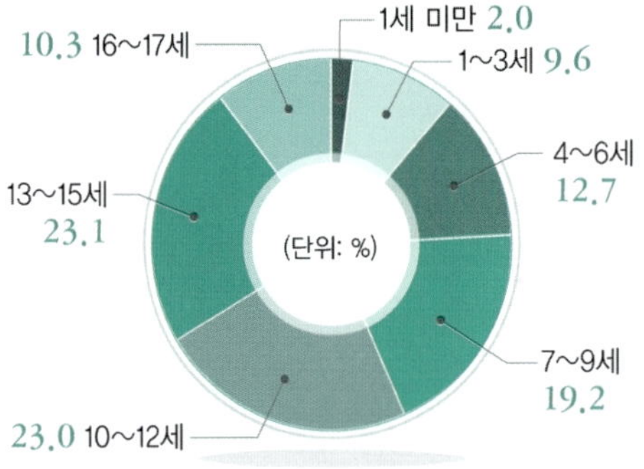

그림 11-5 피해아동연령

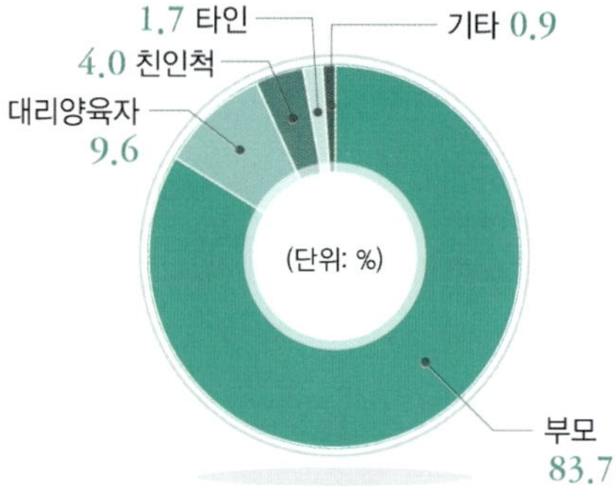

그림 11-6 학대행위자와 피해아동과의 관계

출처: 보건복지부(2021). 2021 아동학대주요통계. p. 18, 21.

(3) 아동학대 유형

아동학대사례 유형별 피해아동의 연령을 표 11-8과 같이 살펴보면, 영유아는 방임이 1세 미만 335건(6.8%), 1~3세 923건(18.7%), 4~6세 913건(18.5%)으로 가장 높았고 다음으로는 정서학대가 가장 높았다. 이를 보면 영유아의 아동학대는 방임이나 정서학대가 많이 나타나는 것을 알 수 있다. 아동학대의 경우 재학대가 발생한다는 문제점이 있다. 피해아동의 경우 분리조치 후 원가족 복귀가 이루어지는데 이후에 재학대가 발생하게 된다.

최근 5년간 아동학대로 판단된 사례 중 2021년에 신고접수 되어 아동학대사례로 판단된 재학대 사례는 총 5,517건이며, 재학대 아동 명수는 4,176명이다. 2021년 전체 아동학대사례 37,605건 대비 재학대 사례 비율은 14.7%로 점차 증가하고 있다.

재학대 사례 학대행위자와 피해아동과의 관계의 경우, 부모에 의한 재학대 사례가 5,294건(96.0%)으로 월등히 높았다(보건복지부, 2021).

어린이집 교사는 아동학대가 주로 가정에서 이루어지고 학대자가 부모에 의한 사례가 많음을 인식하고 아동의 신체나 정서에 대한 주의 깊은 관찰을 하는 것이 필요하다.

표 11-8 아동학대사례 유형별 피해아동 연령 (단위: 건, %)

학대 유형 / 연령(만)	신체학대		정서학대		성학대		방임		계	
1세 미만	183	(0.9)	406	(1.4)	1	(0.1)	335	(6.8)	925	(1.7)
1~3세	1,261	(6.1)	2,617	(9.3)	8	(0.8)	923	(18.7)	4,809	(8.8)
4~6세	2,214	(10.8)	3,576	(12.8)	35	(3.4)	913	(18.5)	6,738	(12.3)
7~9세	3,961	(19.3)	5,362	(19.1)	117	(11.3)	1,022	(20.7)	10,462	(19.2)
10~12세	4,976	(24.2)	6,549	(23.4)	279	(27.0)	918	(18.6)	12,722	(23.3)
13~15세	5,491	(26.7)	6,585	(23.5)	383	(37.1)	599	(12.2)	13,058	(23.9)
16~17세	2,482	(12.1)	2,949	(10.5)	209	(20.3)	219	(4.4)	5,859	(10.7)
계	20,568	(100.0)	28,044	(100.0)	1,032	(100.0)	4,929	(100.0)	54,573	(100.0)

출처: 보건복지부(2021). 2021 아동학대주요통계. p. 24.

표 11-9 재학대 사례 발생 건수 (단위: 건, 명, %)

연도	재학대 사례 건수	재학대 아동수	아동학대사례 중 재학대 사례 비율
2019	3,431	2,776	11.4
2020	3,671	2,876	11.9
2021	5,517	4,176	14.7

출처: 보건복지부(2021). 2021 아동학대주요통계. p. 42.

(4) 아동학대의 예방

영유아를 보호하고 학대로부터 사전에 예방하기 위한 방안은 다음과 같다(홍길회 외, 2019).

① 어린이학대를 사전에 예방하기 위해서 학대가 일어날 위험도 높은 가정에 가족 내의 스트레스가 될 만한 요인을 최소한으로 줄일 수 있는 다양한 방법을 찾아서 제공한다. 즉 실직으로 인한 빈곤, 약물 또는 알코올 중독 및 정신질환을 가진 부모의 경우는 취업 알선이나 치료받을 수 있는 기관에 대한 정보를 제공하고 필요한 지역자원을 연계해준다. 편부모가정 또는 부모가 늦은 시간까지 맞벌이하는 가정의 어린이는 지역 사회 복지관의 방과후 교실 프로그램에 연계하거나 자원봉사자를 파견하여 가사서비스를 도와줄 수 있다.

② 부모에게 실제적인 자녀양육, 훈육방법, 영유아심리 등을 집중교육하며 부모의 효능감을 증진시키는 것이다.

③ 보육시설 종사자는 어린이학대가 의심되는 경우, 부모면담 시 부모가 이상하고 비합리적인 행동을 보일 때는 어린이학대의 가능성을 파악하고 의심을 제기할 수 있어야 한다. 또한 어린이의 몸에 피멍이 있거나 상처가 있는 경우 세심히 관찰한다.

④ 학대받았다는 의심이 드는 경우는 어린이를 주의 깊게 관찰하고, 학대받았다는 의심이 확실할 경우 관련된 모든 정보를 기록한 후 즉시 전문기관(1577-1391)에 신고해야 한다.

생각 나누기

1. 위생관리의 중요성에 대해 생각해봅시다.

2. 어린이의 영양문제 중에 하나를 선택하여 지도할 수 방안에 대해 의견을 나누어봅시다.

3. 최근 사회문제가 되었던 아동학대 사례를 들고, 그 예방대책을 논의해봅시다.

Chapter 12

보육평가

1 보육평가의 개념과 대상

1) 보육평가의 개념 및 필요성

보육평가는 보육과정의 목표와 내용을 준거로 보육활동과 관련해 어린이집에서 이루어지는 모든 요인에 대한 평가이다. 평가의 영역으로는 영유아와 어린이집 교사, 보육과정, 어린이집 운영에 관한 평가가 있다.

영유아의 평가는 영유아가 보육환경과 보육과정을 통해 균형적으로 발달이 이루어지고 있는지 영유아의 행동관찰 분석 및 수행평가를 포함하는 평가이다. 교사의 평가는 보육목표와 계획에 따른 실제적인 수행에 있어 수행과정이나 수행능력에 대해 평가하는 것이다. 보육과정의 평가는 보육과정의 목표와 계획에 따라 제대로 수행되고 있는지에 관한 여부를 평가한다.

보육평가의 결과는 영유아의 보육활동 지원을 위한 교수-학습 방법의 개선, 보육과정의 운영, 부모면담의 기초자료로 활용되며 더 나아가 보육의 정책의 방향을 결정하는 것에도 도움을 준다.

보육평가에서 가장 우선적으로 고려해야 할 사항은 영유아의 이익을 원칙으로 평가하느냐이다. 똑같은 상황에서도 누구를 위한 결정이냐에 따라 방향이 달라지기 때문이다. 보육평가는 영유아가 건강하고 안전하게 보호 · 양육되며 발달 특성에 적합한 교육과 활동이 제공되는가의 관점에 따라 평가가 이루어져야 한다.

보육평가의 목적은 보육계획과 과정에 따른 다양한 정보를 얻어 어떻게 하면 보육을 잘 할 수 있을까에 관한 기초자료를 얻는 것이다. 보육평가의 필요성은 다음과 같다.

첫째, 보육평가는 보육과정에 있어 보육목표와 계획이 얼마나 성취되었는지 확인하기 위해 필요하다. 보육목표와 계획이 달성되지 않았다면 보육과정이나 보육 활동에 있어 재수정할 필요가 있기 때문이다.

둘째, 영유아의 발달수준을 판단하기 위해서이다. 영유아의 현재 발달상태와 어떤 것에 흥미를 느끼는지, 어떤 태도와 성향을 갖고 있는지에 대한 파악을 통해 보육목표나 활동을 계획할 수 있다.

셋째, 학무모들에게 영유아의 발달수준 및 변화의 객관적인 자료로 이용하여 부모상담시 활용할 수 있다.

2) 보육평가의 대상과 방법

보육평가는 그 대상이나 목적에 따라 평가의 방법이나 시기, 내용과 범위가 달라질 수 있다. 보육과정의 목표와 내용에 영향을 주는 대상으로는 영유아, 교사, 보육과정이 있으며 각 대상에 따른 평가방법을 살펴보고자 한다.

(1) 영유아 평가

영유아에 대한 평가는 영유아의 발달에 대한 평가를 함으로써 영유아의 발달수준에 대한 정보를 얻고, 영유아의 성장과 발달에 도움을 주는 데 활용할 수 있다. 영유아에 대한 평가는 개인에 대한 평가와 또래와의 집단평가를 통해 이루어진다.

개인평가를 통해서는 영유아 개인의 발달 수준과 성향과 태도에 대한 정보를 얻을 수 있으며 집단평가는 또래와의 관계를 통한 전체적인 발달정보를 수집할 수 있다. 또한 개인 간의 평가를 통해서 영유아 행동에 대한 문제를 조기발견하는 기초자료도 될 수 있다.

제4차 어린이집 표준교육과정에서는 영유아의 평가방법으로 영유아의 실제놀이 모습, 영유아의 놀이결과물, 작품, 사진 등을 포함한다. 이러한 자료를 통해 교사는 영유아의 흥미와 놀이선호, 또래와의 상호작용 등 영유아의 행동특성과 변화를 평가할 수 있다(박찬옥 외, 2021).

영유아의 평가 결과는 영유아에 대한 이해와 표준보육과정 운영 개선을 위한 자료로 활용한다. 교사는 영유아의 배움이 나타나는 놀이, 일상생활, 활동에서 영유아가 가장 즐기고 잘하는 것, 놀이의 특성, 흥미와 관심, 친구 관계, 놀이를 이어가기 위한 자료의 활용 등에 주목하여 영유아를 관찰하고 이를 통해 영유아의 특성과 변화를 이해해야 한다.

영유아를 평가하는 방법으로는 관찰을 통한 일화기록, 행동목록표, 시간표집법, 평정척도법, 포트폴리오, 면담법이 있다.

① 일화기록법

일화기록법은 일상적 상황에서 관찰대상의 특정한 한 가지 행동이나 사건에 초점을 맞추어 관찰하고 객관적이고 간결하게 기록하는 방법이다. 사진을 찍는 것과 같이 짧은 사건이나 의미 있는 행동을 있는 그대로 사실적인 형태로 기록하는 것이다.

일화기록은 작성 시 관찰자의 주관적 해석이나 편견이 개입될 수 있으므로 객관적이고 사실적으로 기록해야 한다. 일화기록 관찰 작성 시 유의해야 할 지침은 아래와 같다(오연주 외, 2021).

첫째, 사건이나 행동 발생 직후에 기록해야 하며, 정확해야 한다.

둘째, 관찰대상의 기본 자료인 이름, 연령, 성별, 날짜, 시간, 장소, 관찰자의 이름, 상황에 대한 내용을 작성해야 한다.

셋째, 관찰한 행동이나 사건은 일어난 순서대로 기록해야 한다.

넷째, 관찰대상의 언어와 주된 행동 묘사뿐만 아니라 상호작용을 하는 상대방의 행동관찰 방법 말과 행동도 구체적으로 기록해야 한다.

다섯째, 관찰대상의 모든 행동을 기록하기보다는 한 가지 사건이나 행동에 초점을 맞추어 기록해야 한다.

여섯째, 관찰대상의 행동이나 사건을 객관적이고 사실적으로 기록해야 하며, 관찰자의 주관적 해석이나 편견은 배제해야 한다

표 12-1 일화기록 영유아 관찰 예시

관찰자: ○○○		관찰일: 0000년 00월 00일
관찰대상: 이수연		대상연령: 만 2세
관찰장면: 자유선택활동		관찰시간: 10시 30분 ~ 10시 40분
관찰기록	수연이는 지은이와 함께 책상에서 투명한 병에 종이 넣기 놀이를 한다. 지은이는 가위로 종이를 잘게 잘라서 병에 넣고 수연이는 종이를 손으로 찢은 다음 구겨서 병에 넣는다. 수연이가 종이를 크게 찢은 다음 구겨서 병에 넣으려고 하는데 잘 안 들어가자 병을 책상에 쿵쿵 두드린다. 그래도 안 들어가자 그대로 두고 재민이와 민수가 있는 곳으로 간다. 민수는 당근을 들고 놀이하고 있다. 수연이는 교사를 바라보며 민수의 당근을 손으로 가리킨다. 교사는 “수연이 당근 필요해요?”라고 묻자 수연이는 “어”라고 대답한다. 교사는 민수에게 “수연이가 당근 필요하다는데 빌려줄 수 있어?” 하고 묻는다. 민수가 “싫어” 하고 대답하자 교사는 “수연아 민수가 지금 더 놀고 싶데. 조금 기다리자” 하고 말한다. 수연이가 “안 돼” 하더니 민수가 들고 있는 당근을 잡아당겨 빼앗는다. 민수는 자신의 빈손을 한번 쳐다보고 교사를 보며 울상을 짓는다. 교사는 “수연아 민수가 가지고 노는 것을 빼앗으면 안 되고 기다려야 해” 하면서 수연이가 들고 있는 당근을 민수에게 준다. 수연이는 다른 교사가 있는 곳으로 뛰어간다.	
해석 및 지원	• 수연이는 소근육의 조절능력이 부족해 보인다. • 수연이는 아직 자신이 필요한 것을 언어로 표현하는 것에 어려움이 있어 보인다. • 수연이는 친구와의 다툼을 해결하는 것에 어려움이 있어 보인다. • 수연이에게 소근육발달에 필요한 활동을 제공해 줄 필요가 있다. • 수연이에게 자신이 사용한 물건은 스스로 정리할 수 있도록 지도할 필요가 있다. • 수연에게 자신이 필요한 것을 언어로 표현하는 방법을 지도할 필요가 있다. • 교사는 영아들의 갈등상황에서 먼저 마음을 공감해 주고 상황을 설명해 준 후 영아들끼리 해결할 수 있는 시간을 줄 필요가 있다. (교사가 갈등상황을 다 정리해 주기 전에 친구가 가지고 있는 놀잇감을 빼앗으면 친구의 기분이 어떨까? 등의 중재를 통해서 스스로 해결할 수 있는 시간을 주고 사과의 말도 알려 줄 필요가 있어 보인다.)	

출처: 오연주 외(2021). 아동관찰 및 행동연구. p. 46.

② 사건표집법

사건표집법은 단순히 어떤 행동의 발생 유·무만을 관찰하기보다는 행동이나 사건이 발생하기를 기다렸다가 관심을 가진 행동이나 사건이 발생하면 일정한 형식에 따라 행동의 순서를 자세하게 기술하는 방법이다. 측정 단위가 시간 간격이 아니라 연구하고자 하는 행동이라는 점에서 시간표집법과 구별된다.

사건표집법은 문제행동 전·후의 사건을 서술하여 행동의 원인을 밝히는 데 도움을 주는 ABC 서술식 사건표집법과 문제행동이 얼마나 자주 일어나는지를 알 수 있는 빈도 사건표집법 두 가지 유형이 있다.

- **ABC 서술식 사건표집법**

  ABC 서술식 사건표집법은 자연스러운 상황 속에서 일어나는 행동 원인과 결과를 알 수 있도록 기록하는 관찰방법이다. 즉, 관찰하고자 하는 사건이나 행동이 일어나기 전의 상황(Antecedent Event: A), 사건이나 행동 그 자체(Behavior: B), 그리고 사건이나 행동이 일어난 후의 결과(Consequence: C)를 순서대로 기록하는 것이다.

- **빈도 사건표집법**

  빈도 사건표집법은 선별된 행동이나 상황이 얼마나 자주 일어나는지 알아보기 위해 행동이 발생할 때마다 그 빈도를 기록하는 방법이다.

표 12-2 ABC 서술식 사건표집법 관찰 양식

관찰자:		관찰일:	
관찰대상:		대상연령:	
관찰장면:		관찰시간:	
	사건 전	사건	사건 후
관찰			
해석 및 지원			

③ 행동목록법

행동목록은 관찰대상의 구체적 행동이 나타나는지를 확인하거나 현재 발달수준을 알아보기 위해 쓰는 관찰방법으로 관찰하고자 하는 특정 행동을 선정하여 행동 특성 목록(관찰항목)을 미리 만들어 놓고 행동의 출현 유무를 기록하는 방법이다.

행동목록은 어느 시점에서 어떤 행동이 출현했는지 아닌지를 관찰하고 행동이 나타나면 '예' 아니면 '아니요'라는 방식으로 표시되기 때문에 사전에 행동목록을 구체적이고 명료하게 작성해야 한다. 행동목록의 문항은 한 가지 관찰된 행동에 대해서만 이루어져야 한다.

표 12-3 행동목록법 관찰 양식

관찰유아:		생년월일:		
관 찰 자:		관찰일시:		
영역	내용	관찰일		
		1회	2회	3회
교육과정영역				
해석				
교수계획				

④ 평정척도

평정척도법은 관찰하고자 하는 행동의 유무를 표시하는 데 그치지 않고 행동의 질적인 특성을 알아보기 위해 관찰하려는 행동을 정도에 따라 구분하여 연속성 있는 단계나 수량화된 점수로 평가하는 방법이다. 평정에 사용되는 척도의 대표적인 유형으로는 기술평정척도, 숫자평정척도, 도식평정척도, 표준평정척도 등이 있다.

평정척도는 관찰결과에 대한 판단을 내리는 과정의 경우 어떤 특성의 수준이나 정도에 대한 판단까지 포함되므로 더욱 전문적인 관찰기술이 필요하다.

표 12-4 행동목록법 관찰(숫자평정척도 적용) 사례

관찰유아: ○○○ 관 찰 자: ○○○	생년월일: (남/ 여) 관찰일시: 오전 자유놀이~점심 및 실내놀이				
평가내용	아주 못함 1	대체로 못함 2	보통 3	대체로 잘함 4	아주 잘함 5
1. 장난감 정리하기			V		
2. 손 씻기				V	
3. 음식 골고루 먹기		V			
4. 양치하기			V		
5. 혼자서 옷 입기				V	
6. 화장실 사용 후 뒤처리 하기		V			
7. 실내놀이 참여하기				V	
9. 교사 지시 따르기				V	

⑤ 포트폴리오

포트폴리오는 작업의 결과나 작품 혹은 수행의 결과를 모아 놓은 자료집이나 서류철을 의미하며, 포트폴리오 평가란 이러한 자료를 기초로 평가하는 것을 말한다. 영유가 무엇을 배우고 사고하는지, 질문하는지, 생산하는지, 또래와 어떠한 상호작용을 하는지 기록하는 것이다. 이러한 자료는 시간의 흐름에 따른 영유아의 발달과 학습의 변화를 기록하는 증거가 된다.

포트폴리오를 활용하면 놀이상황과 놀이맥락 속에서 영유아의 이해를 바탕으로 영유아가 흥미를 갖는 개별화된 놀이 지원이 가능하다. 각 영유아의 발달에 적합한 놀이지원은 제4차 표준보육과정에서 지향하는 방향이다.

(2) 교사평가

교사의 평가는 교사의 보육과정 계획이나 수행 능력이나 전문성에 대한 역량을 가지고 있는지에 대한 평가를 하는 것이다. 교사평가는 자기를 스스로 평가하는 자기평가와 동료평가, 외부인에 의한 수업능력에 대한 평가, 학부모에 의한 평가 등이 있다.

이중에서 자기평가는 자기 스스로를 분석하고 능력을 평가하여 평가결과를 바탕으로 자신의 약점과 단점을 파악하는 것이다. 교사평가를 바탕으로 교사는 전문성 있는 자질과 수업수행능력을 발전시킬 수 있다는 점에서 효과적이다. 이외에도 학부모의 만족도 조사 등을 통한 다면평가를 할 수 있다.

교사평가의 주된 목적은 교사로서 자신의 현재 수준을 파악하고 이에 대한 결과를 영유아 보육과정에 반영하여 영유아의 보육활동을 보다 효과적으로 운영하는 것에 있다.

우수한 교사는 영유아의 상호작용과 보육환경과 분위기를 조성하는 것에 있어 긍정적인 영향을 미친다. 따라서 우수한 자질과 자격을 갖춘 교사는 보육의 질과 연결되며 보육평가에 있어서도 중요한 부분이다.

표 12-5 교사평가의 예시

평가영역		평가내용	전혀 그렇지 않다	대체로 그렇지 않다	보통 정도 이다	대체로 그렇다	아주 그렇다
보육 과정 및 상호 작용	영유아 권리존중	1. 교사는 영유아를 존중한다.					
		2. 교사는 영유아를 차별 없이 대한다.					
	보육계획 수립 및 실행	1. 표준보육과정을 바탕으로 어린이집의 철학을 반영한 보육계획을 수립한다.					
		2. 영유아가 편안한 분위기에서 일상경험을 할 수 있도록 운영한다.					
		3. 하루 일과에서 영유아의 놀이가 충분히 이루어지도록 한다.					
		4. 바깥놀이 시간을 매일 충분히 배정하여 운영한다.					
		5. 특별활동은 운영지침에 따라 운영한다.					
		6. 장애영유아를 위한 관련 서비스를 일과 중에 통합적으로 제공한다.					

평가영역		평가내용	전혀 그렇지 않다	대체로 그렇지 않다	보통 정도 이다	대체로 그렇다	아주 그렇다
	놀이 및 활동 지원	1. 교사는 놀이와 활동이 영유아의 자발적 선택에 의해 주도적으로 이루어지도록 격려한다.					
		2. 교사는 영유아의 놀이 상황을 관찰하면서 놀이와 관련된 상호작용을 한다.					
		3. 영유아의 다양한 놀이와 활동에 필요한 자료를 제공한다.					

출처: 한국보육진흥원(2022). 2022 어린이집평가매뉴얼. p. 61. 용도에 맞게 재구성.

3) 보육과정과 프로그램 평가

보육과정 평가는 보육철학을 바탕으로 보육계획과 목표를 설정하는 것과 이를 실행하기 위한 프로그램을 운영 과정에 대한 평가이다. 보육과정은 교사와 영유아가 함께 만들어가는 점에서 의미를 가지며 보육과정을 통해 영유아들은 다양한 경험을 하고 배워나간다는 점에서 중요하다. 교사는 보육과정을 위한 프로그램을 실행 전, 실행 중, 실행 후로 나누어 상황에 따라 나타나는 영유아의 행동 변화와 발달상황에 대한 평가를 지속적으로 해야 한다.

이러한 평가를 통해 다음에 진행할 보육활동의 계획을 세우게 되는 것이다. 교사의 보육과정과 프로그램에 대한 평가는 보육의 질을 향상시키고 영유아의 균형 잡힌 발달과 성장을 도울 수 있다. 따라서 교사는 영유아 보육과정의 프로그램을 어떻게 계획하고 평가해야 할지를 살펴보아야 한다.

영유아의 구체적인 프로그램의 평가 내용은 표 12-6과 같다.

표 12-6 프로그램 평가의 내용

구분	내용
프로그램평가 기준	• 활동을 선정하고 실시하는 과정이 적절하였는가 • 본래 의도한 목표가 프로그램을 통해 실현되고 달성되었는가 • 교육의 결과가 기대했던 수준에 도달하였는가
프로그램 평가 대상	• 연간보육계획안, 월간, 주간, 일일 교육계획안의 작성 및 활용, 교육프로그램의 전반적인 영역(교직원, 안전, 영양, 교육프로그램, 예산, 학부모 관리 등 모든 영역)
평가 시기	• 수시, 매일, 주 1회, 한 학기, 1년 단위로 정기적으로 이루어지도록 한다.
평가방법	• 교사가 매일 기록하는 일일교육계획안 혹은 교육일지를 통한 평가 • 교사회를 통한 평가 • 교사 자신의 역할 수행에 대한 자기평가, 학부모의 교육기관 및 시설평가, 기관운영 평가 등의 방법이 있다.

출처: 홍길회 외(2020). 유아교육기관 운영관리. p. 341.

2 어린이집 평가

1) 어린이집 평가인증제

어린이집 평가는 어린이집이 물리적 환경, 보육과정, 상호작용에 질이 잘 관리되어 영유아들이 건강하고 안전하게 발달하고 성장을 도모하기 위한 것이다. 부모가 자신의 자녀를 안심하고 보낼 수 있는 안전한 환경과 교육 그리고 발달에 적합한 보육활동이 이루어지고 있는지를 평가한다.

어린이집 평가의 기본방향은 국가 차원의 주기적인 평가를 통해 모든 어린이집의 상시적인 보육서비스 질을 확보하고, 보육 · 양육에 대한 사회적 책임 강화 실현 및 안심 보육환경을 조성하는 것이다. 보건복지부에서는 보육서비스의 질 향상을 위하여 어린이집의 보육환경, 보육과정 운영, 보육인력의 전문성 및 이용자 만족도 등에 관한 정기적 평가를 실시하기 위해 평가업무를 한국보육진흥원에 위탁하여 실시하고 있다(보건복지부, 2023).

어린이집 평가의 필요성은 1980년대 경제발전과 함께 여성의 사회진출이 확대되면서 영유아 보육에 대한 필요성이 요구되었고 어린이집의 급속한 양적 확충은 보육서비스 질에 대한 문제를 제기하게 하였다. 이에 따라 정부는 보육서비스 질의 개선 정책으로 2003년 '어린이집 평가인증 모형'을 개발하였고 2004년에 「영유아보육법」 제30조에 '어린이집 평가인증제'의 법적 근거를 마련하였다.

2005년부터 '어린이집 평가인증제'의 시범운영을 거쳐 본격적으로 평가인증을 시행하게 되었다. '어린이집 평가인증제'는 중앙보육정책위원회의 심의를 거쳐 확정된 지표와 운영체계를 적용한 통합지표를 통해 제3차까지 어린이집 평가인증을 시행하였다.

어린이집의 평가인증제를 실시함에 따라 안전한 어린이집 환경과 지표에서 제시하는 바람직한 보육과정 운영, 영유와의 상호작용에 대한 보육서비스의 질적 수준 향상과 교사의 전문성이 향상되었다. 그러나 '어린이집 평가인증제'는 신청제이므로 미신청 어린이집의 경우, 보육서비스의 질 관리의 사각지대가 발생하게 되었고, 부모들의 영유아에 대한 안전과 보호 요구가 확대되면서 어린이집 질 관리의 필요성이 증가하게 되었다.

이에 따라 정부는 2018년 영유아보육법의 개정을 통해 보육·교육에 대한 사회적 책임의 강화와 영유아의 건강한 성장과 발달을 위한 '어린이집 의무 평가제'의 법적 근거를 마련하였으며 2019년 6월 12일부터 시행하게 되었다(한국보육진흥원, 2022).

어린이집의 평가인증제와 평가제의 특징을 비교하면 표 12-7과 같다.

표 12-7 평가인증제 및 평가제 특징 비교

구분	평가인증제	평가제
평가대상	• 평가인증 신청 어린이집	• 전체 어린이집
평가절차	• 어린이집 신청 → 기본사항 확인 → 자체점검 현장평가 → 종합평가(총 4개월) [신청 / 어린이집] ⇨ [기본사항 확인 / 지자체] ⇨ [자체점검 보고서 제출 / 어린이집] ⇨ [현장평가 / 현장 평가자] ⇨ [종합평가 결과 통보 / 종합평가 위원회]	• 평가대상 통보 → 기본사항 확인 및 자체점검 → 현장평가 → 종합평가(총 3개월) [대상 통보 / 한국보육 진흥원] ⇨ [기본사항 확인 및 자체점검보고서 제출 / 지자체, 어린이집] ⇨ [현장 평가 / 현장 평가자] ⇨ [종합평가 결과통보 / 종합평가 위원회]
	• 참여수수료 어린이집 납부	• 참여수수료 전액 국가 부담
	• 기본사항: 필수항목 9개, 기본항목 – 필수항목 미준수는 참여 제외, 기본항목 미준수는 차하위 등급 부여	• 기본사항: 사전점검사항 5개, 위반 이력 사항 – 사전점검사항 미준수는 D등급 부여, 위반 이력 사항 발생 시 차하위 등급 부여
	• 소위원회와 종합평가위원회에서 심의, 등급 결정	• 소위원회와 종합평가위원회에서 심의, 등급 결정 * 필수지표 및 요소 미충족 시 A등급 불가
	• 재참여, 재평가 과정 운영	• 재참여, 재평가 과정 폐지
평가결과	• 4등급(A, B, C, D), D등급 불인증	• 4등급(A, B, C, D)
평가주기	• (유효기간) 3년(A등급 1년 연장가능)	• A, B등급 3년 / C, D등급 2년
결과공표	• 평가받은 어린이집의 결과 공시 – 평가인증 결과, 인증이력 등 공개	• 전체 어린이집의결과 공시 – 평가 결과, 평가이력 등 공개
사후관리 및 등급조정	• 인증 어린이집 사후관리 – 연차별 자체점검보고서 제출 – 확인점검(무작위, 월 단위 시기 안내) – 확인방문(배우자 및 직계존비속 또는 1년 이상 재직교사로 대표자 변경, 주소변경) – 인증유효기간 종료 – 법 위반 및 행정처분 발생 시 인증취소	• 평가 후 관리 – 연차별 자체점검보고서 제출(A, B등급) – 사후방문지원(C, D등급 의무 실시) – 확인점검(평가 관련 민원발생, 법 위반 및 행정처분, 정보공시 부실어린이집 등에 대하여 불시점검) – 평가 등급 조정 및 관리 – 법 위반 및 행정처분 발생 시 최하위 등급 조정
결과활용	• 인증어린이집에 대한 행 · 재정적 지원	• 평가 등급별 행 · 재정적 지원 등 • 지도점검 연계(2회 연속 D등급 어린이집)

출처: 한국보육진흥원(2022). 2022 어린이집평가 매뉴얼. p. 10.

2) 어린이집 평가제

최근 여성의 경제활동이 늘어나고 저출산 문제가 심화되면서 영유아에 대한 보육 · 교육에 대한 관심이 증가하게 되었다. 특히 아동학대 예방과 아동권리, 안전에 대한 사회적 요구가 확대되면서 부모들이 자녀를 안심하고 맡길 수 있는 어린이집에 대한 필요성이 제기되었다.

이에 따라 어린이집 평가제는 어린이집 자체에 대한 평가를 목적으로 하기보다는 어린이집 보육의 질적 수준을 향상시키고 유지함으로써 영유아의 안전과 발달을 도모하는 안전한 보육환경을 제공하는 것이다.

(1) 어린이집 평가제 목적

어린이집 평가제 시행의 목적은 다음과 같다(한국보육진흥원, 2022).

① 상시적인 보육서비스를 위해 주요 핵심지표를 중심으로 질 관리 표준을 제시하고 어린이집 스스로 질적 수준을 제고하도록 한다.

② 전체 어린이집에 대한 주기적 평가를 통하여 보육서비스 품질관리와 사각지대를 해소하고 전반적인 보육서비스 수준을 지속적으로 관리하여 국가의 책무성을 강화하고자 한다.

③ 영유아의 안전, 건강, 조화로운 성장과 발달을 도모하고자 한다. 이를 위해 영유아의 인권과 놀권리를 보장하고 영유아가 건강하고 행복하게 성장할 수 있는 안심 보육환경을 조성하며, 보육교직원이 영유아 보육에 집중할 수 있는 여건을 조성한다.

어린이집 평가제는 전체 어린이집에 대한 평가를 주기적으로 진행하고 등급에 따라 관리한다. 어린이집은 평가의무가 부여되므로 어린이집지원시스템을 통해 평가대상으로 선정된 어린이집은 10일 이내 '평가대상 선정통보서'를 확인한 후 '평가실시에 대한 동의서' 및 '어린이집 정보 확인 및 제공 동의서'를 제출해야 한다. 만일 평가를 거부, 기피, 방해하거나 부적절한 방법으로 평가를 받은 경우에는 「영유아보육법」 제44조 제4의6호에 따라 시정명령 또는 행정처분을 받을 수 있다.

(2) 어린이집 평가제 운영

어린이집 평가제는 대상을 선정하여 통보함으로 시작되며 확정통보를 받은 어린이집은 기본사항 확인 및 자체점검보고서 제출한 후 현장평가와 종합평가 등을 진행하게 된다. 어린이집 평가제 운영에 대한 내용을 살펴보면 아래와 같다.

① 기본사항 확인 및 자체점검보고서 제출

평가대상 확정 통보된 어린이집에 대해 지자체(시 · 군 · 구)는 기본사항을 확인하고, 어린이집은 자체점검보고서 작성 및 제출해야 한다. 선정통보 직전 월 말일로부터 최근 3년 이내 위반 이력 사항이 발생한 경우에는 종합평가 시 최하위 등급으로 조정한다.

자체점검보고는 원장, 보육교사, 원아 부모 각 1인 이상을 포함한 자체점검위원회(3~7인 이내, 어린이집 운영위원회에서 수행 가능)를 구성하여 평가지표를 기준으로 어린이집의 운영 전반에 대한 자체 점검을 실시한다.

② 현장평가

기본사항 확인 및 자체점검보고서 제출을 완료한 어린이집에 대해서는 현장평가를 실시한다. 어린이집 1개소 당 2인(정원 99인 이하 어린이집) 또는 3인(정원 100

인 이상 어린이집)의 현장평가자가 방문하여 1일간 현장평가가 진행된다.

표 12-8 현장평가 시 어린이집에서 준비해야 할 사항

① 일상적 일과 진행 및 출석 기준 충족 – 현장평가 주간에는 어린이집에 견학 등 행사 없이 일상적 일과가 진행되어야 함 – 현장평가 당일에는 현원의 2/3 이상이 출석해야 함 ※ 현장평가일에 출석기준이 충족되지 않아 진행이 불가능한 경우 현장평가가 중단되며, 사유 확인 후 현장평가자를 재파견함. 단, 전염병, 천재지변 등의 사유로 필요한 경우 예외 적용할 수 있음 ② 현장평가 시 필요한 서류 준비 – 원아명단, 실내외 배치도, 하루 일과표, 평가지표 관련 문서 등

출처: 보건복지부(2023). 2023년 보육사업안내. p. 271.

③ 종합평가

평가등급 결정(조정)이 필요한 어린이집을 대상으로 학계 전문가, 현장전문가, 보육담당공무원으로 구성된 종합평가위원회가 종합평가를 진행한다. 소위원회에서는 기본사항확인서, 자체점검보고서, 현장평가보고서 등을 검토한 후 등급 및 평가결과에 영향을 미치는 사안 등에 대해 심의하며 종합평가위원회에 안건을 상정한다. 종합평가위원회에서는 소위원회를 거쳐 상정된 안건에 대해 심의 후 전체 종합평가 대상 어린이집의 최종등급 및 평가주기를 확정한다.

그림 12-1 어린이집 평가제 운영체계

출처: 한국보육진흥원(2022). 2022 어린이집평가 매뉴얼. p. 18.

(3) 어린이집 평가제 지표

① 어린이집 평가지표 평가항목

어린이집 평가지표의 구성체계는 평가영역, 평가지표, 평가항목, 평가내용 순으로 구성되어 있다. 평가지표의 평가방법은 관찰, 면담, 기록 확인의 방법으로 이루어진다. 어린이집 평가지표는 4개의 평가영역과 18개의 평가지표로 구성되어 있으며 세부내용은 표 12-9와 같다.

표 12-9 평가영역 및 평가항목 수

평가영역(항목 수)	평가지표	평가항목 수
1. 보육과정 및 상호작용 (18)	1-1 영유아 권리 존중(필수)	2
	1-2 보육계획 수립 및 실행	6
	1-3 놀이 및 활동 지원	3
	1-4 영유아 간 상호작용 지원	4
	1-5 보육과정 평가	3
2. 보육환경 및 운영관리 (14)	2-1 실내 공간 구성 및 운영	4
	2-2 실외 공간 구성 및 운영	3
	2-3 기관 운영	4
	2-4 가정 및 지역 사회의 연계	3
3. 건강 안전(15)	3-1 실내외 공간의 청결 및 안전	3
	3-2 급 · 간식	3
	3-3 건강증진을 위한 교육 및 관리	3
	3-4 등 · 하원의 안전	3
	3-5 안전교육과 사고예방	3
4. 교직원(12)	4-1 원장의 리더십	3
	4-2 보육교직원의 근무환경	3
	4-3 보육교직원의 처우와 복지	3
	4-4 보육교직원의 전문성 제고	3

※3-2, 3-4, 3-5지표 내 필수요건 8개 포함

출처: 한국보육진흥원(2022). 2022 어린이집평가 매뉴얼. p. 58.

② 어린이집 등급 평정방식

각 지표별 평가항목의 '충족'에 개수에 따라 3개 등급(우수, 보통, 개선 필요) 중 1개를 부여한다. 평가항목은 체크리스트 방식에 의해 '충족(Y)' 또는 '미충족(N)'에 체크한다.

<table>
<tr><th rowspan="2">평가항목 수</th><th colspan="3">지표평정</th></tr>
<tr><th colspan="3">충복(Y) 항목 수</th></tr>
<tr><td>2</td><td>2개</td><td>1개</td><td>0개</td></tr>
<tr><td>3</td><td>3개</td><td>2개</td><td>1개 이하</td></tr>
<tr><td>4</td><td>4개</td><td>2~3개</td><td>1개 이하</td></tr>
<tr><td>5</td><td>5개</td><td>3~4개</td><td>2개 이하</td></tr>
<tr><td>6</td><td>6개</td><td>3~5개</td><td>2개 이하</td></tr>
<tr><td></td><td>↓ 우수</td><td>↓ 보통</td><td>↓ 개선 필요</td></tr>
</table>

평가영역은 각 영역별 평가지표 중 '우수', '개선 필요'지표 개수에 따라 3개 등급(우수, 보통, 개선 필요) 중 1개를 부여한다. 평가지표 중 '개선 필요' 등급이 하나라도 있을 경우 '개선 필요' 등급을 부여한다.

<table>
<tr><th>평가영역(지표 수)</th><th colspan="3">영역 평정</th></tr>
<tr><td>1. 보육과정 및 상호작용(5)</td><td>'우수' 지표 4개 이상(필수포함)</td><td rowspan="4">우수 및 개선 필요 등급에 해당하지 않는 경우</td><td rowspan="4">'개선 필요' 지표 1개 이상</td></tr>
<tr><td>2. 보육환경 및 운영관리(4)</td><td>'우수' 지표 3개 이상</td></tr>
<tr><td>3. 건강 안전(5)</td><td>'우수' 지표 4개 이상(필수포함)</td></tr>
<tr><td>4. 교직원(4)</td><td>'우수' 지표 3개 이상</td></tr>
</table>

출처: 한국보육진흥원(2022). 2022 어린이집평가 매뉴얼. p. 59.

궁금해요!

Q. **보육일지는 정해진 서식이 있나요?**

A. 하루 일과와 놀이실행에 대한 기록은 다음 보육에 반영되어 보육과정 운영의 질 향상에 기여하게 되므로, 어린이집에서는 '하루 일과'와 '실제 경험한 놀이 및 활동의 내용'을 보육일지 등에 매일 기록 · 관리해야 합니다.

보육일지 작성 시에 모든 '하루 일과'를 시간순으로 기재할 필요는 없으나, 실내 놀이시간 및 바깥놀이 시간, 낮잠시간(만 3세 이하) 등은 기재해야 하고, '놀이 및 활동에 대한 기록'에는 영유아들이 흥미를 보인 놀이 및 활동의 기록, 주요 놀이에 대한 평가 또는 다음 놀이를 위한 지원 계획 등을 포함하여 간단하게 작성할 수 있습니다.

평가에서 별도로 규정한 보육일지 양식이 있는 것은 아니므로, 어린이집의 특성에 적합한 양식으로 사용하되, 지표 및 항목에서 확인하고 있는 사항이 누락되지 않도록 작성해야 합니다.

출처: 한국보육진흥원(2022). 2022 어린이집평가 매뉴얼. p. 113.

생각 나누기

1. 영유아 평가의 필요성과 가치를 생각해봅시다.

2. 어린이집 평가인증에 있어 평가영역과 평가지표에는 어떤 것이 있는지 살펴봅시다.

참·고·문·헌

강혜경 · 김이영 · 서예석 · 손원경 · 윤란호 · 정정옥 · 조메리명희 · 최순자 · 최진원(2021). **어린이집 장기 미종사자 직무교육**. 경기: 양성원.

교육부 · 보건복지부(2019a). 2019 개정 누리과정 놀이실행자료.

교육부 · 보건복지부(2019b). 2019 개정 누리과정 해설서.

국가인권위원회(2016). **알쏭달쏭 권리 알권리(이론편)**. 서울: 유아림.

국가인권위원회(2015). 영유아 인권길라잡이.

김나영(2022). 새정부 육아정책 국정과제에 대한 국민의견/ 윤석열 정부의 육아정책 국정과제 이행 방향. 육아정책연구소 2022년 제2차 KICCE 육아정책 연구생태계 네트워크 포럼.

김종미(2018). 보육시설장의 직무역량과 보육교사의 직무수행 효능감 및 직무 만족의 관계. 경기대학교 교육대학원, 석사학위논문.

기순신 · 김호인(2012). **보육학개론**. 경기: 공동체.

문무경 편역(2006). 스웨덴의 육아정책: 유아교육과 보육, 학교교육의 통합을 중심으로. 육아정책개발센터.

문무경 편역(2007). **영국의 육아정책**. 육아정책개발센터.

문혁준 · 김경회 · 김지은 · 김혜금 · 서소정 · 안선희 · 안효진 · 이희경 · 정선아 · 황혜원 · 우수정 · 장윤희(2021). **보육학개론**. 서울: 창지사.

박선권(2022.5.17). [제4차 저출산 · 고령화사회 기본계획]의 문제점 및 개선방향 -저출산을 중심으로. 국회입법조사처, NARS, 입법 · 정책 제106호.

박재옥 · 홍길회(2012). **보육기관 운영의 실제**. 서울: 창지사.

박찬옥 · 구수연 · 유경숙 · 이예숙 · 조현정 · 황지영(2021). **보육학개론**. 경기: 정민사.

백은영(2022). 영아교사 스마트 알림장 사진 게시로 인한 어려움. **미래유아교육학회지, 29**(2), 95-123.

변혜원 · 오한나 · 정미라(2018). 유아의 또래놀이행동에 영향을 미치는 교사와 부모의 놀이성. **한국어린이미디어연구, 17**(1), 277-297.

보건복지부(2012). 어린이집 건강관리 매뉴얼.

보건복지부(2013). 어린이집 표준보육과정에 기초한 영아보육프로그램 운영의 이해.

보건복지부(2013). 제2차 중장기보육 기본계획.

보건복지부(2017). 제3차 중장기보육 기본계획.

보건복지부, 한국보육진흥원(2018). 학과제 방식의 보육교사 양성체계 도입방안 연구.

보건복지부(2019). 아동종합실태조사(정책보고서 2019-17).

보건복지부(2020). 제4차 어린이집 표준보육과정 해설서.

보건복지부(2021). 2021년 아동학대 주요통계.

보건복지부(2021). 2021년 보육통계.

보건복지부(2022). 2022년 보육사업안내(부록).

보건복지부(2022). 제4차 중장기 보육 기본계획(안).

보건복지부(2022). 보육 · 돌봄체계 중장기개편방안연구.

보건복지부(2022). 2022년 시간제보육사업안내.

보건복지부(2023). 2022년 보육사업안내.

보건복지부(2022.12.29.). 2023년도 [보육사업안내] 지침 개정. 보건복지부 보도참고자료.

보건복지부(2023). 2023년 보육사업안내.

보건복지부(2023). 2023년 보육사업안내(부록).

신희이 · 문종철 · 정인희(2019). **보육학개론**. 경기: 정민사.

여성가족부(2022). 전국다문화가족실태 조사.

여성가족부 · 복권위원회(2023). 한부모가족 복지서비스 안내.

오연주. 박애순 · 최정화 · 이명윤(2020). **유아중심놀이지도**. 서울: 창지사.

오연주 · 최정화 · 조연실(2021). **놀이중심교육과정 기반 아동관찰 및 행동연구**. 서울: 창지사.

유구종, 심우경(2014). 유치원 물리적 환경 변인이 유아의 사회 · 정서적 능력에 미치는 영향. **유아교육연구, 34**(1), 177-201.

유구종(2020). **4차 산업혁명 시대의 유아 스마트교육 및 매체**. 경기: 정민사.

유해미 · 유희정 · 장경희(2011). 일본의 보육정책 동향(Ⅱ). 육아정책개발센터.

육아정책연구소(2021). 2018-2022 육아정책 분석과 과제(Ⅳ).

육아정책연구소(2021). 2022-2027 유아교육 보육 중장기 발전방안 연구.

육아정책연구소(2022). 유아교육 · 보육 통합을 위한 단계적 추진 방안.

육아정책연구소(2022.12.9). 윤석열 정부의 육아정책 국정과제 이행 방향. 2022년 제2차 KICCE 육아정책 연구생태계 네트워크 포럼.

윤재희 · 이효정 · 김성숙 · 김영희(2015). **영유아 인권 길라잡이**. 서울: 국가인권위원회.

장상옥(2015). 유아교육기관의 물리적 환경 관련 연구 동향. **유아교육학논집, 19**(5), 140-170.

장영인(2014). 유보통합 논의에 대한 재검토. **한국영유아보육학회, 87**(0), 113-142.

정미라 · 조희연 · 안재진(2009). **프랑스의 육아정책**. 육아정책연구소.

조미영 · 권경숙 · 김신영 · 박세진 · 이사임 · 이승숙 · 황인애(2021). **보육학개론**. 서울: 창지사.

조성연 · 김영심 · 정정옥 · 황혜정 · 나유미 · 박진재 · 신혜영(2022). **표준보육과정과 누리과정에 기초한 보육학개론**. 서울: 학지사.

조효제(2020). **탄소사회의 종말**. 서울: 21세기북스.

조혜경 · 구경선(2021). **보육학개론**. 서울: 창지사.

지옥정(2022.12.13). 일상의 삶 · 놀이와 밀착된 유아 기후/환경교육. 함께 만들어가는 미래 영유아교육 : 기후, 그린, 생태. 육아정책연구소 KICCE 9차 정책토론회.

천은영 · 유수정(2014). **보육학개론**. 경기: 정민사.

최윤경(2015). **스웨덴 육아정책(II): 교사정책을 중심으로**. 육아정책개발센터.

최은영(2015). 한국유아교육과 보육통합의 선결과제. **육아정책연구, 9**(1), 257-277.

통계청(2022). 2021년 혼인 · 이혼 통계.

한국보육진흥원(2022). **보육교직원 윤리**.

한국생활안전연합(2009). 가정 내 어린이 안전사고 실태 및 부모안전교육 효과 조사. 한국생활안전연합.

한국영양학회(2015). 한국인영양섭취권장기준.

한성심 · 김현자 · 이미영(2022). **보육학개론**. 서울: 동문사.

홍길회 · 김명연(2020). **유아교육기관 운영관리**. 서울: 동문사.

홍길회 · 이혜란 · 왕영희 · 정미자(2016). **사회가족 변화에 따른 부모교육**. 서울: 창지사.

홍길회 · 정미자(2022). **영유아 건강교육 제3판**. 서울: 동문사.

홍길회 · 정미자(2023). **영유아교사인성론 제2판**. 서울: 동문사.

홍길회 · 최정화 · 홍찬영(2022). **영유아교육기관 부모상담**. 서울: 동문사.

홍길회 · 한성희(2019). **교사와 부모가 알아야 할 영유아발달**. 경기: 정민사.

홍인혜(2006). 영 · 유아보육 및 유아교육 정책 변천에 관한 연구. 성신여자대학교 대학원 박사학위논문.

Bijou, S. W. (1990). History and educational applications of behaviorism. In R. M. Thomas(Ed.), *The encyclopedia of human development and education : Theory, research, studies*. Oxford : Pergamon Press.

Caldwell, B. (1991). Educare: New product, new future. *Developmental and Behavioral Pediatrics, 12*(3), 199-205.

Cohen, B., Moss, P., Petrie, P. & Wallace, J. (2004). *A new deal for children? Re-forming education and care in England*. Britsol, UK: Policy Press.

Cotten, J. W. (1990). Historical backgrounds of learning theory. In. R. M. Thomad(Ed.), *The encyclopedia of human development and education : Theory, research, studies*. Oxford : Pergamon Press.

Crain, W. C. (1983) **발달의 이론**. (서봉연 역). 서울: 중앙적성출판사. (1980년 원저 발간).

Epstein, H. T. (1984). Brain growth and congnitive development: A response to Richard MaQueen. *Educational Leadership, 41*(5), 72-76.

Epstein, J. L. (1991). Effects on student achievement of teachers' practices of parent involvement. In S. Silvern (Ed.), *Advances in reading/language research*, 261-276. Greensich, CT: JAI.

Fan, X., & Chen, M. J. (1999). Academic achievement of rural school students: A multi-year comparison with their peers in suburban and urban schools. *Journal of Research in Rural Education, 15*(1), 31-46.

Jalongo, M. R., & Isenberg, J. P.(2004). *Exploring your role: A practitioner's Introduction to early childhood education*(2nd ed). Pearson Merrill Prentice Hall.

Kimble, G. A. (1961). *Hilgard and Marquis' Conditioning and Learning*. Englewood Cliffs, NJ: Prentice-HALL.

Mcshane, J. (1991). *Cognitive development: An information processing approach*. Cambridge, Mass : Basil Blackwell, Inc.

Newman, L., Coomb, K. Arefi, M., Davidson, F., & Humphries, J.(1999). Facing the hard questions: Ethics for early childhood fieldwork programs. *Australian Journal of Early Childhood, 24*(2), 35-42.

Pickle, Barbara(1989). *Increasing safety awareness of preschool through a safety education program*. Nova University.

Sanders, M. G. (1998). School-family-community partnerships: An action team approach. *High School Magazine, 5*, 38-49.

Siegler, R. S. (1991). *Children's thinking*(2nd Ed.). Prentice Hall, Englewood Cliffs, N.J.

Tharp, R. G., & Galimore, R. (1990). Teaching mind in society: Teaching, schooling, and literate discourse. In L. C. Moll(Ed.), *Vygotsky and education: Instructional implications and applications of sociohistorical psychology*. Cambridge University Press.

Thomas, R. M. (1992). *Comparing theories of child development*(3rd Ed.). Balmont. C.A.: Wadsworth Publishing Co.

강남구청(2019.8.26.). [육아꿀팁] 열린어린이집을 아시나요?
https://www.gangnam.go.kr/board/article/3273/allView.do?mid=ID01_0501

경기도여성가족재단(2023.1.26.). [경기 WiFi 322호] 2023년 달라지는 여성가족정책(경기도).
https://www.gwff.kr.

공간언론 뉴시스(2022.8.18.). "손주 봐주면 월 30만 원 지급"… 서울시, 돌봄수당 도입(종합).
https://v.daum.net/v/20220818145703801.

교육부(2020.02.26.). 영화에서만 보았던 미래가 현실로 다가온다! [4차 산업혁명시대, 미래 교육 칼럼 #2].
https://post.naver.com/viewer/postView.nhn?volumeNo=27592636&memberNo=15194331&navigationType=push

국가기후위기적응정보포털. 기후변화 정의. 2022.12.23. 인출
https://kaccc.kei.re.kr/portal/climateChange/climatechange_list.do

네이버 지식백과. 제4차 산업혁명 [The Fourth Industrial Revolution] (IT용어사전, 한국정보통신기술협회)
https://terms.naver.com/entry.naver?docId=3548884&cid=42346&categoryId=42346

노컷뉴스(2022.8.18.). 서울시, 친척 돌봄수당 30만 원·육아휴직장려금 120만 원 지원.
https://www.nocutnews.co.kr/news/5803667.

뉴스21통신(2022.6.10.). 서천군장애인종합복지관, 영유아발달 선별·추적검사 실시.
http://news21tongsin.co.kr/news/view.php?idx=186594.

대한민국정책브리핑(2021.04.19.). 4차 산업혁명이 가져올 미래 사회 모습 4가지
https://www.korea.kr/news/visualNewsView.do?newsId=148886082

대한민국 정책브리핑(2022.3.10). '학교에서 시작하는 탄소중립 실천'… 올해 중점 20개교 선정.
https://www.korea.kr/special/policyFocusView.do?newsId=148899721&pkgId=49500758

대한민국 정책브리핑(2022.10.31). 어릴 때부터 시작하는 2050 탄소중립.
https://www.korea.kr/news/reporterView.do?newsId=148907260

대한민국정책브리핑(2023.1.3.). 부모급여제도 시행
https://www.korea.kr/news/policyNewsView.do?newsId=148910127&pWise=webPush

대한민국정책브리핑(2023.1.10). 부모급여제도 궁금증 5가지
https://www.korea.kr/news/visualNewsView.do?newsId=148910399&pWise=webPush

메디게이트뉴스(2022.11.25.). 정부, 세계 최저 출산율 문제 해결 의지 있나…난임 시술 지원 축소 아닌 확대하라.
https://m.medigatenews.com/news/1321276407

서울경제(2022.12.23.). "영하 53도 찍었다"… 전 세계 덮친 '죽음의 한파' 원인은?.
https://www.sedaily.com/NewsView/26F0KRMF83

서울특별시(2022.6.19). 다문화 통합어린이집 대폭 확대… 총 120개소 지원.
https://mediahub.seoul.go.kr/archives/2004782.

서울특별시한울타리(2018.5.9.).
https://www.mcfamily.or.kr/web/board/notice_view.php?num=4167&page=7&Sitem=&Sword=

육아정책연구소. https://kicce.re.kr/main/index.do.

중앙육아종합지원센터. http://seoul.childcare.go.kr/ccef/main.jsp.

충청북도충주교육지원청(2022.11.25.). 충주보도자료, 탄금유, 탄소중립을 실천하는 '탄금유치원 초록꿈 캠프' 운영.
https://www.cbchje.go.kr:447/cbchje/sub.php?menukey=1004&mod=view&no=32916596&listCnt=10.

쿠키뉴스(2022.12.23.). MZ세대 엄마가 보는 출산율 꼴찌 한국… 새해엔 달라질까.

한국건강가족진흥원.
https://www.familynet.or.kr/web/lay1/S1T296C297/contents.do.

한국방정환재단(2022.12.22. 인출). https://children365.or.kr/children-announcement

한국보육진흥원. https://www.kcpi.or.kr/.

KBS 뉴스(2023.2.12.). 아동학대 사망 한 해 평균 38명, 영유아가 65%.
https://news.kbs.co.kr/news/view.do?ncd=7603127.

SBS Biz(2023.1.18.). 서울시 '엄마 아빠 행복 프로젝트'.
https://biz.sbs.co.kr/article/20000099057.

저자소개

■ 홍길회

연세대학교 및 대학원 아동학과 졸업
Gregorio Araneta University 교육경영학과 박사
현: 동남보건대학교 유아교육과 교수

저서: 유아교육기관 운영관리 / 유아다문화교육 / 영유아발달
아동문학과 동화구연/ 영유아 건강교육 제3판
아동관찰 및 행동연구 제2판 / 영유아를 위한 수학교육 제2판
가족관계의 이해 / 영유아교사인성론 제2판
창의성교육의 실제 / 부모상담 /새로운 시대 부모교육 등

■ 최정화

교육학 및 유아교육과 전공(학사)
한국성서대학교 보육대학원(석사)
성결대학교 대학원 교육학 박사
현: 세움 교육연구소 대표
동남보건대학교 유아교육과 강사

저서: 유아중심 놀이지도
아동관찰 및 행동연구
영유아교육기관에서의 부모상담 등

새로운 시대
보육학개론

초판 1쇄 인쇄 / 2023년 2월 27일
초판 1쇄 발행 / 2023년 3월 2일

저 자 / 홍길회 · 최정화
발행인 / 이 중 수
발행처 / **동 문 사**

서울특별시 서대문구 홍제원 1길 12
(홍제동 137-8)
Tel: 02)736-3718(대), 736-3710, 3720
Fax: 02)736-3719
등록번호: 1974.04.27. 제9-17호
가격: 23,000원

ISBN: 979-11-6328-507-6 (93370)
E-mail: dong736@naver.com
www.dongmunsa.com